高等职业教育
数智化财经
— 系列教材 —

U0645459

管理会计实务

于蕾 范珂 主编

孔娟 彭雪薇 欧阳美辰 孙茜 汪洪田 副主编

清华大学出版社

北 京

内 容 简 介

本书为山东省职业教育在线精品课程、山东省职业教育精品资源共享课程、山东省课程思政示范课程管理会计配套教材。全书共分为开篇及十个项目，具体是：走进管理会计、成本性态分析及变动成本法、本量利分析、预测分析、投资决策分析、经营决策分析、成本管理、作业成本计算与管理、预算管理、业绩考核、管理会计报告。本书建立了教学流程与能力培养相结合的教学体系，实现三个方面的培养目标，基本目标：运用基本理论知识、工具方法，提升专业基础能力；强化目标：通过运用数智技术和多种管理会计工具，提升专业核心能力；创新目标：整合运用多种管理会计工具，融入中华优秀传统文化和管理会计前沿信息，提升专业综合素养和系统思维。

本书既可作为高等职业教育专科院校、职业教育本科院校和应用型本科院校财务会计类专业和财经商贸大类下其他相关专业的教学用书，也可作为社会从业人员从事企业财务工作的参考用书。

图书在版编目（CIP）数据

管理会计实务 / 于蕾，范珂主编. -- 北京 ：清华
大学出版社，2025.7. --（高等职业教育数智化财经系列
教材）. -- ISBN 978-7-302-69094-8

Ⅰ. F234.3

中国国家版本馆 CIP 数据核字第 2025Z5E223 号

责任编辑：左卫霞　张雯琪
封面设计：傅瑞学
责任校对：刘　静
责任印制：宋　林

出版发行：清华大学出版社
　　　网　　　址：https://www.tup.com.cn，https://www.wqxuetang.com
　　　地　　　址：北京清华大学学研大厦 A 座　　　　　　邮　　编：100084
　　　社　总　机：010-83470000　　　　　　　　　　　邮　　购：010-62786544
　　　投稿与读者服务：010-62776969，c-service@tup.tsinghua.edu.cn
　　　质量反馈：010-62772015，zhiliang@tup.tsinghua.edu.cn
　　　课件下载：https://www.tup.com.cn，010-83470410
印　装　者：三河市天利华印刷装订有限公司
经　　销：全国新华书店
开　　本：185mm×260mm　　　　印　　张：13　　　　字　　数：315 千字
版　　次：2025 年 9 月第 1 版　　　　　　　　　　　印　　次：2025 年 9 月第 1 次印刷
定　　价：49.00 元

产品编号：100632-01

随着大智移云等新技术的快速发展,管理会计的知识体系需要进行更新。新技术的运用给管理会计带来重大变革,不仅推动财务与业务活动深入融合,还对管理会计人才培养提出了新的要求。本书汲取管理会计体系建设的基本理论、基本指引和应用指引等最新文件精神及研究结果,并结合管理会计实践及十余年管理会计教学经验编写而成。

本书具有以下特色。

1. 德技融合,提升素养

本书全面贯彻党的二十大精神,将会计职业道德教育融入教材的案例分析中,提升学生的管理会计思想道德素养水平。引入人文视角,推动中华优秀传统文化融入教材。通过"趣味故事"等专栏展示中华优秀传统文化中蕴含的管理会计思想,寓教于乐,激发学生的学习兴趣,同时提供趣味故事讲解视频,使学生沉浸式体验现代管理会计理论与中华优秀传统文化的融合。

2. 产教融合,注重实践

本书由高校管理会计教师和实务界管理会计专家合作完成,深化"产教融合",校企"双元"合作开发,实现培养高素质技能人才、能工巧匠、大国工匠的教育目标。本书紧跟管理会计实践,将实践中的管理会计技术和方法融入教材内容,突显管理会计职业岗位实际工作任务所需要的知识、能力和素质,将价值引领、知识教育和能力培养有机统一。

3. 关注动态,紧跟前沿

本书与时俱进,体现发展新质生产力的要求,收录了财政部管理会计应用指引的相关内容,融入了管理会计数智化工具的应用等实操内容,同时每个项目的"前沿视角",介绍碳成本核算、绿色低碳发展等管理会计发展新视角,这些内容有助于学生理解工具的制度背景和应用条件,实现传统内容和创新发展相互融合。

4. 技术赋能,提供立体化学习资源

本书依托省级在线精品课、省级资源共享课、省级课程思政示范课管理会计课程建设,配有教学视频,方便学生回顾任务重要知识点,有利于学生更好地理解课程的重点和难点;增加管理会计数智化工具的应用,通过操作视频展示现代技术赋能管理会计实操场景。每个项目都设计了一体化的实训项目,覆盖所有教学内容,并以任务工作单、任务实施单、任务检查单、任务评价单的形式呈现,方便学生学用结合,体现了《国家职业教育改革实施方案》倡导的工作手册式教材。

5. 结构合理,符合学生认知规律

教材的主体结构为项目描述、学习目标、业务案例、思维导图、任务学习、实训项目、前沿视角和趣味故事。项目描述指引学生了解项目内容,为系统学习做好准备;学习目标明确了知识目标、能力目标、素养目标三维目标;思维导图展示了学习项目的框架与关键内容,帮助学生建立全局思维;任务学习全方面呈现教材的主体内容;实训项目重在使学生学以致用;前沿视角旨在拓宽学生的视野,使学生了解行业中的前沿理论与技术;趣味故事能够提高学生学习的积极性。

　　本书由于蕾、范珂担任主编。于蕾负责拟定大纲,并总纂定稿。具体编写分工如下:开篇、项目一、项目二由于蕾、彭雪薇编写,项目四、项目六、项目九、项目十由于蕾、范珂编写,项目七、项目八由孔娟编写,项目三、项目五由欧阳美辰、孙茜编写。财信众联会计服务股份有限公司董事长、原财会信报社总编辑汪洪田参与了案例编写,并对"前沿视角""素养园地"部分进行了修改。本书由湖南生物机电职业技术学院王静怡教授、淄博职业学院杨华教授审稿。

　　由于编者水平有限,书中难免存在不足之处,敬请广大师生及实务界的朋友批评指正。

编　者

2025 年 2 月

山东省职业教育在线精品课程管理会计

目 录

走进管理会计

项目描述

东方服装公司财务人员李想刚从事管理会计工作,他有以下关于管理会计的观点不知道是否正确。

1. 管理会计与财务会计是截然分开的,它们相互之间没有任何关系。

2. 管理会计的职能主要是满足企业各项管理的需要。

3. 在提供管理会计信息时可以完全不用考虑成本效益原则。

思考:如果你是东方服装公司的财务总监,你如何解决李想的困惑?

学习目标

知识目标

1. 了解管理会计的产生和发展,理解管理会计的概念、职能和内容,理解管理会计与财务会计的区别与联系。

2. 熟悉和理解西方对管理会计的定义,掌握我国管理会计的定义。

3. 熟悉中西方管理会计的产生和发展历程,充分认识"经济越发展,管理会计越重要"的含义。

4. 熟悉我国管理会计体系建设的步骤,掌握我国管理会计指引体系的内容。

能力目标

1. 充分认识管理会计的重要性,积极宣传和推动管理会计工作。

2. 构建管理会计概念体系,为以后从事管理会计工作提供理论保障。

3. 树立正确的职业道德观,为以后从事管理会计工作奠定素质基础。

素养目标

1. 具备认真、严谨、规范的工作作风。

2. 能够分组探究,具备团队协作能力。

3. 能敏锐地判断社会经济环境、政策法规变化对管理会计产生的影响,具备具体问题具体分析的能力。

业务案例

财政部：关于全面深化管理会计应用的指导意见

思维导图

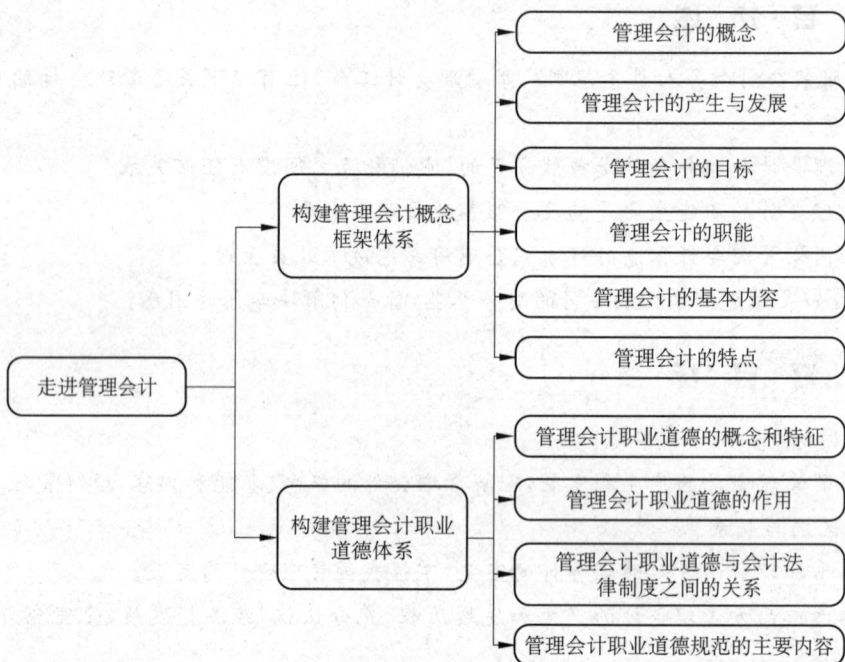

任务一　构建管理会计概念框架体系

任务情境

　　东方服装公司总经理在工作会议中问道："原来我们比较熟悉的是财务会计，但实际上企业内部在发生变化的时候，用财会这个外部概念描述就没有意义，大家对管理会计这个概念熟不熟悉？"

　　思考：如果你是东方服装公司财务总监，你将如何回答这个问题？你所理解的管理会计是什么？它与财务会计有什么关系？

重 难 点 分 析

（1）管理会计的概念。

（2）管理会计的产生与发展。

（3）管理会计的目标。

知 识 准 备

企业会计有财务会计和管理会计两个分支。财务会计主要服务于企业外部的利益相关者，而管理会计主要为企业内部的管理者服务。托马斯·约翰逊、罗伯特·卡普兰在其所著的《管理会计兴衰史——相关性的遗失》一书中写道："管理会计对企业的长期计划是非常关键的。"那么，什么是管理会计？管理会计又如何为企业内部管理者服务？

一、管理会计的概念

管理会计（management accounting），顾名思义，是"管理"与"会计"的有机结合，管理会计的产生与会计和管理科学的发展密不可分。管理会计是从传统会计中分离出来的，为适应企业不断加强和完善经营管理的要求而产生的一门新兴的会计学科，是现代管理科学理论和方法应用于会计领域的结果。

微课：初步认识
管理会计

美国会计学会（American Accounting Association，AAA）下属的管理会计委员会于1958年对管理会计作了如下定义：管理会计是指在处理企业历史和未来的经济资料时，运用适当的技巧和概念来协助经营管理人员拟订能达到合理经营目的的计划，并作出能达到上述目的的明智的决策。在这一定义中，重点突出了管理会计计划与决策的核心内容，是从微观角度来解释管理会计的。

1988年，国际会计师联合会（International Federation of Accountants，IFAC）所属的财务和管理会计委员会将管理会计解释为：在一个组织中，管理当局用于计划、评价和控制信息（财务和经营）的确认、计量、收集、分析、编报、解释和传输的过程，以确保其资源的合理使用并履行相应的经营责任。这一定义使管理会计更能适应目前正在逐渐形成和发展的宏观管理会计和国际管理会计的需要。

我国学者结合我国的情况，对管理会计的定义也提出了许多不同观点，其中比较有代表性的定义是：管理会计是通过一系列专门方法，利用财务会计及其他有关资料进行整理、计算、对比和分析，使企业各级管理人员据以对日常发生的一切经济活动进行预测、规划与控制，并帮助企业领导作出各种专门决策的信息处理系统。

【传统文化进课堂】
从中国古代小故事
看管理会计

二、管理会计的产生与发展

管理会计萌芽于20世纪20年代，正式形成于第二次世界大战期间，20世纪70年代后在世界范围内迅速发展。管理会计先后经历了传统管理会计和现代管理会计两个发展阶段。

微课：管理会计的
前生今世

1. 传统管理会计阶段

这一阶段的时间跨度为 20 世纪初至 20 世纪 50 年代,管理理论的代表人物是被西方誉为"科学管理之父"的美国人弗雷德里克·温斯洛·泰勒。1911 年,泰勒发表了著名的《科学管理原理》,开辟了企业管理的新纪元。泰勒的科学管理思想给企业管理理论和实践带来了深刻的影响和变革。会计领域内相继出现了诸如"标准成本""差异分析""预算控制"等同泰勒制定的科学管理方法直接相联系的新的观念和新的技术方法,企业通过制定标准成本,进行预算控制和差异分析,改进企业管理与成本控制,使会计由单纯的记账、算账、报账,发展到事前预算、事中控制和事后分析相结合,并参与企业内部管理,为提高经济效益服务。随着各种数理统计方法与会计学科的结合,会计的管理职能不断扩大和延伸,逐步形成侧重于企业内部管理的会计方法体系。1922 年,美国会计学者奎因斯坦在其《管理会计:财务管理入门》一书中首次提出了"管理会计"术语。1924 年,美国会计学者麦金西出版《管理会计》。这些著作的问世,为管理会计的形成奠定了理论基础。标准成本制度与预算控制制度在美国的推广,标志着管理会计的理论体系已初具雏形。

2. 现代管理会计阶段

这一阶段的时间跨度为 20 世纪 50 年代至今。第二次世界大战后,资本主义生产力迅速发展,企业规模不断扩大,跨国公司大量涌现,国内、国际市场竞争加剧。这种形势迫使企业家将管理的重心转向改进经营管理和对市场的开发上。企业为增强竞争力,不得不广泛推行职能管理、行为科学管理,想方设法调动员工的积极性,同时注重市场调研,加强科学的预测和决策,逐步形成了一个能与市场竞争环境相适应的预测、决策、控制、考核、评价的管理会计体系。于是,企业内部的管理逐步科学化、现代化,现代管理科学也随之产生和发展。现代管理科学的创立及其在企业管理中的应用,不仅极大地提高了现代企业的经营管理水平,而且有力地推动了会计科学的发展。因此,在会计领域中逐渐形成了一整套相对独立的会计方法体系和理论——管理会计。1952 年,国际会计师联合会正式通过了"管理会计"这一专有名词,标志着管理会计体系正式形成。美、英等发达国家陆续将管理会计学课程作为高等院校会计专业和其他财经管理专业的主干课程。20 世纪 80 年代以来,随着新技术的不断涌现,经济结构、产业结构和产品结构都发生了巨大变化,使管理理论和实践受到极大的冲击与挑战,国外学者率先提出了战略管理的理念。与战略管理相适应的战略管理会计(strategic management accounting)成为各国学者研究和探索的新课题。目前国际上战略管理会计主要关注以下四个领域:战略成本分析、目标成本法、产品生命周期成本法以及平衡计分卡。

三、管理会计的目标

管理会计是为了适应企业加强内部经营管理,提高竞争力的需要而产生和发展起来的,因此,管理会计的最终目标是提高企业的经济效益。为实现提高经济效益的最终目标,管理会计应实现以下两个分目标。

【素养园地】唐代
刘晏理财故事

1. 为管理和决策提供信息

管理会计应向管理当局提供以下经选择和加工的信息。其一,与决策、计划、控制和评价企业经营活动有关的各类信息,包括历史的信息、现在的信息和未来的信息。这些信息有

利于各级管理者加强对经营过程的控制,实现最佳化经营。其二,与维护企业资产安全、完整及资源有效利用有关的各类信息。其三,与股东、债权人及其他企业外部利益关系者的决策有关的信息,这些信息将有利于投资、借贷及有关法规的实施。

2. 参与企业的经营管理

在现代管理理论的指导下,管理会计正在以各种方式积极参与企业的经营管理,将会计核算推向会计管理。从实践角度看,管理会计以制定各种战略、战术及经营决策,帮助协调组织企业工作等方式参与管理,不仅有利于各项决策方案的落实,而且有利于企业在总体上兼顾长期、中期和短期利益的最佳化运行。

四、管理会计的职能

管理会计的职能是指管理会计实践本身客观存在的必然性所决定的固有的内在功能。管理会计是管理科学与会计科学相结合的产物,因此,管理会计的职能与管理职能和会计职能密切相关。管理会计的职能可概括为以下几个方面。

1. 规划职能

规划是在对企业的历史资料和企业现状进行分析以及对企业未来经济活动进行预测的基础上,对企业未来经济活动所作出的策划。规划是在预测数据和资料的基础上进行的更高层次的分析和判断,具有筹划或策划的作用。管理会计的规划功能是通过编制各种计划和预算实现的,它要求在最终决策方案的基础上,将事先确定的有关经济目标分解落实到各个有关预算中去,从而合理有效地利用各项单位资源,并为控制和责任考核创造条件。本量利分析、经营预测、全面预算等内容,都是管理会计规划职能的体现。

2. 决策分析职能

决策分析是指管理会计根据规划的资料,制定出供企业管理当局进行决策的若干可行方案,并对这些方案的可行性、方案编制的假设条件及限制条件、方案实施的前提条件、方案实施中应注意的问题以及方案的优缺点等,进行全面的分析和说明。管理会计提供的是决策方案以及对这些方案的分析。企业管理当局根据管理会计提供的决策方案及相关的分析资料,选出最合理的方案。短期经营决策分析和长期投资决策分析是管理会计决策分析职能的具体体现。

3. 控制职能

管理会计的控制职能是根据确定的各项计划目标,对实际发生的经济活动与计划目标进行对比分析,以保证计划目标的实现。控制的目的,是使生产经营活动尽可能按所规定的计划要求进行。在控制过程中必须对各项生产经营活动进行跟踪记录,如实反映计划的实际执行情况,并及时将计划与实际进行比较,计算差异并分析原因,促使有关责任单位采取措施纠正差异。

4. 考核职能

考核又称业绩考核,是指将预算或标准与实际业绩进行比较,对企业各个部门或人员的工作作出评价。考核的目的不在于奖惩,而在于激励。考核职能在管理会计职能中,是按时间序列排列的最后一个环节,鉴于此,这个职能履行的好坏,对管理会计其他职能能否正常发挥起着十分重

【传统文化进课堂】
管理会计中的和谐
中庸思维

要的作用。全面预算、标准成本、责任会计等内容都是管理会计考核职能的体现。

五、管理会计的基本内容

管理会计的基本内容,是指与管理会计职能相适应的工作内容。根据前述的管理会计职能,可以把管理会计的基本内容大致归纳为以下两个方面。

1. 规划与决策会计

规划与决策会计是管理会计系统中为企业管理当局规划未来的生产经营活动服务的子系统,是为企业管理当局预测前景、参与决策和规划未来服务的,主要包括预测分析、决策分析和全面预算三个部分。

2. 控制与业绩评价会计

控制与业绩评价会计是管理会计系统中为企业管理当局分析、评价和控制过去、现在和未来的生产经营活动服务的子系统,主要包括成本控制和责任会计两个部分。它通过制定标准、划分责任、测量结果、考核成就等,实施决策、执行计划,从而全面考核工作成绩。

六、管理会计的特点

管理会计的特点是指管理会计特有的本质属性,是管理会计区别于其他学科的主要标志。管理会计从传统的会计中分离出来后,与财务会计并列存在,构成现代会计的两大分支,它们之间既有联系又有区别。

1. 管理会计与财务会计的联系

(1) 起源相同。管理会计与财务会计都是在传统会计中孕育、发展和分离出来的,作为会计管理的重要组成部分,标志着会计学的发展和完善。

微课:管理会计的特征

(2) 目标相同。管理会计和财务会计共同服务于企业管理,其最终目标都是提高企业的经济效益,使企业价值最大化。

(3) 原始资料基本同源。管理会计所使用的信息主要来源于财务会计的账务处理记录或报表资料,经过整理和加工延伸,为企业的内部管理服务。

(4) 主要指标相互渗透。管理会计中确定的预算、标准等数据是财务会计日常核算的基本前提。财务会计提供的成本、利润等指标,既是管理会计进行长、短期决策分析的重要依据,又是分析、评价和业绩考核的主要资料。

2. 管理会计与财务会计的区别

(1) 主要目的不同。财务会计的主要目的是对企业的经济活动进行核算,主要为企业外部各方面提供反映企业财务状况和经营成果的财务信息。管理会计的主要目的是通过收集、加工、处理有关信息,为企业内部各管理层提供所需的管理信息。

(2) 遵循的公认会计原则不同。财务会计必须严格遵循"公认会计原则",我国的企业会计准则具有统一性。管理会计则不受公认会计原则的约束,其处理方法根据企业管理的实际情况和需要而确定,具有较大的灵活性,当然在某些方面仍然要受其约束,例如,费用摊销方法、折旧计提方法等。

（3）工作对象的范围不同。财务会计工作对象的范围主要是企业整体,以整个企业为对象,提供集中、概括的财务会计信息,据以对企业的财务状况和经营成果作出综合的评价与考核。管理会计虽然也服务于整个企业的经营管理,但其重点在于企业的各个局部,例如,各车间、各部门甚至各种产品、各个职工等。

（4）工作的着眼点不同。财务会计注重反映过去已经发生的经济活动,着眼点是过去,注重进行事后记账;管理会计则在分析过去、控制现在的同时,更注重规划未来,即进行事前的预测、规划和决策分析。

任务实施

如果你是东方服装公司的财务总监,请分析公司的"规划与决策会计"和"控制与业绩评价会计"是不是孤立和毫无联系的?

任务处理如下。

【传统文化进课堂】
红楼梦中王熙凤的
管理会计思维（一）

管理会计的"规划与决策会计"和"控制与业绩评价会计"内容并不相互孤立,而是紧密联系的。规划与决策会计阶段所形成的全面预算和责任预算,既是最终工作成果,又是以后阶段控制经济活动的依据,同时也是对责任单位进行业绩考评的标准。责任会计是管理会计两大部分的"结合部",将两者联系在一起。划分责任单位、编制责任预算等属于决策与规划会计的内容;而日常核算、定期业绩报告、差异分析、实施反馈控制和业绩评价等则属于控制与评价会计的内容。

任务巩固

简述管理会计体系建设。

任务二　构建管理会计职业道德体系

任务情境

东方服装公司拟组织本公司员工进行管理会计职业道德培训。为了使培训工作更具有针对性,公司财会部就管理会计职业道德的概念、管理会计职业道德规范的内容等问题,分别与会计人员甲、乙、丙、丁四人进行了座谈。四人回答的主要观点摘录如下。

（1）关于管理会计内容。甲认为,我国管理会计刚刚起步,应用环境在很多方面还达不到发达国家的要求,只能采取"摸着石头过河"的策略,边学、边做、边总结。

（2）关于管理会计适用范围问题。乙认为,管理会计的方法只能适用于大中型制造业企业,其他单位和企业无法适用这些方法,而且这些方法晦涩难懂,不容易理解和应用。

（3）关于管理会计职业道德与会计法律制度的关系问题。丙认为,管理会计职业道德与会计法律制度两者在性质、表现形式上都一样。

（4）关于管理会计职业道德规范的内容。丁认为,管理会计职业道德规范的全部内容归纳起来有两条。一是廉洁自律,二是客观公正。对于"廉洁自律"来说,管理会计整天与钱、财、物打交道,因此,管理会计人员必须做到"常在河边走,就是不湿鞋"。

思考:管理会计人员需要遵守哪些职业道德?

重 难 点 分 析

(1) 管理会计职业道德的特征。

(2) 管理会计职业道德与会计法律的联系与区别。

(3) 管理会计职业道德规范的主要内容。

知 识 准 备

一、管理会计职业道德的概念和特征

(一) 管理会计职业道德的概念

管理会计职业道德是指在管理会计职业活动中应当遵循的,体现管理会计职业特征的,调整管理会计职业关系的职业行为准则和规范。

(二) 管理会计职业道德的特征

管理会计作为社会经济活动中的一种特殊职业,其职业道德也具有自身的特点。

1. 具有职业性和实践性的特征

管理会计的职业道德,具有明显的职业性和实践性,与所从事的职业密切相关。管理会计的目标是通过运用管理会计工具方法,参与单位规划、决策、控制评价活动并为之提供有用信息,推动单位实现战略规划。管理会计的职业道德是在管理会计的职业过程中,在管理会计的工作实践中表现出来的。

2. 具有公众利益的符合性特征

管理会计的职业道德,根植于人类社会的道德体系。管理会计师作为管理会计目标的实践者,通常是单位管理活动的参与者,在这个过程中必然会涉及各种管理关系、利益关系。而管理会计的职业道德,就是为从业者提供思考和行为方向,使管理会计师所参与的管理活动,既要帮助所服务的机构达成上述目标,又要使所服务机构的管理活动符合国家利益和社会公众利益。

二、管理会计职业道德的作用

(一) 对管理会计师个体的作用

1. 对管理会计师的指导作用

管理会计职业道德是规范管理会计师行为的基础,是指导管理会计

师行为的方向。在管理会计师的工作中,职业道德为其行为提出要求、指明方向,以此帮助所服务的机构更好地达成管理会计职业的目标,是实现管理会计目标的重要保证。

2. 对管理会计师遵守职业道德的促进和评价作用

通过对管理会计职业道德的树立、推广、教育、监督、检查、评价等活动,对管理会计师的言行进行客观的评价,进而促进从业者遵守管理会计职业道德。

(二) 对实施管理会计的单位的作用

1. 是单位实现管理会计目标的重要保障

管理会计体系的贯彻实施是单位实现战略的重要保障之一,而管理会计职业道德是管

理会计体系实施者的从业要求,是他们做好本职工作的重要推手,通过认真学习和遵从管理会计职业道德,促进管理会计体系的落实,进而促进管理会计目标的实现。

2. 是单位总体道德价值观的重要组成部分

管理会计职业道德,通常属于道德规范在具体职业领域的表现,管理会计人员遵守职业道德,也会对单位总体道德和价值观产生积极正面的影响。

（三）对职业规范体系的作用

管理会计职业道德是相关财会法律、法规的重要补充。管理会计职业道德不属于法律、法规,但是职业道德体系与法律、法规体系共同作用,将在不同层面形成对职业规范的完整要求。

三、管理会计职业道德与会计法律制度之间的关系

（一）管理会计职业道德与会计法律制度之间的协同关系

1. 两者的目标相同

会计法律制度体系和管理会计职业道德体系所要达到的目标是相同的。

2. 管理会计职业道德以会计法律制度为基础

管理会计职业道德是对会计法律制度体系无法或不易覆盖到的内容,提出要求并进行归纳总结与推广教育。其与法律制度相得益彰,共同构成管理会计职业人员的职业规范体系。

3. 管理会计职业道德是相关法律、法规的重要补充

管理会计的主要工作属于对所服务机构的内部管理和决策支持。管理会计的职业道德要求,成为引导管理会计师做好工作的重要指引,是会计法律制度体系的重要补充。

4. 法律、法规将成为管理会计职业道德工作的方向指引

财政部关于全面推进管理会计体系建设的指导意见以及其他会计法律制度,是形成我国管理会计职业道德的重要指引和基础。

（二）管理会计职业道德与会计相关法律制度的区别

1. 性质不同

会计法律制度通过国家机器强制执行,具有很强的他律性。管理会计职业道德是管理会计师的自律性要求,其执行的要求和监督来自社会监督或自律性组织的监督。

2. 作用范围不同

会计法律制度只是对实际表现出来的行动和进而产生的实际结果进行约束;而管理会计职业道德则是从一个人的思想深处,从行为的动机出发,教育和约束从业者,使管理会计人员在行动之前就受到职业道德的影响,从而选择职业道德所引导的方向,进而付诸正确的实际行动。

3. 两者变现形式不同

会计法律制度有明确的法律条款和实施细则。管理会计职业道德可以形成文字,也可以不形成文字,是一种思想深处的自律意识。

微课:构建管理会计
职业道德体系

四、管理会计职业道德规范的主要内容

（一）职业认知与价值观念

作为一名优秀的管理会计从业者，要端正职业认知并树立正确的价值观，包括爱岗敬业、诚信从业、客观公正、保守秘密和廉洁自律五个方面。

1. 爱岗敬业

爱岗敬业要求管理会计人员热爱管理会计工作，忠于职守、尽心尽力、尽职尽责。爱岗是管理会计人员热爱自己的管理会计岗位，安心于本职岗位，恪尽职守地做好本职工作。爱岗是指会计人员的一种意识活动，是敬业精神在其职业活动方式上的有意识的表达，具体表现为会计人员对自己应承担的责任和义务所表现出的责任感和义务感。如果管理会计从业人员对其所从事的会计工作不热爱，就很难在工作中做到尽心尽力、尽职尽责。敬业是指会计人员应该充分认识本职工作在社会经济活动中的地位和作用，充分认识本职工作的社会意义和道德价值，具有会计职业的荣誉感和自豪感，在职业活动中具有高度的劳动热情和创造性，以强烈的事业心、责任感从事会计工作。爱岗敬业是管理会计职业道德的基础。爱岗和敬业互为前提、相互支持、相辅相成。"爱岗"是"敬业"的基石，"敬业"是"爱岗"的升华，具体表现如下。

（1）正确认识管理会计的职业特点。正如管理会计基本指引所指出的，管理会计的目标是通过运用管理会计工具和方法，参与所服务机构的规划、决策、控制、评价活动并为之提供有用信息，推动单位实现战略规划。这些管理工作，都是难度较大、要求较高的，甚至需要具有一定程度创新性和挑战性的管理工作。

（2）热爱管理会计职业，通过做好管理会计工作创造价值。在正确认识管理会计工作的性质、特点和挑战的基础上，要发自内心地热爱这个工作，才会产生真正做好该工作的内在驱动力，才能克服困难。通过做好管理会计工作，为所服务的机构创造价值。

2. 诚信从业

诚信从业要求会计人员做老实人，说老实话，办老实事，执业谨慎，信誉至上，不为利益所诱惑，不弄虚作假，不泄露秘密。中国现代会计之父潘序伦先生认为，"诚信"是会计职业道德的重要内容，他终身倡导"信以立志，信以处事，信以待人，毋忘'立信'，当必有成"，并将其作为立信会计学校的校训。人无信不立，国无信不强。在现代市场经济中，"诚信"尤为重要。市场经济是"信用经济""契约经济"，注重的就是"诚实守信"。可以说，信用是维护市场经济步入良性发展轨迹的前提和基础，是市场经济赖以生存的基石。诚信从业具体表现如下。

（1）不弄虚作假，不为利益或其他目的而造假。会计人员应言行一致、表里如一、正大光明、实事求是，如实反映单位经济业务的情况，不为个人和小集团的利益伪造账目、弄虚作假，损害国家和社会公众的利益。

（2）实事求是，无隐藏，不为谋取私利或其他目的人为地选择信息或者选择性地工作。管理会计师在参与管理的过程中，应实事求是、无隐藏。在实际管理工作中，当其他参与者享有知情权时，会计人员不能对其有所隐瞒或有所选择地提供信息，这样会使参与者不能得到完整的管理或决策依据，从而使管理的科学性受到损害。会计人员更不能为了个人利益

或小团体的利益或其他目的,人为地选择信息和报告信息,或有选择性地做自己喜欢或擅长的工作,而把自己职责范围内难度高的或不擅长的工作抛开。

3. 客观公正

客观公正要求管理会计人员端正态度、依法办事、实事求是、不偏不倚,保持应有的独立性。客观是指按事物的本来面目去反映,不掺杂个人的主观意愿,也不为他人意见所左右。公正是指平等、公平、正直、没有偏失。客观公正是会计职业道德所追求的理想目标。在会计职业活动中,由于涉及对多方利益的协调处理,所以公正要求各企事业单位管理层和会计人员不仅具备诚实的品质,而且公正地开展会计核算和会计监督工作,即在履行会计职能时,摒弃单位、个人私利,公平公正、不偏不倚地对待相关利益各方。客观公正的具体表现如下。

(1) 从主观上,客观公正推进工作。管理工作不能带有偏向特定利益方的倾向,但可以带有个人的管理特点。作为管理会计师,其所参与的管理工作往往会涉及不同的参与方和利益团体,如一个工程项目涉及单位内不同的部门、一个投资计划涉及不同的投资人等,因此,在推进管理会计工作的过程中,应该秉承客观公正的态度。如果所服务的机构是企业就应以企业的利益为出发点;如果是行政事业单位,则以国家利益为出发点。管理会计师不得偏向特定的利益方,不能在管理会计工作中有所偏颇,但这不妨碍管理会计师在管理工作中带有自己的管理特点。

(2) 从客观上,顶住各种不正当压力。因为利益的关系,在管理会计师以管理会计的专业方式工作时,很可能内、外部利益方或利益团体会以各种方式对其施加压力甚至给予利益,以获得偏向自己的支持。此时,管理会计师需要顶住压力,客观公正地从事自己的工作。

(3) 遵守国家法律、法规,推动单位向政策和法律、法规所鼓励和引导的方向发展。基于对眼前利益或其他因素的考量,单位的个别甚至所有利益团体可能会有通过违规行为获得利益的冲动或要求,但从长远来看,这样做对单位而言一定是弊大于利。国家法律、法规制定的出发点是为所有企业构建公平的经营环境,或依据政策引导企业向国家期望的方向发展,比如用税收优惠、补贴等政策进行引导。

4. 保守秘密

由于工作的关系,管理会计师必然会掌握企业诸多经营管理信息,甚至包括战略决策方面的信息,这些信息都是企业的商业机密。作为管理会计师,对于工作中知晓的企业机密信息,必须秉承保密的原则,未经单位许可,不得向他人泄露。同时主动提高警惕性,防止在无意中泄露所在单位的机密。

5. 廉洁自律

廉洁自律要求管理会计人员公私分明、不贪不占、遵纪守法、清正廉洁。廉洁是指不贪污钱财、不收受贿赂,保持清白。自律是指自律主体按照一定的标准,约束、控制自己的言行和思想。廉洁自律是会计职业道德的前提,也是会计职业道德的内在要求,这是由管理会计工作的特点决定的。廉洁自律的具体表现如下。

(1) 不利用职务之便谋取私利或行贿受贿。管理会计师参与企业管理和决策活动,手中握有一定的权力,便有利用权力谋取私利甚至受贿的便利和可能。然而,管理会计师受贿有法律层面的约束,也有职业道德的规范,即不得利用职务之便谋取私利或收受贿赂。此外,管理会计师可能是重大事项的主要责任人,在执行项目时,管理会计师会承受很大的管理压力。此时,作为项目责任人往往可能为了快速推进项目或其他原因,产生行贿的冲动并付诸实施,这种行为从长远来看,对单位和个人乃至整个社会都是有危害的。职业道德要求管理会计师在日常工作中不得有行贿行为。

（2）不支持他人行贿受贿或谋取私利,并推动单位的监控体系进行防范。管理会计活动包含单位的风险管理控制,单位的经济活动和管理活动是管理会计的重要工作内容,管理会计师不得支持他人行贿,更不得支持他人受贿或谋取私利。

（3）推动积极正面的价值观。管理会计师要在企业中以身作则,在工作中秉承公正的态度,通过建立健全监控防范体系等手段,在单位中推进积极正面的文化氛围和价值观。

（二）能力准备与自我提高

管理会计师作为管理的参与者,具备相应能力的同时更要不断提高自己的能力,包括专业能力、职业技能,以及对业务、行业和宏观政策的把握能力三个方面。具备了优秀的能力,才能在职业认知和价值观的引导下,真正为所服务的机构作出贡献。

1. 充足的专业技能准备

管理会计师从事的工作层次较高,因此对其专业要求也高。为了能够更好地满足工作要求,管理会计师必须具备充足的专业技能,主要有以下几点。

（1）熟悉法律、法规、财税法规及规则。熟悉国家相关法律、法规、财税法规以及所属行业其他主管部门的管理规定和实施办法,保障企业运行在法律、法规所允许的轨道上。

（2）具备管理能力,利用财务的工具和思维参与企业管理。管理会计工作,是通过运用管理会计工具方法,参与企业规划、决策、控制、评价活动并为企业提供有用信息,推动企业实现战略规划。管理会计工作的工具、方法,如预算、成本管理、分析报告、绩效支持等,都是具有一定学习难度的专业工具和方法,管理会计师需要熟练掌握和运用这些工具和方法,久而久之,形成管理会计思维,并将这种思维长期应用到工作中。

（3）具备战略决策支持,投融资支持与管理的能力。企事业单位的管理决策、投融资活动和其他战略活动等,也是管理会计的重要工作内容。这些工作对管理会计师的能力要求更高,很多从财务会计转型过来的管理会计师对这部分知识相对陌生,这要求管理会计师要迅速学习相关知识,提升这些方面的能力。

2. 充足的职业技能准备

（1）领导力。管理会计的很多工作属于管理工作,有相当部分的工作是需要管理会计师牵头作为推动者的,比如牵头推动企业的预算工作、成本费用管控工作、风险管理和控制体系建设工作等。在上述工作中,管理会计师除了需要具备专业技能外,还需要在相关活动中起到领导作用,这就对其领导力提出了要求。有相当数量的管理会计师在以往的工作中欠缺领导力,认识不到自己在相关工作中的领导角色,导致工作定位出现问题,进而影响工作效果。

（2）计划、总结能力。管理会计师不仅需要有领导力,同时需要对工作进行科学的计划,按照计划推进自己牵头的工作,并适时总结,不断提高后续工作的效果。"现代管理之父"法约尔认为,计划是管理工作的先导,对于任何工作的推动,计划都是成功的关键。管理工作通常都有不同层级、不同部门的管理者参加,这些管理者都有属于自己的本职工作,要让他们尽快融入并提高效率,管理会计师的计划至关重要。

（3）沟通协调能力。沟通协调能力是把工作布置清楚，解答他人的疑问，协调处理相关的困难环节等。

（4）监督和执行能力。任何工作都需要通过执行，才能达到其目的，在执行过程中，随时监督工作进度，检查工作效果，协调有关各方尽可能走在同一方向、同一进度上，应对和处理执行中的各种问题，让管理会计工作真正落地，是执行力在管理会计领域的体现。管理会计师需要提高自己的执行力，鼓励自己克服各种困难，为达成单位的战略目标奉献自己的力量。

3. 熟悉业务、行业、宏观政策

除了专业能力和职业能力外，为了做好管理工作，管理会计师还需要学习和关注以下信息。

（1）对业务的深度认知。作为管理团队的一员，做预算、管成本、支持决策等工作的前提是深入了解本单位的业务。了解业务，包括了解业务的流程、业务的模式、业务的关键节点、业务的管理规律等各个方面，如研发工作的关键节点和管理规律、生产工作的关键节点和管理规律等。只有把握了业务的关键节点，才能在绩效管理、风险控制和决策支持等工作中把管理会计工作做深入，做到实处。

（2）对行业的深度认知。当前，企业之间竞争激烈，行业内的运作模式、规律不断发生创新和变化，而且变化的速度在加快，任何单位在运营中，都无法脱离行业的大环境而独善其身。企业的经营管理工作和决策工作必须把行业因素纳入进来，管理会计师作为管理的深度参与者，需要对行业情况和变化有更多的了解。例如，有些企业在管理中采用与行业标杆企业对比的方法，那么除了解标杆企业的各种管理标杆值外，还应该去分析标杆企业是如何做到的，在细节上进行论证与调整，这样才能真正缩小与标杆企业的差距。

（3）对宏观环境政策的深度认识。宏观环境几乎对所有的企业都有深远影响。法律、法规的要求是什么？政策引导和鼓励的是什么？宏观环境发生了什么变化？等等，这些问题都对企业的管理和战略决策产生着巨大影响。所有的管理参与者包括管理会计师，都需要关注并了解相关的政策和环境变化，才能带领企业逐步实现战略目标。

4. 不断提高开拓意识、创新意识、学习意识

（1）具有不断学习提高技能的意识和愿望。管理会计工作，一方面其所使用的各种工作方法难度较高，道理较深，不是通过了"管理会计师（初级）"专业能力考试就能完全掌握相关技能，而是需要在工作和学习中通过实践不断加深认识，才能越用越好。在熟练掌握专业技能的基础上，要不断创新，以更加适合企业的需要。另一方面，法律政策调整、环境变化时时都在发生，也需要管理会计师保持高度警惕和关注。上述这些因素，都需要管理会计师有强烈的、通过学习提高的意识和愿望，不能故步自封，满足现状。

（2）掌握科学的学习和提升方法。管理会计的工具方法、职业技能、业务、行业与宏观环境的学习和理解，内容非常多，同时具有一定的深度和难度。管理会计师需要运用科学的学习和提升方法，例如，采用自学、听课学习、学习总结、与他人讨论等不同的学习方式，并合理安排学习时间。

（三）努力工作与恪尽职守

管理工作具有比较高的难度和挑战性，因此，仅仅具备前两个方面能力还不够，还要做到恪尽职守、努力奋斗。不仅要应用管理会计的工具方法为科学管理作出自己应有的贡献，还要敢于承担责任,敢于坚持正确的观点。管理会计师应在本单位用恰当的方式方法推进管理会计工作,不可过于超前或拖后。有了正确的职业认知和价值观念,具备了相应的能力和技能,再加上努力工作、恪尽职守,才能真正把管理会计工作落到实处。

1. 为企业利益尽最大努力

克服各种困难,执着前行。首先,管理会计人员要克服职业与专业上的困难。管理工作的难点是对职业技能要求高和管理目标高,也包括以往财会工作性质和习惯的不同所带来的转型困难。其次,管理会计人员要克服管理冲突带来的困难。单位的管理工作,通常会遭遇各种管理或时间上的冲突。管理与业务的冲突,比如为了抓业务,不重视管理,或者过分依赖个人经验,拍脑袋决策而不愿意走科学程序进行决策。时间上的冲突,比如有些管理者可能因为时间紧迫而把预算做得非常粗糙。面对这些情形,管理会计师需要尽职尽责,通过沟通、说服、推动单位使用科学的管理方法来进行管理和决策。最后,管理会计人员要克服显性或隐性利益冲突带来的工作困难,协调各方利益冲突,为企业的利益最大化而努力。在企业管理中,在大大小小的决策和判断中,各利益相关方往往为了自身的利益,使管理工作充满冲突而难以推进。管理会计师需要努力推进科学的管理和决策方法,协调各方使用这些方法,促进企业进行科学决策,而不是陷入利益纷争的困扰中。

2. 用专业的方法和工具为企业工作,提供深入有效的管理支持

(1) 管理会计师最大限度地利用管理会计的工具,提供深入有效的管理支持。在企事业单位的管理和决策过程中,内部会有不同的参与方,比如市场、人力资源、技术等领域的管理者参与其中,而各方也都应从自己的领域和视角为管理和决策做分析和支持。作为管理会计师,应推进单位在管理和决策中应用管理会计的工具和方法,使管理和决策科学化,提高工作效率和工作效果,而不是泛泛而论、人云亦云,脱离本职的专业和特色去工作。

(2) 结合管理会计的工作特点,在不同工作上做好相应的角色,使管理支持深入、有效。管理会计工作并不是单一的,例如,在风险管理和内容控制方面,主要是控制工作;在决策支持和战略支持方面,主要是服务工作,应该尽可能为决策者提供更多决策所需要的信息;在预算控制和成本控制方面,需要以管理会计师为主进行专项的、细节上的决策,此时管理会计师便成为一名决策者。

3. 敢于承担责任,敢于坚持正确的观点

(1) 参与管理和决策,需要敢于承担责任。在履行管理会计师职责的过程中,管理会计师应通过专业的工具、方法和判断,深度参与管理和决策,而不是躲避或被动接受。管理会计师应在参与中影响管理和决策,并为自己的建议和行动负责。

(2) 要有观点,并且敢于坚持正确的观点。在管理和决策中,管理会计依据专业的工具和方法,提出自己的判断和建议,并且要学会把这种判断和建议传递给其他管理者。对于自己认为正确的事情,如决策风险过高、内控力度过小等,要敢于坚持自己的观点,这可能引发更加深入的讨论或其他管理者相应的改善措施。这正是管理会计师的作用,体现管理会计师工作的价值。管理会计师面对工作不能逃避,也不能浅尝辄止。

4. 综合企业各种情况,推进管理会计工作,不能过于超前或拖后

(1) 分析企业内部和外部环境,设计和推进管理会计工作。管理会计师所在单位的管理措施,往往因为单位所属的行业和投资者的要求不同而不同,需要选用的工具、方法及深度也不同。所以,管理会计师推进管理会计工作需要结合企业的实际情况,根据企业自身的

管理特点,选择适用的管理会计依据和方法,并按照适当的进度推进。

（2）结合管理会计原则,设计和推进管理会计工作。管理会计师在所服务的企事业单位推进管理会计工作,必须结合以下原则来进行:①在推进管理会计工作的过程中,需要使用科学的方法、现代化的工具,需要有所投入;②需要让管理会计的工具和方法适应单位的性质、规模、发展阶段、管理模式、治理水平等;③推进管理会计工作,必须以单位的战略为导向,将管理会计融合、嵌入单位的相关领域、相关层次、相关环节以及业务流程中。

【传统文化进课堂】红楼梦中王熙凤的管理会计思维（二）

▷ 任 务 实 施

东方服装公司财务人员李想从事管理会计相关工作,作为一名优秀的管理会计从业者的职业认知和价值观念的具体表现是什么?

任务处理如下。

1. 爱岗敬业具体表现

（1）正确认识管理会计职业,认识管理会计的职业特点。

（2）热爱管理会计职业,通过做好管理会计工作创造价值。

2. 诚信从业具体表现

（1）不弄虚作假,不为利益或其他目的而造假,言行一致,表里如一。

（2）实事求是,无隐藏,不为谋取私利或其他目的人为地选择信息或者选择性地工作。

3. 客观公正具体表现

（1）从主观上,客观公正推进工作。

（2）从客观上,顶住各种不正当压力。

（3）遵守国家法律、法规,推动单位向政策和法律、法规所鼓励和引导的方向发展。

4. 保守秘密具体表现

对于工作中获取或知晓的企业机密信息,必须秉承保密的原则,未经单位许可,不得向他人泄露。同时主动提高警惕性,防止在无意中不经意泄露所在单位的机密。

5. 廉洁自律具体表现

（1）不利用职务之便谋取私利或行贿受贿。

（2）不支持他人行贿受贿或谋取私利,并推动单位的监控体系进行防范。

（3）管理会计师要在企业中以身作则,在工作中秉承公正的态度,通过建立健全监控防范体系等手段,在单位中推进积极正面的文化氛围和价值观。

任 务 巩 固

通过案例分析,掌握管理会计人员应具备的职业道德。

新时代集团公司是一家上市公司,主要从事药品的生产和销售。为了贯彻落实《财政部关于全面推进管理会计体系建设的指导意见》,公司组织全体中层管理人员进行管理会计知识培训。培训完成后,为了加强管理会计职业道德建设,更好地落实管理会计各种工具和方式的应用,促进管理会计各项工作顺利开展,公司专门为会计人员举行了一次务虚会,请大家谈谈对管理会计建设及管理会计职业道德的认识。现就部分人员的主要观点摘录如下。

（1）关于管理会计职业道德与会计职业道德关系的问题。A认为，国家已经颁布的会计职业道德既适用于会计人员，也适用于注册会计师，更适用于管理会计人员。也就是说，会计职业道德包括了管理会计职业道德，没有必要再另设一套内容。

（2）关于管理会计职业道德规范的问题。B认为，管理会计主要为企事业单位内部的管理服务，不存在也没有必要遵守诚实守信原则。

（3）关于管理会计职业技能的问题。C认为，管理会计师要有观点，并且应敢于坚持正确的观点。

（4）关于管理会计职业道德廉洁自律的问题。D认为，管理会计人员只要不行贿、不利用职务之便来谋取私利就可以了。

（5）关于管理会计职业道德教育建设、组织和实施的问题。E认为管理会计职业道德教育建设、组织目前处于无人监管状态，实施起来非常难。

从管理会计建设或管理会计职业道德建设角度出发，分析判断这五个人的观点是否正确，并简要说明理由。

实 训 项 目

1. 实训目的

通过训练，掌握管理会计的内涵、管理会计的内容、管理会计与财务会计的区别，了解管理会计的发展。

2. 实训内容

（1）背景资料。《利用信息技术来改造传统企业，加速实现管理创新》一文中提到："原来我们比较熟悉的是财务会计，实际上企业内部在变化的时候，企业现代化用财务会计这个外部概念描述并没有意义。我不知道管理会计这个概念大家是否熟悉，它有两个基本职能。第一个叫预算规划，第二个叫控制评价。预算规划是对未来说的，控制评价是对当前说的。而财务会计是事后会计，是到月底整体的结算。我们实际上是把管理会计的预算与规划的哲理运用到战略中去。我们的战略恰恰是利用计算机技术，来解决高度变化的市场与制定的相对稳定的目标和企业战略之间的矛盾。"

（2）以小组为单位，分析背景资料的说法是否有道理，管理会计和财务会计是如何合作发展的？

3. 实训要求

（1）了解管理会计的内涵、管理会计的内容，分析管理会计与财务会计的区别。

（2）了解管理会计的发展，分析管理会计在完成它的基本职能时，是否需要和财务会计合作？如果需要，它们是如何合作的？

（3）根据对背景资料的判断，类似于上述矛盾的解决会促进管理会计向哪些领域发展？

（4）每组提交一份管理会计与财务会计的发展分析报告。

（5）每组选派一名代表讲解和展示本组的工作成果。

4. 实训考核

（1）评价方式：采取小组自评、小组互评、教师评价三维评价方式，以教师评价为主，小组自评和小组互评为辅，其中教师评分比例占总分数的60%，小组自评占20%，小组互评占

20％,总评成绩＝小组自评×20％＋小组互评×20％＋教师评价×60％。

（2）评价指标:从专业能力、方法能力、社会能力、工作成果展现四个方面进行评价。

开篇任务工作单	开篇任务实施单	开篇任务检查单	开篇任务评价单

前 沿 视 角

苏能股份:智慧财务,赋能新质生产力发展

近年来,苏能股份立足江苏省属特大型能源上市企业定位,持续强化服务能源资源安全核心功能,始终将信息赋能、综合创效作为优化财务工作的突破口。通过加强业财融合和推进管理会计的应用,积极探索培育盈利新模式;通过积极搭建共享平台,让数据"跑"起来;借力信息技术,让资源"活"起来;强化财务管理,让资金"涨"起来。这些举措有效促进了企业管理增效和盈利能力提升,加快发展新质生产力,进而实现高质量可持续发展目标。

搭建共享平台,让数据"跑"起来

2023 年 3 月,苏能股份财务共享服务中心一期项目启动;2024 年 1 月,一期项目 25 家试点单位成功上线运行;2024 年 8 月,启动二期项目建设……

近年来,苏能股份积极探索财务数字化转型,切实建立集中、协同、精细、智能的财务共享体系和"战略财务、业务财务、共享财务"三位一体的财务运用管理新模式。

该公司集合财务专家、业务专家以及财务共享信息化建设专家成立财务共享项目组,以打造省属国企财务共享建设标杆企业、助力企业数字化转型为建设目标,从宣贯转型理念、优化财务组织、统筹系统设计、融合业财流程、提升财务能力、建设一体化财务体系等多个方面,切实推进建设财务共享中心的实践创新。

经过不断优化和反复完善,该公司共建立了六大业态、72 个标准化流程,财务凭证自动生成率平均达到 90％以上。集成了人资、财务、运销、OA、主数据、供应链等系统,实现了业务实时传递、数据实时追踪、业财高度一体。目前,该系统运行平稳有序,财务共享平台建设取得阶段性成果。

积极推进管理会计应用。在财务共享服务中心建设的基础上,苏能股份同时上线了全面预算管理系统,将预算管理、成本管理及绩效管理等进行了有效整合。此外,苏能股份定期召开经营分析会、考核会等,根据会议决策需求,促使财务系统不断完善,也使财务人员能够提供更多有助于企业策略制定和执行的信息。

目前,苏能股份利用财务共享等系统实现了线上付款审批、合同审批、办公批文审批等,有效地将财务系统与企业的日常运营相结合,不仅提高了财务信息处理的效率和准确性,还提供深入的业务分析,帮助企业识别风险和机会。该公司财务共享二期项目也在加快推进建设中。

下一步,苏能股份将以争创省属上市企业财务共享建设标杆、助力构建"一核两极"新发展格局为目标,以贯彻绿色发展理念、优化财务组织、推动业财融合、建设一体化财务体系为重点,多措并举推动财务创效,为做大做强煤基产业、培育新的业绩增长提供坚实的财务支撑。

资料来源:新华日报. https://xh.xhby.net/pc/con/202410/14/content_1377600.html.

趣 味 故 事

从中国古代小故事看管理会计

魏文王问名医扁鹊:"你们家兄弟三人都精于医术,到底哪一位医术最高明呢?"扁鹊回答:"长兄最好,中兄次之,我最差。"文王再问:"为何你最出名?"扁鹊答:"长兄治病是治病于病情发作之前。由于一般人不知道他事先能铲除病因,所以他的名气无法传出去。中兄治病,是治病于病情初起时。一般人以为他只能治轻微的小病,所以他的名气只及本多里。而我治病于病情严重之时,一般人都看到我在经脉上穿针管放血、在皮肤上敷药等大手术,以为我的医术高明,名气因此响遍全国。"

这个故事中的大哥的角色是管理会计(事前控制),二哥是财务会计(事中控制),扁鹊是审计(事后控制)。

在实际工作中,管理会计的工作涉及设计和评估企业流程、监控、反映、报告和预测企业经营成果、执行和监控企业内部控制以及收集、分析和整合企业信息来实现驱动经济价值的目标管理。管理会计人员需要具备较高的素质和专业能力,就像扁鹊的大哥一样"医术精湛"。但为什么管理会计的名气不大,没有像财务会计和审计一样受到人们的青睐呢?其原因有二,一是内部原因,即管理会计的特性(内部性、非强制性、非权利性);二是外部原因,即管理会计的作用没有被重视尤其是被管理者重视,所以名声传不出去。

现代会计有三大领域,即管理会计、财务会计、审计,同源分流,任何一方都不可偏废。管理会计的目标在很大程度上被视为协调合约各方利益关系、促使合约各方降低代理成本、实现各方利益的有效信息系统。其作用是接受经营者的委托,参与预算、控制、决策工作,是经营者的军师,履行"管理咨询"的职能。正如重视了扁鹊大哥的工作(事前控制),扁鹊二哥及扁鹊的工作(事中控制、事后控制)就会变得轻松而简单一样,如果军师英明、决策正确,则财务会计的工作就轻松、顺利,无须弄虚作假,其产品就合格,从而也减轻了审计工作的负担,由此来看,管理会计对于经营者是格外重要的。

随着管理会计理论在实践应用中的发展,将推动管理会计、财务会计、审计等学科交叉融合和发展,共同完成整个企业的生产经营任务,更好地履行受托责任。因此,在宣传扁鹊医术高超的同时,也不能低估扁鹊大哥、二哥的医学成就。

对于管理会计、财务会计和审计对企业的作用,恰如一场球赛。管理会计的责任在于帮助球队提高得分的能力(即提高球技);财务会计是球赛的记分员;审计则是对记分的结果进行复评(以确认是否正确)。一个球队踢得好坏,取决于进了几个球(即球技如何),而不是记分。

资料来源:正保会计网校. https://www.chinaacc.com/new/287_288_/2009_10_13_ch2150234937131 0190025375. shtml.

成本性态分析及变动成本法

✦ 项目描述

东方服装公司充分结合中国国情和当时经济环境的特点,利用人力、土地廉价的优势,采取给别人代工的方式换取生产线,然后通过内部挖潜,充分利用生产线的剩余生产能力为自己生产产品。这种使用权的虚拟扩张方式迅速构造了竞争力的成本动因。

该企业于2017年投产服装行业,为提高市场占有率,开始在全国进行大规模的降价活动,通过规模的扩大带动成本下降。同时,该产品售价下降又直接扩大了市场容量,企业资金回流相应增加,规模再次扩大,进而又带动成本下降。如此循环,引起了产品一轮又一轮的价格战,销量和市场占有率不断提高。传统的规模扩张方式往往要增加固定资产的投资,导致企业的现金流减少和价格竞争力下降。但该企业并没有动用自有资金投资固定资产,而是将国外企业的生产线搬到中国,走了一条虚拟联合规模扩张的道路,实现了资本和市场的同步扩张,获得了无可比拟的成本优势。

思考:如何判断一个企业成本管理的水平高低?

▣ 学习目标

知识目标

1. 了解成本的概念,了解成本的不同分类。

2. 理解成本性态的含义,掌握成本性态分析的方法。

3. 理解变动成本法的定义及其特点,掌握贡献式利润表的编制方法。

4. 掌握本量利分析的基本原理。

能力目标

1. 能够进行成本性态分析。

2. 能够编制贡献式利润表。

3. 能够运用本量利分析的基本原理,进行本量利分析。

素养目标

1. 在进行成本性态分析过程中,计算准确。

2. 通过现代媒体等手段收集企业成本性态分析所需资料,树立具体问题具体分析的马克思主义哲学意识。

3. 分组探究,团队协作,共同讨论解决混合成本分解问题。

业 务 案 例

党的二十大报告留给中国管理会计的五大考问

思 维 导 图

成本性态分析及
变动成本法
├─ 成本性态分析
│ ├─ 固定成本
│ ├─ 变动成本
│ └─ 混合成本及其分解
└─ 变动成本法的应用

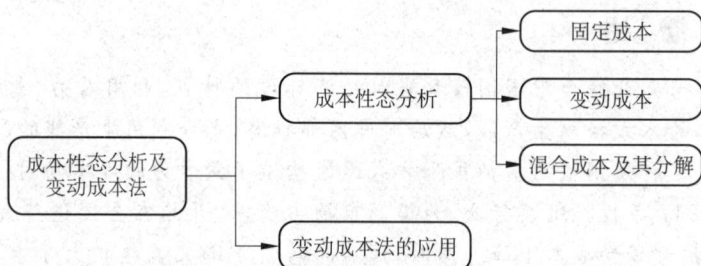

任务一　成本性态分析

任 务 情 境

东方服装公司 2024 年度设备维修费属于混合成本,相关资料如表 1-1 所示。

表 1-1　东方服装公司 2024 年度的设备维修费

月　份	机械工作时长(x)/小时	维修费(y)/元
1	8 500	3 700
2	7 500	3 500
3	9 000	3 800
4	9 500	3 900
5	10 000	4 000
6	11 000	4 200
7	10 500	4 000
8	9 500	3 800
9	11 500	4 200
10	12 000	4 300
11	13 000	4 500
12	12 500	4 400

思考:如果你是财务经理,你将选择什么方式对混合成本进行分解?

重难点分析

（1）理解成本性态的含义。

（2）掌握成本性态分析的方法。

（3）混合成本法中高低点法、散点图法和回归直线法的应用。

知识准备

成本性态从管理会计的角度对成本进行了新的划分，它突破了传统财务会计的成本分类，对于企业通过管理变动成本从而降低总成本提供了可能性。变动成本法以成本性态为基础计算产品成本，主要用于对成本进行规划和日常控制，是企业内部管理的一种重要方法。

成本性态又称成本习性，是指成本总额与业务总量（产量或销售量）之间的依存关系。成本性态分析是根据成本与业务量之间的依存关系对成本进行分类，从数量上把握成本和业务量之间的规律，是企业进行正确决策与实施有效控制的常用工具之一。成本按性态可以分为固定成本、变动成本和混合成本三类。

一、固定成本

1. 固定成本的概念

固定成本是指在一定期间和一定业务量范围内，其总额不受业务量变动的影响而保持固定不变的成本。其主要特点是在一定业务量范围内成本总额保持不变，而单位成本随着业务量的增加而不断下降。例如，当以产量作为业务量时，按直线法计提的厂房和机器设备的折旧费、行政管理人员的工资、办公费、财产保险费、广告费、职工培训费、不动产税等，均属于固定成本。在管理会计中，固定成本的水平通常是以总额表现的。

微课：透过服装
看成本

固定成本具有以下两个特点。

（1）固定成本总额的不变性。

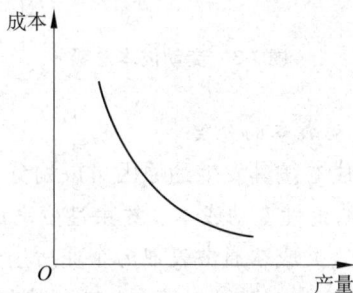

（2）单位固定成本的反比例变动性。

固定成本的成本性态模型如图 1-1、图 1-2 所示。

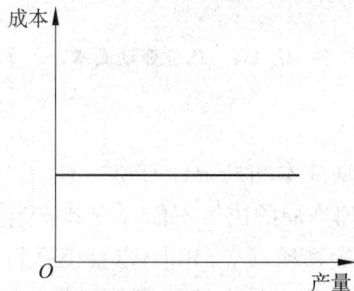

图 1-1　固定成本总额　　　　　　　图 1-2　单位固定成本

2. 固定成本的分类

企业在一定时期内发生的固定成本按其支出数额大小是否受管理层短期决策的影响可

进一步划分为约束性固定成本和酌量性固定成本两类。

(1) 约束性固定成本,又称经营能力成本,是指支出数额不受管理层的决策行动影响的固定成本,如固定资产折旧费、保险费、管理人员工资等。要降低约束性固定成本,应合理利用现有生产经营能力,提高生产效率。

(2) 酌量性固定成本,又称选择性固定成本,是指通过管理层的决策行动能够改变其数额的固定成本。它是由企业管理部门按照经营方针的要求,通过确定未来某一会计期间的有关预算形式而形成的,如企业的开发研究费、广告费、职工培训费等。要想降低酌量性固定成本,只有厉行节约,精打细算,利用编制预算进行严格控制,防止浪费。

二、变动成本

1. 变动成本的概念

变动成本是指在一定期间和一定业务量范围内,其总额随着业务量的变动而成正比例变动的成本。其主要特点是总成本与业务量之间存在着一种稳定的比例关系,即其单位成本不受业务量变动的影响,如直接材料费、产品包装费、按件计酬的工人工资、销售佣金以及按业务量计算的固定资产折旧费等,均属于变动成本。

在研究变动成本时,必须首先明确业务量的具体形式。因为对于某一特定业务量而言属于变动成本的,对于其他业务量来说则不一定属于变动成本。

变动成本具有以下两个特点。

(1) 变动成本总额的正比例变动性。

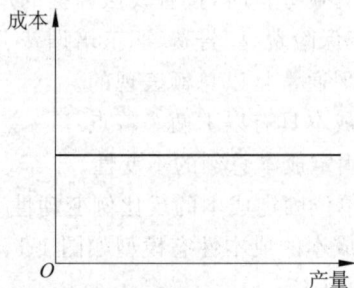

(2) 单位变动成本的不变性。

变动成本的成本性态模型如图 1-3、图 1-4 所示。

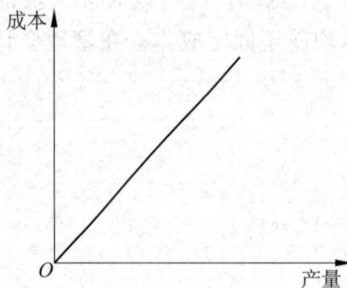

图 1-3 变动成本总额   图 1-4 单位变动成本

2. 变动成本的分类

变动成本按其发生的原因可以划分为约束性变动成本和酌量性变动成本。

(1) 约束性变动成本。约束性变动成本是指管理当局的决策不能改变其支出数额的变动成本。这类成本通常表现为企业所生产产品的直接物耗成本,其中,以直接材料成本最为典型,如生产一台计算机需要主板、硬盘等。这些成本与产量有着明确的技术或实物关系,具有一定程度的约束性,这些成本的改变往往意味着企业产品的转型。

(2) 酌量性变动成本。酌量性变动成本是指管理当局的决策可以改变其支出数额的变动成本,如按产量计酬的职工工资、按销售收入的一定比例计算的销售佣金等。这些支出的比例或标准主要取决于企业管理当局根据当时的市场情况所做出的决策。

三、混合成本及其分解

（一）混合成本的概念及类型

混合成本是指随业务量的变动而变动，但又不成正比例变动的那部分成本。混合成本与业务量的关系按其变动形态的不同，基本上可分为以下四种类型。

（1）半固定成本，又称阶梯式混合成本。它的特点是在一定业务量范围内发生额固定不变，当业务量增长超过该范围，其发生额突然跳跃式上升，然后在业务量增长以后的一定范围内又固定不变，直到业务量范围再被突破，发生新的跳跃式变动为止（见图 1-5）。常见的半固定成本有设备修理费、化验员、检验人员的工资等。

（2）半变动成本，又称标准式混合成本。它的总额由两部分成本组成：一部分为固定成本部分，无论是否有业务量发生，这部分成本总会发生，不受业务量变动影响；另一部分随业务量的变动而发生正比例变动，为变动成本部分（见图 1-6）。常见的半变动成本有水电费、煤气费、电话费等公共事业费用。

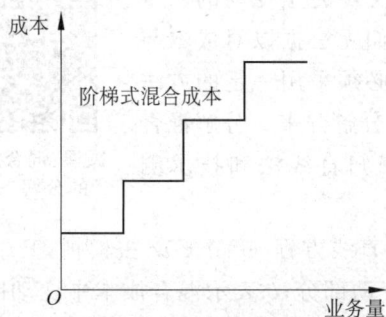

图 1-5 半固定成本

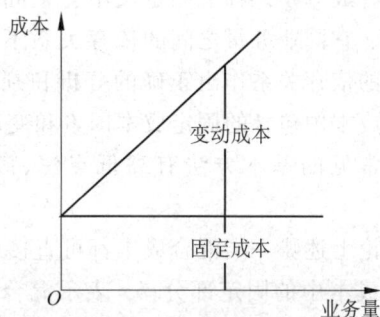

图 1-6 半变动成本

（3）延期变动成本，又称低坡式混合成本。其成本总额在一定的业务量范围内保持稳定，超过一定业务量后，则随业务量成正比例变动（见图 1-7）。例如，在定额计件的工资制度下，职工完成正常工作定额只能取得基础工资；若超过定额，则除领取基础工资之外，还可取得按超产数额计算的超额计件工资。

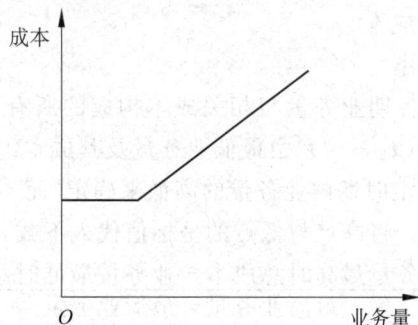

图 1-7 延期变动成本

(4) 曲线式混合成本。这类成本通常有一个初始量,在一定条件下保持不变,相当于固定成本。在这个初始量的基础上,随着业务量的增加,成本总额呈非线性的曲线式增加。按照曲线斜率的不同变动趋势,这类成本可分为递增型混合成本和递减型混合成本(见图 1-8)。

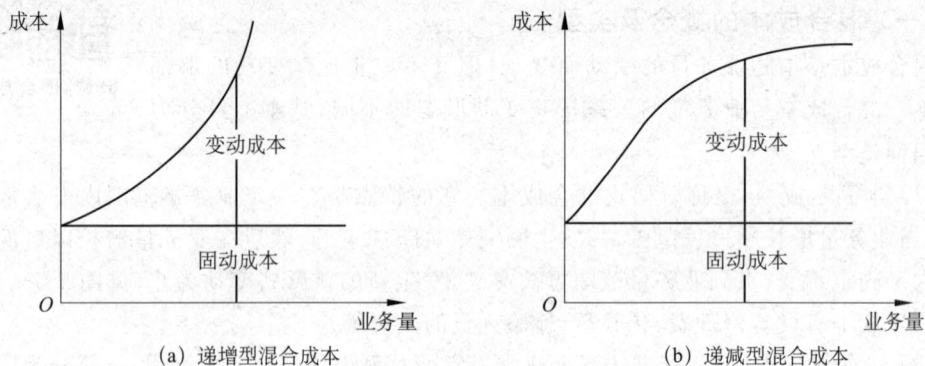

图 1-8　曲线式混合成本

(二) 混合成本的分解

混合成本是一种既固定又不完全固定、既变动又不完全变动的双重性成本。它同业务量之间的依存关系不太清晰,人们无法据以对成本与业务量的依存关系作出正确的分析和判断。所以,必须采用一定的方法将混合成本中包含的固定成本因素和变动成本因素分解开来。分解混合成本最常见的基本方法有高低点法、散布图法、回归直线法和技术测定法。

微课:混合成本的分解(一)

无论上述哪一类混合成本都可直接或间接地用直线方程 $y=a+bx$ 去模拟,其中,a 表示混合成本中的固定部分;bx 表示混合成本中的变动部分;b 表示混合成本中变动的单位额。在成本性态分析过程中,进行混合成本分解,就是设法求出待定参数 a 和 b 的数值,并建立 $y=a+bx$ 模型。

1. 高低点法

高低点法是以过去一定时期内的最高点与最低点业务量的成本之差除以最高点业务量与最低点业务量之差,计算出单位变动成本(b),然后据以计算出成本中的固定成本(a)的一种定量分析方法。高点指过去一定时期有关资料中的最高业务量及相应的成本,低点指资料中的最低业务量及相应的成本。

高低点法的具体步骤如下。

(1) 确定高低点。在由各期业务量与相关成本构成的所有坐标点中,找出由最高业务量及其成本组成的高点坐标(x_2,y_2)和由最低业务量及其成本组成的低点坐标(x_1,y_1)。

高低点坐标的选择以一定时期内业务量的高低来确定,而不是按成本的高低来确定。

(2) 确定单位变动成本。将高点与低点的坐标值代入下式,计算单位变动成本 b。

$$b = \frac{\text{业务量最高时总成本} - \text{业务量最低时总成本}}{\text{最高业务量} - \text{最低业务量}}$$

$$= \frac{y_2 - y_1}{x_2 - x_1}$$

（3）计算固定成本总额。将高点或低点坐标值及 b 值代入下式，计算固定成本总额 a。

$$a = 高点混合成本总额 - b \times 高点业务量 = y_2 - b \times x_2$$

或　　　　　　$$a = 低点混合成本总额 - b \times 低点业务量 = y_1 - b \times x_1$$

（4）将 a、b 值代入 $y = a + bx$，写出一般成本性态模型。

高低点法的优点在于简便易行、易于理解，缺点是由于它只选择了该混合成本历史资料诸多数据中的最高点和最低点两组坐标来确定直线，建立该混合成本的成本性态模型，因此建立的数学模型很可能不具有代表性，且容易导致较大的计算误差。因此，这种方法只适用于成本变动趋势比较稳定的企业。

2. 散布图法

散布图法是将一定时期的混合成本历史数据，逐一在坐标图上标明以形成散布图，然后通过目测，在各个成本点之间作出一条反映成本变动平均趋势的直线，借以确定混合成本中变动成本和固定成本的方法。

散布图法的基本步骤如下。

（1） x 轴代表业务量，y 轴代表成本，建立直角坐标系，把过去一定期间内已发生的混合成本数据先在坐标图上形成若干个成本点。

（2）通过目测，在各成本点之间画一条能反映成本变动的平均趋势的直线，该直线与 y 轴的交点即为 a 的值。

（3）将 a 值代入混合成本 $y = a + bx$ 的公式可求得 b 值，即

$$b = \frac{y - a}{x}$$

采用散布图法通过目测画成本变动的平均趋势直线，会因人而异得出不同的混合成本模型，结果很难准确统一。但该方法使用方便，容易理解。

3. 回归直线法

回归直线法是根据过去一定时期的业务量和成本资料，建立反映成本和业务量之间关系的回归直线方程，并据此确定成本中的固定成本和变动成本的一种成本性态分析方法。设共有若干（n）期业务量（x）和成本（y）的资料，每期资料的 x、y 之间的关系可以用直线方程式 $y = a + bx$ 表示。根据上述混合成本的基本方程式及实际所采用的一组 n 个观测值，即可建立如下回归直线的联立方程式。

微课：混合成本
的分解（二）

$$\sum y = na + b\sum x \qquad ①$$

以 x 乘式①中的每一项，得出

$$\sum xy = a\sum x + b\sum x^2 \qquad ②$$

将式①移项化简，即得

$$a = \frac{\sum y - b\sum x}{n} \qquad ③$$

将式③代入式②并移项化简，即得

$$b = \frac{n\sum xy - \sum x\sum y}{n\sum x^2 - \left(\sum x\right)^2} \qquad ④$$

以上三种方法,高低点法最为简便,但不够准确;回归直线法最精确,但它的工作量也最大,不适用于手工计算;散布图法,由于是通过目测画线,所以会出现因人而异的现象,结果也不够准确。事实上三种方法都带有估计的成分,对混合成本的分解都不可能绝对准确。所以在实际工作中,一些小型企业可以近似地将混合成本视为固定成本。

4. 技术测定法

技术测定法又称工程分析法,是由工程技术人员测定有关成本项目的支出和业务量之间的关系,在此基础上直接估算混合成本中固定成本部分和变动成本部分的一种成本分解方法。运用技术测定法分解混合成本的基本步骤如下。

(1) 确定需要研究的成本项目,即成本对象。

(2) 对导致成本发生的生产过程进行观测和分析,确定业务量。

(3) 确定生产过程的最佳操作方法。

(4) 根据最佳操作方法测定成本项目的构成内容,并按成本性态将其划分为固定成本和变动成本。

技术测定法根据生产过程中工程技术特点来确定消耗量与业务量之间的依存关系,使成本性态分析有比较科学的依据,是在没有历史成本数据条件下可以采用的最佳分析方法。它的局限性在于,一方面技术测定要求一定人力、物力的投入,信息成本较高;另一方面,它只能用于成本发生和业务量有直接联系,并且消耗过程能单独观察的一些成本项目的分析。

▶ 任 务 实 施

一、运用高低点法分解混合成本

东方服装公司 2024 年 1—6 月裁床设备的维修费有关资料如表 1-2 所示。要求:用高低点法将该企业的裁床设备维修费分解为固定成本、变动成本,并写出维修成本的方程。

表 1-2　东方服装公司 2024 年 1—6 月裁床设备的维修费

月　　份	机械工作时长/小时	维修费/元
1	8 000	1 100
2	8 400	1 130
3	10 000	1 300
4	8 200	1 110
5	7 800	1 080
6	8 200	1 120
合计	50 600	6 840

任务处理如下:确定高低点(见表 1-3)。

表 1-3　高低点相关数据

项　　目	最高点(3 月)	最低点(5 月)
机械工作时长(x)/小时	10 000	7 800
维修费(y)/元	1 300	1 080

$$b = \frac{y_2 - y_1}{x_2 - x_1} = \frac{1\,300 - 1\,080}{10\,000 - 7\,800} = 0.1(元/小时)$$

$$a = y_2 - bx_2 = 1\,300 - 0.1 \times 10\,000 = 300(元)$$

或
$$a = y_1 - bx_1 = 1\,080 - 0.1 \times 7\,800 = 300(元)$$

按维修费组成的方程为

$$y = 300 + 0.1x$$

即混合成本中,固定成本为 300 元,其余为变动成本。

二、运用散布图法分解混合成本

东方服装公司 2024 年 1—9 月裁床设备的维修费如表 1-4 所示,固定成本 1 260 元。要求:采用散布图法将该公司的设备维修费分解为固定成本、变动成本,并写出维修成本的方程。

表 1-4　东方服装公司 2024 年 1—9 月裁床设备的维修费

月　　份	机械工作时长(x)/小时	维修费(y)/元
1	8 500	3 700
2	7 500	3 500
3	9 000	3 800
4	9 500	3 900
5	10 000	4 000
6	11 000	4 200
7	10 500	4 000
8	15 000	4 500
9	13 500	4 200

任务处理如下。

首先确定趋势直线与 y 轴的交点为(0,1 260),即固定成本 $a = 1\,260$ 元;根据趋势直线两端点坐标(0,1 260)(15 000,4 500),趋势直线的斜率＝(4 500－1 260)/(15 000－0)＝0.22,即单位变动成本 $b = 0.22$ 元/小时(见图 1-9)。

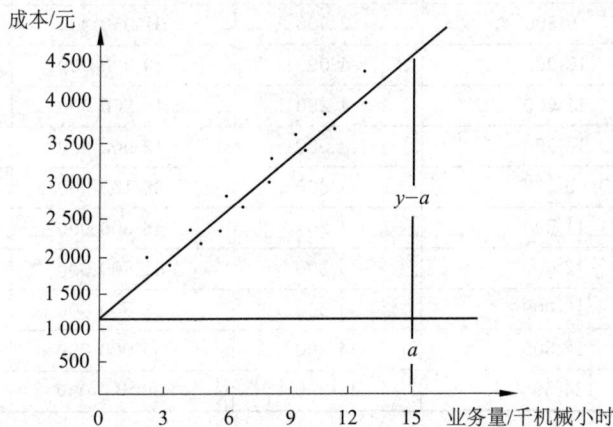

图 1-9　散布图

因此,按照成本性态分析,维修成本的方程为

$$y = 1\,260 + 0.22x$$

三、运用回归直线法分解混合成本

东方服装公司 2024 年度的裁床设备维修费如表 1-5 所示。要求:采用回归直线法将公司该年度维修费分解为固定成本、变动成本,并写出维修费的方程。

表 1-5　东方服装公司 2024 年度的裁床设备维修费

月　　份	机械工作时长(x)/小时	维修费(y)/元
1	8 500	3 700
2	7 500	3 500
3	9 000	3 800
4	9 500	3 900
5	10 000	4 000
6	11 000	4 200
7	10 500	4 000
8	9 500	3 800
9	11 500	4 200
10	12 000	4 300
11	13 000	4 500
12	12 500	4 400

任务处理如下:为便于计算,先将资料进行计算,如表 1-6 所示。

表 1-6　计算结果

月份	机械工作时长(x)/小时	维修费(y)/元	xy	x^2
1	8 500	3 700	31 450 000	72 250 000
2	7 500	3 500	26 250 000	56 250 000
3	9 000	3 800	34 200 000	81 000 000
4	9 500	3 900	37 050 000	90 250 000
5	10 000	4 000	40 000 000	100 000 000
6	11 000	4 200	46 200 000	121 000 000
7	10 500	4 000	42 000 000	110 250 000
8	9 500	3 800	36 100 000	90 250 000
9	11 500	4 200	48 300 000	132 250 000
10	12 000	4 300	51 600 000	144 000 000
11	13 000	4 500	58 500 000	169 000 000
12	12 500	4 400	55 000 000	156 250 000
合计	124 500	48 300	506 650 000	1 322 750 000

根据资料计算如下:

$$b = \frac{n\sum xy - \sum x \sum y}{n\sum x^2 - \left(\sum x\right)^2} = \frac{12 \times 506\ 650\ 000 - 124\ 500 \times 48\ 300}{12 \times 1\ 322\ 750\ 000 - 124\ 500^2} \approx 0.178 (元/小时)$$

$$a = \frac{\sum y - b\sum x}{n} = \frac{48\ 300 - 0.178 \times 124\ 500}{12} = 2\ 178.25 (元)$$

根据求得的 a、b 值,按照成本性态,维修费的方程式为

$$y = 2\ 178.25 + 0.178x$$

计算表明,该项混合成本中,固定成本为 2 178.25 元,其余为变动成本。

值得注意的是,只有 x、y 呈现显著相关时,这种回归分析才有意义。

任 务 巩 固

比较固定成本、变动成本、混合成本的区别?

【传统文化进课堂】
红楼梦中王熙凤的
管理会计思维(三)

任务二 变动成本法的应用

任 务 情 境

东方服装公司是一家生产服装的企业,由于市场竞争激烈,库存积压严重,利润微薄。该公司的王经理将在 2025 年 3 月初离任,他很想在离任前干出一点名堂,提高利润。2025 年伊始,王经理亲自抓市场销售,跑客户、疏通各种渠道,千方百计扩大市场份额,同时加强企业产品成本的管理,将各项成本尽力控制在原有水平上。经过一个月的努力,销量提高了,库存下降了。王经理满心欢喜,以为利润肯定得到了提高,但出人意料的是,财务科长提供的 1 月的利润数字竟然低于 2024 年 12 月,王经理大惑不解。此时,李顾问给王经理出了一个主意:"要想提高 2 月的利润,其实是很容易的事,你不要管销售,只要把产量提上去,最好提高 1 倍或 2 倍。"王经理如法炮制。果然,2 月的产量大大提高后,虽然 2 月的销量没有变化,库存也大大增加,但 2 月底的财务报表反映的利润却大幅度提高了。王经理心里纳闷,是不是财务部门把利润算错了? 李顾问笑了笑,说出了其中的秘密。

思考:你是怎样看待这件事的? 说说你的看法。

重 难 点 分 析

(1) 理解变动成本法的定义及其特点。

(2) 掌握贡献式利润表的编制方法。

知 识 准 备

微课:认识变动
成本法

一、变动成本法的定义

变动成本法和完全成本法是企业成本核算采用的两种基本方法。1936 年,美国会计学者乔纳森·哈斯提出了变动成本计算方法,随后变动成本法在美国等国家得到了广泛应用,

成为现代管理会计的重要内容。变动成本法是指在组织常规的产品成本计算过程中,以成本性态分析为前提,在计算产品成本时只考虑产品生产过程中所消耗的直接材料、直接人工和变动性制造费用,即变动生产成本,而把固定性制造费用,即固定生产成本及非生产成本,全部作为期间成本,处理的产品成本计算方法。变动成本法的成本构成如图 1-10 所示。

【素养园地】沃尔玛如何做到"天天低价、薄利多销"

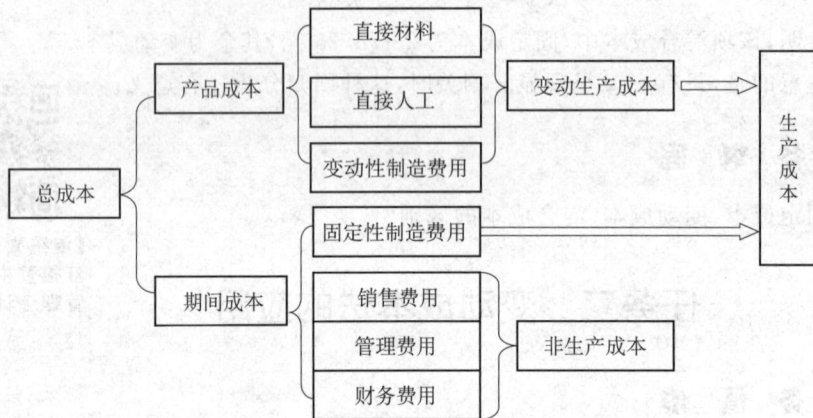

图 1-10　变动成本法的成本构成

二、变动成本法的特点

变动成本法是与传统的成本计算法相对立的概念,当它产生之后,后者便被称为完全成本法。相比完全成本法,变动成本法具有以下几个方面的特点。

1. 在应用的前提条件方面

变动成本法要求首先进行成本性态分析,把成本分为变动成本和固定成本两部分。其中对于生产成本要按生产量分解为变动生产成本和固定生产成本;对于销售及管理费用要按销售量分解为变动销售及管理费用和固定销售及管理费用。

2. 在产品成本和期间成本的构成内容方面

在变动成本法下,产品成本只包括变动生产成本,固定成本和非生产成本则完全作为期间成本处理。具体通过表 1-7 反映。

表 1-7　变动成本法应用的前提条件和成本构成内容

应用的前提条件	以成本性态分析为基础
成本划分的类别	变动成本 固定成本
产品成本包含的内容	直接材料 直接人工 变动性制造费用
期间成本包含的内容	变动非生产成本: 变动销售费用 变动管理费用 变动财务费用

续表

应用的前提条件	以成本性态分析为基础
期间成本包含的内容	固定成本： 固定性制造费用 固定销售费用 固定管理费用 固定财务费用

3. 在销货成本和存货成本的水平方面

广义的产品有销货和存货两种实物形态。在期末存货和本期销货均不为零的条件下，本期发生的产品成本最终要表现为销货成本和存货成本。在变动成本法下，固定生产成本作为期间费用处理，直接计入当期利润表，不会转化为销货成本和存货成本。

4. 在税前净利的计算方面

在变动成本法下，税前净利应按下列两步计算：

$$边际贡献＝销售收入－变动成本$$

$$税前净利＝边际贡献－固定成本$$

式中，

变动成本＝变动生产成本＋变动非生产成本

变动生产成本＝按变动成本法计算的本期销货成本

＝期初存货成本＋本期变动生产成本－期末存货成本

＝期初存货量×上期单位变动生产成本＋本期产量×

本期单位变动生产成本－期末存货量×

本期单位变动生产成本

假定前后各期单位变动生产成本不变，则

变动生产成本＝单位变动生产成本×销售量

变动非生产成本＝单位变动非生产成本×销售量

固定成本＝固定生产成本＋固定管理费用＋固定销售费用＋固定财务费用

注：假定对于存货的计价采用先进先出法。

微课：变动成本法的特点一

微课：变动成本法的特点二

5. 在利润表的编制方面

在变动成本法下，利润表上的成本分为变动成本和固定成本两大类，销售收入减去变动成本后的余额称为边际贡献。边际贡献再减去全部固定成本则是企业的税前净利。变动成本法编制的利润表把所有成本项目按成本性态分为变动成本和固定成本两大类，主要是为了便于取得边际贡献信息，因此又称为贡献式利润表。

在变动成本法下，要按照上述"4. 在税前净利的计算方面"中两步编制贡献式利润表。

变动成本法实际上是针对传统的完全成本法的改革。在将成本分解为变动成本、固定成本的前提下,通过企业的盈亏平衡分析找到产品销售量、产品成本、企业利润之间的内在联系,为科学地规划企业的销售策略、成本控制与企业战略管理提供基础的分析工作。同时,在变动成本法下,产量的高低与存货的增减对企业的税前净利都没有影响,在售价、单位变动成本、销售结构不变的情况下,税前净利将随销售量同步增长,这样会使企业管理层重视产品销售,防止盲目扩大生产。但是,企业会计准则和企业会计制度仍要求按完全成本法进行存货确定和损益计算,故变动成本法目前还不能用于对外编制财务报表。变动成本法主要用于编制企业的内部管理报表,为内部管理提供有用的信息。

三、完全成本法

财务会计计算产品成本的主要方法是完全成本计算法。完全成本计算法也称吸收成本计算法,是指在计算产品成本时,将产品的全部生产成本,即直接材料、直接人工和制造费用全部包括在内的一种成本计算方法。其成本构成如图 1-11 所示。完全成本法将非制造成本,即销售费用、管理费用和财务费用,作为期间费用处理,不计入产品成本。这样,在产成品出售前,其制造成本以存货的形式反映在资产负债表中;待产成品销售以后,再将其制造成本转入销售成本,与销售收入进行配比,确认损益并反映在利润表上。

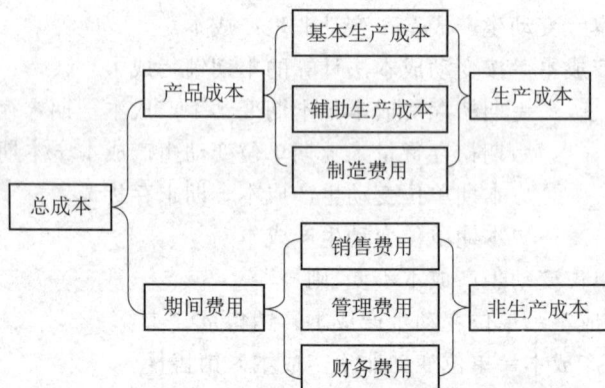

图 1-11   完全成本法的成本构成

完全成本计算法的理论依据是,凡属于因产品生产而发生的生产耗费都应归属于该产品,计入该产品生产成本。产品的生产过程不仅是直接材料、直接人工和变动性制造费用的消耗过程,同时也是一定生产经营能力的消耗过程。固定性制造费用就是为保持一定的生产经营能力而发生的,尽管其发生与产品产量没有直接的联系,不随产量的增减而增减,但如果没有其所提供的生产经营能力,就不可能有产品的生产,因而必须将固定性制造费用也归于产品的生产成本之中,作为产品成本的一个组成部分,随产品而流动。

完全成本法编制的利润表是把所有成本项目按生产、销售、管理等经济职能进行排列,主要是为了适应企业外界有经济利害关系的团体和个人的需要而编制的,故又称为"职能式利润表"。

▶ 任 务 实 施

假设东方服装公司只产销一种产品,其 2024 年的业务量、售价与成本资料如表 1-8 所示。

表 1-8　东方服装公司 2023 年业务量、售价与成本资料表

业务量及售价		成　本	
期初存货量	0 件	直接材料	10 000 元
本年产量	5 000 件	直接人工	5 000 元
本年销售量	4 000 件	变动性制造费用	5 000 元
期末存货量	1 000 件	固定性制造费用	10 000 元
销售单价	10 元/件	变动销售费用	3 000 元
		固定销售费用	1 000 元
		变动管理费用	1 000 元
		固定管理费用	1 000 元
		固定财务费用	500 元

一、按变动成本法计算产品成本和期间成本

根据上述资料,按变动成本法计算的产品成本和期间成本如表 1-9 所示。

表 1-9　产品成本和期间成本计算表　　　　　　单位:元

成本类别	项　目	总成本	单位成本
产品成本	直接材料	10 000	2
	直接人工	5 000	1
	变动性制造费用	5 000	1
	合计	20 000	4
期间成本	固定性制造费用	10 000	
	销售费用	4 000	
	管理费用	2 000	
	财务费用	500	
	合计	16 500	

二、按变动成本法计算确定期末存货成本和本期销货成本

按变动成本法计算确定期末存货成本和本期销货成本,计算结果如表 1-10 所示。

表 1-10　期末存货成本和销货成本计算表　　　　　　单位:元

项　目	金　额
期初存货成本	0
本期产品成本	20 000(5 000×4)
可供销售产品成本	20 000
单位产品成本	4
期末存货量	1 000
期末存货成本	4 000
本期销货成本	16 000

三、编制贡献式利润表

编制的贡献式利润如表 1-11 所示。

表 1-11　贡献式利润表　　　　　　　　　　　　　单位:元

项　目	金　额
销售收入(10×4 000)	40 000
减:变动成本	
变动生产成本(4×4 000)	16 000
变动销售费用	3 000
变动管理费用	1 000
变动成本合计	20 000
边际贡献	20 000
减:固定成本	
固定性制造费用	10 000
固定销售费用	1 000
固定管理费用	1 000
固定财务费用	500
固定成本合计	12 500
税前净利	7 500

任 务 巩 固

华光公司生产甲产品,产品售价为 10 元/件,单位产品变动成本为 4 元/件,固定性制造费用总额为 24 000 元,固定性销售及管理费用为 6 000 元,无变动性销售及管理费用,存货按先进先出法计价,该企业最近三年的产销量资料如表 1-12 所示。

表 1-12　企业最近三年的产销量　　　　　　　　　　单位:件

产　销　量	第一年	第二年	第三年
期初存货量	0	0	2 000
本期生产量	6 000	8 000	4 000
本期销售量	6 000	6 000	6 000
期末存货量	0	2 000	0

(1)分别按变动成本法和完全成本法计算单位产品成本。

(2)分别按变动成本法和完全成本法计算期末存货成本。

(3)分别按变动成本法和完全成本法计算期初存货成本。

实 训 项 目

1. 实训目的

通过训练,使学生了解成本的分类方式,掌握成本性态的概念,掌握固定成本与变动成本的概念和特点,掌握成本性态分析在实践中的应用,掌握变动成本计算法和全部成本计算法,以及变动成本法和全部成本法的结合运用。

2. 实训内容

(1) 背景资料。希望有限责任公司 2024 年 4—6 月的部分利润如表 1-13 所示。

表 1-13　希望有限责任公司 2024 年 4—6 月的部分利润　　　　单位:元

项　　目	4 月	5 月	6 月
主营业务收入($p=25$)	1 750 000	1 875 000	2 000 000
减:主营业务成本			
期初存货成本	80 000	32 000	400 000
本期生产成本			
变动生产成本($b=9$)	765 000	720 000	540 000
固定制造费用	560 000	560 000	560 000
本期生产成本合计	1 325 000	1 280 000	1 100 000
本期可供销售产品成本	1 405 000	1 600 000	1 500 000
减:期末存货成本	320 000	400 000	80 000
本期主营业务成本	1 085 000	1 200 000	1 420 000
主营业务利润	665 000	675 000	580 000
减:销售费用和管理费用	620 000	650 000	680 000
税前净利	45 000	25 000	−100 000

希望有限责任公司的副总经理张总对这三个月的税前净利润感到非常困惑,他说:"最近三个月来,我们公司的销售量一直稳步增长,为什么利润反而越来越少? 6 月我们完成了 200 万元的销售额,反而亏损了 10 万元,难道我们的利润不是和销售额成正比例增长的吗?"财务主管告诉张总,财务报表是按照全部成本法编制的,当企业生产与销售不平衡时,变动成本法可以更好地向管理者报告利润。希望有限责任公司第二季度的生产和销售数据如表 1-14 所示。

表 1-14　希望有限公司生产和销售数据表(2024 年)　　　　单位:件

项　　目	4 月	5 月	6 月
产量	85 000	80 000	60 000
销量	70 000	75 000	80 000

其他资料如下。

① 4 月 1 日公司的存货量为 5 000 件。

② 每季度的固定制造费用为 1 680 000 元,并且在季度内平均发生。

③ 销售每单位产品的变动性销售、管理费用为 6 元。表 1-13 中剩下的销售、管理费用是固定成本。

④ 公司使用先进先出法,在产品存货可以忽略不计。

听完财务主管的介绍,张总说:"我知道我们的生产和销售有时不平衡。这是由于在本季度开始的时候为了预防 7 月可能出现的自然灾害停产而增加了产量,但台风并未出现,7

月时我们不得不削减产量以消耗过多的存货。"

（2）以小组为单位，向张总解释为什么使用全部成本法编制的利润表反映的利润呈现不稳定变动，为什么利润与销售量不成正比例关系。

3. 实训要求

（1）了解全部成本法编制利润表的方法，分析其对产品利润的影响。

（2）了解变动成本法编制利润表的方法，分析其对产品利润的影响。

（3）根据分析计算两种成本法下的利润差额，张总提出的困惑能否解决。

（4）每组提交一份全部成本法与变动成本法比较分析报告。

（5）每组选派一名代表讲解和展示本组的工作成果。

4. 实训考核

（1）评价方式：采取小组自评、小组互评、教师评价三维评价方式，以教师评价为主，小组自评和小组互评为辅，其中教师评分比例占总分数的60%，小组自评占20%，小组互评占20%，总评成绩＝小组自评×20%＋小组互评×20%＋教师评价×60%。

（2）评价指标：从专业能力、方法能力、社会能力、工作成果展现四个方面进行评价。

项目一任务工作单	项目一任务实施单	项目一任务检查单	项目一任务评价单

前沿视角

碳交易背景下的企业碳成本核算

"双碳"目标是新时代高质量发展的战略方针。我国煤矿资源得天独厚，被广泛应用于生活与工业供电，燃煤是电力企业供电的主要能源消耗，但这会排放大量的温室气体，污染环境。在碳交易机制逐渐完善的背景下，电力企业作为高耗能、高污染企业，减排压力很大，能源结构调整、低碳转型是必然选择。外部经济环境发生变化，企业内部低碳转型，服务于企业经济管理活动的会计也应在新背景下衍生出新的作用与职能。在碳交易背景下，碳成本核算既能有效促进企业低碳减排，又能衡量企业参与碳市场交易的经济利益。目前，国内外均没有完善的关于碳会计相关的制度体系，碳成本核算也缺乏详细的理论基础与实践操作，因此，研究企业碳成本核算具有重大的意义。

通过对碳成本的核算进行研究，希望利用碳成本核算来监督和约束企业生产过程中的碳排放活动，以适应低碳时代的发展需要，实现企业可持续发展。首先，对碳成本进行分类并阐释其内涵，将碳成本分为碳治理成本、碳排放成本和碳或有成本三种。其次，结合各部分成本的内涵特征将公司内部与减少碳排放相关的活动归集到不同的成本类别。最后，根据不同的成本类别特征选择恰当的核算方法对其进行计量，得出数据指标用以分析决策。碳治理成本主要是将与低碳活动相关的预防性成本和检测成本从制造费用、职工薪酬等费用中进行剥离；碳排放成本分为内部排放成本和外部排放成本，内部排放成本是指采用物料流分析法进行核算的内部损失成本,外部排放成本先用碳排放因子法进行碳核算,计量出碳排放量,再将碳排放量乘以碳社会成本(碳价),从而得到碳外部排放成本;碳或有成本是指企业因污染收到的处罚性支出或者是参与碳交易的支出或收益;碳总成本是指将各部分碳成本进行加总对冲。

资料来源:王碧瑶.碳交易背景下的企业碳成本核算研究[D].兰州:兰州财经大学,2023.

趣 味 故 事

王安石变法的核心是理财

传统文人士大夫不谈钱。不过作为政治家和变法的主持人的王安石是另一副样子,王安石非常注重物质、极其重视钱,甚至可以说他变法的核心就是"理财",这也是他得到神宗皇帝信任的主要原因。

在理财问题上,王安石与司马光曾发生一场争论。熙宁元年(公元1068年),宰相曾公亮鉴于河北大灾,要求取消郊祀之后对大臣的赏赐,这引起一些大臣的反对,在新皇帝(神宗)面前争辩起来。司马光赞成,他认为国库日益空虚,国用不足,上下都应该节俭,取消很好。王安石反对,认为这没有几个钱,斤斤计较,有失大体。王安石、司马光二人进一步申说自己的观点。王安石说,国用不足是因为没有好的理财之人;司马光说,所谓"理财"不过是能够巧立名目、从人民身上尽情搜刮,最后使百姓困穷已极,流为寇盗。王安石说,这不是善理财,真正的理财是"民不加赋而国用足";司马光马上指出,这是汉代桑弘羊欺骗汉武帝的说法,又说"天地所生财货丰、百物,止有此数,不在民则在官"。王安石不赞成这个意见,他主张"因天下之力,以生天下之财,取天下之财,以供天下之费"(《上仁宗皇帝言事书》)。从当今经济理论看,王安石当然是正确的。可是,在那时的政治和社会环境里,所谓"生财"云云,也只是王安石的理想,开拓性的"生财"几乎是不可能的,他的政治实践中的"生财"还是从老百姓的钱袋拿到国库里。

新法的确贯彻王安石的"当今理财最为急务,备边府库不可不丰"的方针。其中绝大部分条款都是与理财密切相关的,如"方田均税""青苗""免役""市易""免行""均输"等都是着眼于"钱"的。前三条是针对农民,其中免役也包括一些坊郭户;后三条主要是针对商人、手工业者和服务业者的。

例如免役法,如果光从字面上来看确是好事,这条法律把"差役"改为"雇役"。前者是人民按户等轮流向国家服役;后者则是由政府出钱募人雇役。人们按照产业的多少和户的等级出钱代役,这钱就叫免役钱。这种改变是符合社会和经济发展需要的,但问题出在,原来户等低的穷人,也就是在实行差役法时不充役的,如客户、单丁户、未成丁户、女户、坊郭户以及享有特权的官户、寺院户等,在实行免役法后也要按同等人户的免役钱之半交纳"助役钱"。另外,在免役钱之外,政府又增加一个新的名目叫作"免役宽剩钱"。也就是说,在免役钱上要留出一些富余来以备天灾人祸,这个"富余"规定为20%,年年征收,与免役钱没有什么区别。免役钱并没有按照朝廷的说法用之"雇役"了,地方政府的开支多仰赖这笔钱。青苗、免役主要针对的是农民。

"市易""免行""均输"都是管控商人的。商人是四民之一,在皇权社会中也属合法的存在,但中国的政治传统是只要国家、政府发生经济或财政的困难,第一思路是从商人那里弄钱。王安石的理财也不例外。市易法是建立"市易司"(首都)"市易务"(边境和其他城市)市场管理机构,表面上说是通过国家干预,防止大商人囤积居奇,垄断价格,起到"平抑物价,调剂供求"的作用。而后来变成了专门收购紧俏物,垄断货源、定价权,从商品的批发到零售都被政府官员操纵。市易司等变成对商人横加索取的赚钱机构。在宋代,官营的商品门类本就很多(如盐、茶、酒、铁等),市易法等于官营市场的一次大膨胀。

免行钱也是针对商人的。市场上商人除了交税外,还有一种额外的摊派,包括物品和人工,要想免除这种摊派,可以交钱替代。后来免行钱演变成入"行"钱,意思是说你想从事任何商业或服务业活动都要交钱来买准入证。《宋史·郑侠传》中说连挑水、卖粥、卖茶这些小商小贩,不交足了免行钱也不能开业。均输是设发运使,凡是上供物品(粮食是其中大宗),都要按照"徙贵就贱,用近易远"的方针,节省开支、提高财政资金的使用效率,为朝廷省钱。

上面对新法的主要条款作了简单的分析,可见其精神实质就是为朝廷弄钱,钱也的确弄到了。从这个角度说,王安石变法是成功的。元丰年间,宋神宗看着国库日益充盈,特别高兴,不仅多盖"御前封桩库"以储存财货,而且赋诗庆祝,并用诗句中的字命名储物库。

资料来源:北京日报. https://www.chinawriter.com.cn/2013/2013-06-07/164271.html.

本量利分析

东方服装公司从国外引进了一批先进的生产设备,投入新产品生产。但投产后的前三年一直处于亏损状态。公司领导也是想尽了一切办法,如增加广告费投入,进一步提高销量;进行全员培训,提高全员的质量意识;更换部分中层干部;努力降低原材料的消耗量;实行多品牌战略等。一年后,虽然销量有所上升,生产成本有所下降,管理更加严格,但仍然无法逃脱亏损的厄运。问题究竟出在哪里呢?直到有一天,公司领导在企业管理培训班上详细学习了本量利分析法后才理解了亏损的原因。通过本量利分析,发现在现有的固定成本、变动成本以及服装销售价格下,公司要想保本,年销售量至少要达到50万件,而由于技术原因,无法发挥先进设备批量生产的优势,年产量只有40万件。看来亏损是必然的了。本量利分析法能解决什么问题呢?对企业管理决策又有哪些帮助呢?本项目将解决以上问题。

学 习 目 标

知识目标

1. 了解本量利分析的基本原理。

2. 掌握保本点分析的方法。

3. 掌握保利分析的基本原理。

能力目标

1. 通过学习本量利分析的概念和基本公式,能解释本量利分析的基本原理。

2. 通过学习保本点分析的方法,能计算保本点的销售量和保本点的销售额。

3. 能够运用本量利进行敏感性分析。

素养目标

1. 准确进行本量利分析,具备认真、严谨、规范的工作作风。

2. 在计算各项指标进行分析时,要认真核对相关数据。

3. 分组探究,团队协作,解决本量利分析实际问题。

业务案例

五个维度深刻把握党的二十大重大意义

思维导图

本量利分析 — 保本分析 — 本量利分析概述
本量利分析 — 保本分析 — 本量利分析的内容
本量利分析 — 保利分析 — 实现目标利润分析
本量利分析 — 保利分析 — 企业经营安全程度的评价指标

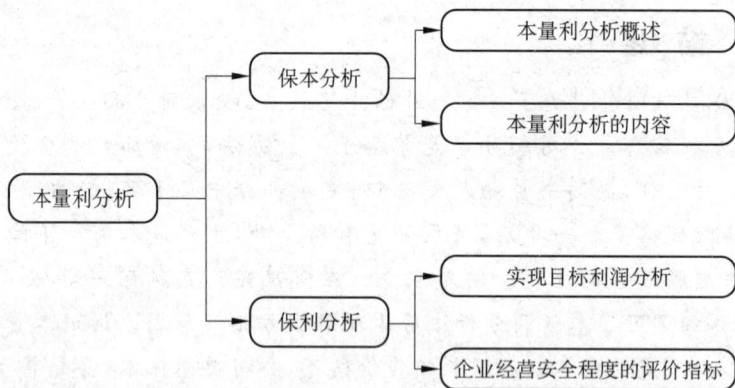

任务一 保本分析

任务情境

东方服装公司全年共生产和销售甲产品 10 000 件,经成本计算,该产品单位变动成本 60 元/件,年固定成本 20 000 元,销售单价为 100 元/件。

思考:公司一年至少卖出多少件甲产品才能不亏损?

重难点分析

(1) 理解本量利分析中的相关概念。

(2) 掌握本量利分析的计算方法。

(3) 掌握单一品种和多品种下保本点的计算。

知识准备

本量利分析是指成本、业务量和利润三者之间的关系分析,其主要目的是分析短期内产品销售量、销售单价、固定成本、单位变动成本以及产品结构的变化对利润的影响,为企业管理部门提供预测、决策信息。

一、本量利分析概述

本量利分析是成本-产量-利润(cost-volume-profit)分析的简称,它是以变动成本法所揭示的成本、业务量和利润三者之间的内在联系为依据,应用一定的计算方法来确定保本业务量,进而分析相关因素变动对盈亏的影响,并以此为前提进行目标利润规划的一种管理会计分析方法。

本量利分析在管理会计中具有十分重要的地位。它除了可以用于进行单价、销售量、成本等因素变动对利润影响的分析外,还可以用于指导销售、成本和利润预测,并据以编制全面预算。因此,本量利分析属于管理会计的基础理论和基本方法,其相关概念如下。

1. 边际贡献

边际贡献又称贡献边际、贡献毛益、边际利润,是指产品的销售收入减去相应的变动成本后的余额。边际贡献的绝对数有两种表现形式。一种是单位概念,称为单位边际贡献(记作 cm),是指产品的单价(记作 p)减去单位变动成本(记作 b)后的余额,其计算公式为

$$单位边际贡献(cm) = 单价 - 单位变动成本$$
$$= p - b$$

边际贡献的另一种表现形式是总额概念,称为边际贡献总额(记作 Tcm),其计算公式为

$$边际贡献总额(Tcm) = 销售收入 - 变动成本 = (单价 - 单位变动成本) \times 销量$$
$$= 单位边际贡献 \times 销量$$
$$= px - bx = (p-b)x = cm \cdot x$$

边际贡献已补偿全部变动成本,下一步必须覆盖固定成本并产生真正盈利,从边际贡献中再扣除固定成本,就得到息税前利润(EBIT)。EBIT 是管理者衡量经营杠杆与安全边际的核心指标,也是后续决策分析的起点。

$$息税前利润(EBIT) = 边际贡献 - 固定成本(a)$$
$$= Tcm - a$$

2. 边际贡献率

边际贡献率(记作 cmR)是指边际贡献总额与销售收入的百分比,或单位边际贡献与单价的百分比,其计算公式为

$$边际贡献率(cmR) = 边际贡献总额/销售收入 \times 100\%$$
$$= 单位边际贡献/单价 \times 100\%$$
$$= cm/p \times 100\%$$

3. 变动成本率

变动成本率(记作 bR)是指产品的变动成本总额与产品的销售收入总额之间的比率,又等于单位变动成本占销售单价的百分比,它表明每增加一元销售所增加的变动成本,其计算公式为

$$变动成本率(bR) = 变动成本总额/销售收入总额 \times 100\%$$
$$= 单位变动成本/销售单价 \times 100\%$$
$$= bx/px \times 100\% = b/p \times 100\%$$

二、本量利分析的内容

(一)本量利分析的基本模型

本量利分析所考虑的相关因素主要包括固定成本、单位变动成本、销售量、单价、销售收入和营业利润等。这些因素之间的关系可以用下列基本公式来反映。

微课:边际贡献相关指标计算

$$营业利润=营业收入总额-成本总额$$
$$=营业收入总额-变动成本总额-固定成本总额$$

当企业只产销单一品种产品时,上述公式可具体表达为

$$营业利润=销售量×单价-销售量×单位变动成本-固定成本$$
$$=(单价-单位变动成本)×销售量-固定成本$$

管理会计中的营业利润,是指不扣除利息费用和所得税之前的利润,即息税前利润。上述公式用字母表示为

$$P=px-(a+bx)=px-bx-a=(p-b)x-a$$

由于本量利分析的数学模型是在上述公式的基础上建立起来的,故又将该公式称为本量利关系基本公式。

(二)保本点分析

保本是指企业在一定时期的收支相等,即盈亏平衡、不盈不亏、利润为零。当企业处于这种特殊状况时,称企业达到保本状态。保本分析就是研究企业恰好处于保本状态时本量利关系的一种定量分析方法,又称盈亏临界分析。

【素养园地】本量利分析给企业降本增效的启示

保本分析的关键是保本点的确定。保本点(break-even point,BEP)也称为盈亏临界点、盈亏平衡点,是使企业达到保本状态的业务量的总称。在该业务量水平上,有关产品的销售收入总额正好等于销售成本总额,即企业收入与变动成本之差(边际贡献总额)刚好与固定成本持平。保本点是衡量企业生产经营活动状态的一项重要指标,进行保本点分析,可以为企业管理当局提供未来期间为防止亏损发生应完成的极限业务量信息,同时也可以为审视企业未来经营的安全程度和目标利润分析创造条件。

1. 单一品种保本点的计算

单一产品的保本点有两种表现形式:一种是以实物量表示的,称为保本销售量;另一种是以货币单位表示的,称为保本销售额。它们都是标志企业达到收支平衡实现保本的销售业务量指标,统称为保本点业务量。因此,保本点的确定就是计算保本量或保本额。

微课:单一品种保本点分析

(1)公式法

从保本点的含义出发,在基本关系式中:

$$利润=单位售价×销售量-单位变动成本×销售量-固定成本$$

当利润为零时,求出的销售量即是保本销售量,即

$$保本销售量=固定成本/(单价-单位变动成本)$$
$$=固定成本/单位边际贡献$$
$$=a/(p-b)=a/cm$$

若用销售额来表示，则保本销售额计算公式为

保本销售额＝单价×保本销售量＝固定成本/边际贡献率＝a/cmR

（2）图示法

保本点的确定，除了采用公式计算求得外，还可以通过绘制保本图或损益平衡图来求得，称为图示法。保本图是在假设单位售价、成本不变并且企业的销售收入、总成本和业务量之间为线性关系的条件下，把企业的收入、成本和业务量的关系及保本点都表示出来的坐标图。一般来说，在保本图中，横坐标代表销售量，纵坐标代表收入和成本，则销售收入线和总成本线的交叉点就是保本点，该点所对应的数量为保本销售量，所对应的金额为保本销售额，如图 2-1 所示。

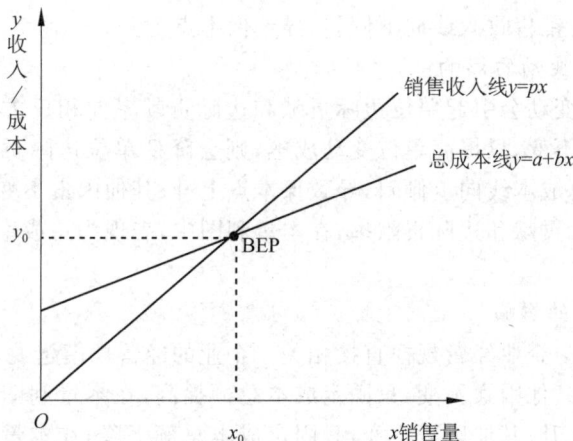

图 2-1 保本图

2. 多品种条件下保本点的计算

企业在生产多种产品的条件下，由于各种产品在性能上可能存在较大差异，因而从会计的角度而言，各种产品在实物数量上的简单相加并无实际意义。因此，在计算多品种产品保本点时，不适宜采用实物量来表示，而应该选用能反映各种产品销售量的货币指标，即计算它们的保本销售额。多品种条件下保本点的计算通常有综合（加权平均）边际贡献率法、联合单位法、分别计算法和综合保本图法等。这里只介绍综合（加权平均）边际贡献率法。

微课：多品种
保本点分析

综合（加权平均）边际贡献率是指以各品种产品的边际贡献率为基础，用各产品的预计销售比重（即产品销售结构）作为权数进行加权计算的、反映企业多产品综合创利能力的平均边际贡献率。该种方法不要求分配固定成本，而是将各种产品所创造的边际贡献视为补偿企业全部固定成本的利润来源，其计算公式为

综合保本销售额＝固定成本总额/综合边际贡献率

式中，

综合（加权平均）边际贡献率＝各种产品边际贡献合计/各种产品销售收入合计

$$= \sum [各种产品的边际贡献率×（各种产品的销售额 / 全部产品预计销售收入合计）]$$

$$= \sum 各种产品的边际贡献率×该产品的销售比重$$

各种产品的保本销售额＝综合保本销售额×各种产品的销售比重

（三）相关因素变动对保本点的影响

从保本点的计算公式中可以看到,产品的售价、单位变动成本、固定成本等因素的变动都会对保本点产生影响。

1. 产品售价变动的影响

产品销售价格的变动是影响保本点的一个重要因素。销售价格的变动会引起单位边际贡献和边际贡献率向同方向变动,从而会改变保本点。如果其他因素不变,只提高产品销售价格,则会提高单位边际贡献和边际贡献率,在本量利图中,表现为销售收入线向上倾斜,导致保本点降低;其他因素不变,只降低产品销售价格,则会降低单位边际贡献和边际贡献率,在本量利图中,表现为销售收入线向下倾斜,导致保本点上升。

2. 单位变动成本变动的影响

单位变动成本的变动会引起单位边际贡献和边际贡献率向相反方向变动,从而改变保本点。如果其他因素不变,只提高单位变动成本,则会降低单位边际贡献和边际贡献率,在本量利图中,表现为总成本线向上倾斜,导致保本点上升;其他因素不变,只降低单位变动成本,则会提高单位边际贡献和边际贡献率,在本量利图中,表现为总成本线向下倾斜,导致保本点下降。

3. 固定成本变动的影响

固定成本的大小与企业经营规模直接相关。企业的经营规模越大,固定成本就越大,保本点也就越高。如果其他因素不变,只固定成本总额提高,在本量利图中,会抬高总成本线的位置,导致保本点上升;其他因素不变,只固定成本总额下降,在本量利图中,会降低总成本线的位置,导致保本点下降。

（四）多因素同时变动的影响

上述分析都是以假定某一因素变动时其他因素不变为前提条件的,但在实际工作中,企业可能会通过采取多种措施,同时改变多个因素来调整保本点,达到增加利润的目的。

▶ 任务实施

一、单品种条件下保本点的计算

东方服装公司开发的冬季手套即将投入市场,经预测,市场售价为 6 元/件,生产该产品年固定成本总额为 40 万元,单位变动成本是 4 元,求该产品的年保本销售量和保本销售额是多少?

任务处理如下:

$$保本销售量＝固定成本/(单价－单位变动成本)$$
$$＝400\ 000/(6-4)＝200\ 000(件)$$
$$保本销售额＝保本销售量×单价＝200\ 000×6＝1\ 200\ 000(元)$$

二、多品种条件下保本点的计算

东方服装公司生产 A、B、C 三种产品,固定成本总额为 6 600 元,其他资料如表 2-1 所示。

表 2-1　A、B、C 三种产品预计销售量、单价、单位变动成本情况

项　　目	A 产品	B 产品	C 产品
产销量/件	900	900	600
销售单价/元	20	10	5
单位变动成本/元	15	6	2

请计算 A、B、C 三种产品的综合保本销售额和各种产品的保本销售额。

任务处理如下。

(1) 计算 A、B、C 三种产品的边际贡献率。

$$A\ 产品边际贡献率 = (p-b)/p = (20-15)/20 = 25\%$$
$$B\ 产品边际贡献率 = (p-b)/p = (10-6)/10 = 40\%$$
$$C\ 产品边际贡献率 = (p-b)/p = (5-2)/5 = 60\%$$

(2) 计算 A、B、C 三种产品的预计销售收入总额及销售结构。

$$销售收入总额 = 900 \times 20 + 900 \times 10 + 600 \times 5 = 30\ 000(元)$$
$$A\ 产品的销售比重 = 900 \times 20/30\ 000 = 60\%$$
$$B\ 产品的销售比重 = 900 \times 10/30\ 000 = 30\%$$
$$C\ 产品的销售比重 = 1 - 60\% - 30\% = 10\%$$

则综合边际贡献率 $= \sum$(各种产品的边际贡献率×该产品的销售比重)

$$= 25\% \times 60\% + 40\% \times 30\% + 60\% \times 10\% = 33\%$$

(3) 计算综合保本销售额。

综合保本销售额 = 固定成本总额/综合边际贡献率 = 6 600/33% = 20 000(元)

(4) 计算各种产品的保本销售额。

$$A\ 产品保本销售额 = 综合保本销售额 \times 各种产品的销售比重$$
$$= 20\ 000 \times 60\% = 12\ 000(元)$$
$$B\ 产品保本销售额 = 20\ 000 \times 30\% = 6\ 000(元)$$
$$C\ 产品保本销售额 = 20\ 000 - 12\ 000 - 6\ 000 = 2\ 000(元)$$

用每种产品的保本销售额分别除以该产品的单价,可求出它们的保本销售量。

$$A\ 产品保本销售量 = 12\ 000/20 = 600(件)$$
$$B\ 产品保本销售量 = 6\ 000/10 = 600(件)$$
$$C\ 产品保本销售量 = 2\ 000/5 = 400(件)$$

任 务 巩 固

宏达公司只生产和销售一种产品,有关资料如下。单位产品售价 5 元/件,单位产品变动成本 3 元,全月固定成本 32 000 元,全月预计销售量 20 000 件。

(1) 计算保本销售量、安全边际和预测预计销售量的利润。

(2) 该厂通过调查,认为单位产品售价如提高到 5.5 元/件,全月预计可销售产品 18 000 件,请重新计算在新情况下的保本销售量、安全边际和预测预计销售量的利润。

(3) 该厂通过调查,认为由于出现了一些新的情况,单位产品的售价应降低到 4.6 元/

件,同时每月还需增加广告费 4 000 元,请重新计算保本点销售量,并计算要销售多少件才能使利润比售价变动前(即单位售价仍为 5 元/件时)的利润增加 10%?

任务二　保利分析

任务情境

东方服装公司将下半年的目标利润确定为 780 000 元,产销 C 产品 25 000 件,销售单价 50 元/件,单位变动成本 30 元,固定成本总额 320 000 元。经调查,如果下一年度降价 8%,销售量可增加 15%。假定下一年度的单位变动成本和固定成本总额保持不变。

思考:公司下一年度的销售量要达到多少才能保证目标利润的实现?

重难点分析

(1) 保利分析计算方法。

(2) 企业经营安全程度的评价指标计算。

知识准备

一、实现目标利润分析

保利分析是在保本分析的基础上,研究当企业实现目标利润时,本量利关系的具体状况。通过保利分析,可以确定为实现目标利润应达到的目标销售量和目标销售额,即保利点,从而以销定产,确定目标生产量、目标生产成本以及目标资金需要量等,为企业实施目标控制奠定基础,为企业短期经营确定方向。

目标利润分析包括单一产品的目标利润分析和产品组合的目标利润分析。单一产品的目标利润分析重在分析每个要素的重要性,产品组合的目标利润分析重在优化企业产品组合。

(一) 单一产品的目标利润分析

企业要实现目标利润,在假定其他因素不变时,通常应提高销售数量或销售价格,降低固定成本或单位变动成本。单一产品的目标利润分析公式为

实现目标利润的业务量=(目标利润+固定成本)÷(单价-单位变动成本)

实现目标利润的销售额=单价×实现目标利润的业务量

或　　　实现目标利润的销售额=(目标利润+固定成本)/边际贡献率

(二) 产品组合的目标利润分析

在单一产品目标利润分析的基础上,依据分析结果进行优化调整,寻求最优的产品组合。基本分析公式为

实现目标利润的销售额=(综合目标利润+固定成本)/(1-综合变动成本率)

或　　　实现目标利润的销售额=(综合目标利润+固定成本)/综合边际贡献率

　　　　实现目标利润率的销售额＝固定成本/(1－综合变动成本率－综合目标利润率)

或　　　实现目标利润率的销售额＝固定成本/(综合边际贡献率－综合目标利润率)

二、企业经营安全程度的评价指标

(一)安全边际与安全边际率

1. 安全边际

安全边际又称安全边际量(或安全边际额),是指企业实际或预计的销售量(或销售额)与保本销售量(或销售额)之间的差量(或差额),其计算公式为

$$安全边际量＝实际(或预计)销售量－保本销售量$$
$$安全边际额＝实际(或预计)销售额－保本销售额$$
$$＝安全边际量×销售单价$$

安全边际可以反映企业经营的安全程度。企业的销售量超过盈亏平衡点越多,安全边际就越大,说明企业发生亏损的可能性就越小,企业的经营也就越安全。反之,企业经营的安全性就越差。同时,只有安全边际内的销售量(额)才能给企业提供利润,因为全部固定成本已被保本点所弥补,所以安全边际内的销售额减去其自身的变动成本即为企业的利润。也就是说,安全边际范围内的边际贡献就是企业的盈利额,相关计算公式为

$$销售利润＝安全边际量×单位边际贡献$$
$$＝安全边际额×边际贡献率$$

因此,安全边际越大,所获利润就越高,企业经营就越安全。

2. 安全边际率

安全边际率是指安全边际量(额)与实际或预计销售量(额)的比率。安全边际率代表了企业在亏损发生之前,销售量可以下降的最大幅度。安全边际率越高,企业发生亏损的可能性就越小,企业经营的安全程度就越高。反之,企业经营的安全程度就越低。安全边际率的计算公式为

$$安全边际率＝安全边际量/实际或预计销售量$$
$$＝安全边际额/实际或预计销售额$$

根据安全边际与销售利润之间的关系我们又可以推导出:

$$销售利润率＝安全边际率×边际贡献率$$

安全边际率与评价企业经营安全程度的一般标准如表 2-2 所示。

表 2-2　安全边际率与评价企业经营安全程度的一般标准

安全边际率	10%以下	10%～20%(不含)	20%～30%(不含)	30%～40%(不含)	40%(含)以上
安全程度	危险	警惕	比较安全	安全	很安全

(二)保本点作业率

保本点作业率又称危险率,是指保本销售量(额)占实际或预计销售量(额)的百分比。该指标是个反指标,越小说明越安全。其计算公式为

$$保本点作业率＝保本销售量/实际或预计销售量×100\%$$
$$＝保本销售额/实际或预计销售额×100\%$$

保本点作业率与安全边际率存在如下互补关系。

$$保本点作业率＋安全边际率＝保本销售量（额）/实际或预计销售量（额）＋$$
$$安全边际量（额）/实际或预计销售量（额）$$
$$＝1$$

（三）经营杠杆和经营杠杆系数

1. 经营杠杆的概念

根据成本习性可以得知，由于固定成本的存在，息税前利润的变动率必然大于销售量的变动率。这种利润变动率大于销售量变动率的现象，称为经营杠杆。它能反映出企业经营的风险，并帮助管理当局进行科学的预测分析和决策分析。

2. 经营杠杆系数的计量

经营杠杆现象通常用经营杠杆系数来表示。经营杠杆系数是指息税前利润变动率相当于销售量变动率的倍数，用 DOL 来表示。其计算公式为

$$经营杠杆系数（DOL）＝息税前利润变动率/销售变动率$$
$$＝(\Delta EBIT/EBIT)/\Delta x/x$$

式中，EBIT 为基期息税前利润；$\Delta EBIT$ 为息税前利润变动额；x 为基期销售量（额）；Δx 为销售量或销售额变动数。

若对上述基本公式进行变换，我们可以得到其简化公式为

$$DOL ＝(p-b) \cdot x/[(p-b) \cdot x-a]$$
$$＝Tcm/(Tcm-a)$$
$$＝Tcm/EBIT$$
$$＝基期边际贡献/基期息税前利润$$

任务实施

一、计算销售利润率

东方服装公司生产 A 产品，该产品单位售价为 50 元，单位变动成本为 30 元，固定成本总额为 12 000 元，预计计划期间产销 A 产品 800 件。为计划企业下一年生产安排，现需要计算该企业计划期间经营 A 产品的安全边际和安全边际率，并从安全边际的角度计算出该产品的销售利润和销售利润率。

任务处理如下。

（1）计算保本销售量（额）：

保本销售量＝固定成本/（单价－单位变动成本）＝12 000/（50－30）＝600（件）

保本销售额＝600×50＝30 000（元）

（2）计算安全边际（率）：

$$安全边际量＝800-600＝200（件）$$
$$安全边际额＝800×50-30 000＝10 000（元）$$
$$安全边际率＝200/800＝25\%$$
$$＝10 000/（800×50）＝25\%$$

（3）计算销售利润（率）：

　　　　单位边际贡献＝销售单价－单位变动成本＝50－30＝20（元／件）

　　　　销售利润＝200×20＝4 000（元）

或

　　　　销售利润＝10 000×（50－30）/50＝10 000×40％＝4 000（元）

　　　　销售利润率＝安全边际率×边际贡献率＝25％×（50－30）/50＝10％

二、计算保本点作业率

　　沿用东方服装公司资料，并假定该企业实际销售量为2 000件。要求：计算保本点作业率。

　　任务处理如下。

　　　　　　保本点作业率＝600/2 000×100％＝30％

　　上述计算结果表明，该企业保本点作业率必须达到正常经营业务量的30％才可保本。否则，企业将会发生亏损。

三、计算经营杠杆系数

　　东方服装公司生产B产品，单位产品售价1 500元。上年该产品产销量为1万件，预计计划年度产销量增长20％。单位变动成本900元，全年固定成本总额300万元。要求：计算经营杠杆系数DOL。

　　任务处理如下。

　　该公司销售变动率＝$\Delta x/x$＝20％

　　基期息税前利润EBIT＝（1 500－900）×10 000－3 000 000＝3 000 000（元）

　　预计计划年度息税前利润＝（1 500－900）×12 000－3 000 000＝4 200 000（元）

　　息税前利润变动率＝$\Delta EBIT/EBIT$＝（4 200 000－3 000 000）/3 000 000＝40％

　　DOL＝（$\Delta EBIT/EBIT$）/$\Delta x/x$＝40％/20％＝2

　　运用简化公式，经营杠杆系数如下。

　　　　DOL＝（1 500－900）×10 000/[（1 500－900）×10 000－3 000 000]

　　　　　　＝（1 500－900）×10 000/3 000 000

　　　　　　＝2

任务巩固

　　王浩刚刚大学毕业，他想在校园经营网吧，地点选在了一所离市区比较远的新建立的大学，学生总数有6 000多人，学校附近没有网吧。经过与学校协商，结果如下：

　　（1）租用学校105平方米的闲置房屋，月租金8 000元，租期7年。

　　（2）每天上午提供给学校3个小时的机器免费使用时间，学生们在此上计算机课。

　　王浩测算了一下，去掉学校一年中要放假三个月，其他时间网吧均可营业，王浩认为此项投资能赚钱。经营网吧的收入支出情况如下：对房子进行装修布置，支付装修费10 000元；购置80台计算机，安装宽带，共投入240 000元；聘用两名机器维修人员，月工资共计

6 000元;网吧24小时开放,每台机器每小时收费2元,预计每天80台机器的使用率为90%,每台机器平均每天使用16小时,每台机器每小时的电费为0.4元。按直线法计提折旧,期末无残值,请回答以下问题:

(1) 王浩从哪些要素入手分析网吧能否赚钱?

(2) 如王浩估计的那样,他每月能获得多少利润?

实训项目

1. 实训目的

通过训练,了解本量利分析方法在企业经营管理中的重要地位,掌握本量利分析的基本公式和保本点、保利点的相关公式。

2. 实训内容

(1) 背景资料。宏达插座公司目前年生产能力是60 000单位,单位变动成本已经尽最大努力降到6元,而且在短期内不可能将年固定间接费用削减到60 000元以下。总经理想知道在短期内提高利润的最佳办法。假设可变因素不会有其他变化,他正在考虑如下三种方案。

① 通过加班的方法,挖掘公司内部潜力以增加20%的生产能力。由于发放加班津贴,直接人工成本每单位会增加0.3元。

② 在现行销售单价7.5元的基础上加价10%。

③ 销售单价降价10%以利促销。

(2) 以小组为单位,结合宏达插座公司的原始状况分析以上三种方案,你认为哪一种方案对该公司最为有利? 如果执行第三种方案,那么为保持目前的利润水平,该公司还要增加多少产量?

3. 实训要求

(1) 了解本量利分析方法在企业经营管理中的运用,掌握本量利分析的相关计算。

(2) 根据分析判断以上三种方案哪一种对该公司最为有利,利用本量利分析方法能否解决以上问题?

(3) 每组提交一份本量利分析报告。

(4) 每组选派一名代表讲解和展示本组的工作成果。

4. 实训考核

(1) 评价方式:采取小组自评、小组互评、教师评价三维评价方式,以教师评价为主,小组自评和小组互评为辅,其中教师评分比例占总分数的60%,小组自评占20%,小组互评占20%,总评成绩=小组自评×20%+小组互评×20%+教师评价×60%。

(2) 评价指标:从专业能力、方法能力、社会能力、工作成果展现四个方面进行评价。

| 项目二任务工作单 | 项目二任务实施单 | 项目二任务检查单 | 项目二任务评价单 |

前沿视角

低碳经济下的本量利分析

随着低碳经济成为当前市场经济发展的新形势,生产企业在构建本量利分析模型过程中,需要加入相应低碳技术指标以保证分析的全面性、合理性、科学性,但是需要注意以下几个方面的内容。

第一,不能盲目追求低碳评价,控制好指标的数量。低碳经济作为我国当前非常重要的经济发展方式,企业需要树立低碳发展理念,进行硬性考核,保证满足国家低碳经济发展的基本目标。但是在实际评价过程中,不能盲目地追求低碳指标,从而凌驾于核心的财务指标之上,这会对最终的分析结果产生不利的影响。此外,分析人员需要改变以往单一粗放的发展方式,要树立集约思想,推动企业的可持续发展。在进行企业低碳经济下本量利分析模型指标选择过程中,分析人员要融合低碳指标,合理分配相应的权重。在出现低碳经济指标不合理的情况下,这种项目就视为不合理,可以进行一票否决。在满足了低碳经济目标的条件下,分析人员要重点对财务指标的可行性进行分析,从而为企业降低成本、创造经济效益提供科学的决策。

第二,保证低碳指标选择可行性和可操作性。在选择低碳经济指标过程中,需要为企业提供便利,便于企业财务人员做好会计报表统计和整合会计报告,结合财务数据和定量指标进行判定。另外,在实际分析过程中,分析人员要充分从整个行业出发,设置相应的指标,比如销售指标和市场占有指标,从而保证低碳产品获得客户的认可。以工业企业为例,在产品设计和生产开始,就要做好低碳经济的评价,比如生产的原材料要符合国家环保低碳的要求。

第三,选择动态性的指标,对企业进行全面的指导。随着低碳经济发展成为常态,为了满足实际生产的基本要求,需要选择动态的评价指标。比如在无形资产准则中,在分析研发费用过程中,如果企业年度增长率达到一定指标后,政府需要在税收上给予优惠。另外,也可以选择低碳经济判定指标,推动企业的转型升级。对企业而言,融入低碳经济发展理念是一个长期持续的过程。

第四,在低碳经济下的企业本量利模型构建过程中,研究要增加激励指标,对以往的经验进行总结和借鉴,搜集和整理以往的经济技术资料,为企业制定激励政策。比如可以将企业实施低碳经济政策效果与企业的工资薪酬挂钩,这样可以激发员工参与低碳发展的积极性,使员工们朝着一个共同的目标努力,实现企业常态化和可持续发展,从而创造更多的经济效益和社会效益。

在低碳经济发展的大背景下,在构建本量利分析模型过程中,需要借鉴传统模型的优势在此基础上进行扩展,融入更多低碳经济的内容,做好成本性态分析。结合当前企业面临的生产和销售环境,为企业作出科学合理的决策提供借鉴,生产出符合客户要求的低碳成品,帮助企业创造更多的经济利润。

资料来源:低碳经济下本量利分析模型的构建.http://www.360wenmi.com.

趣 味 故 事

本小利微的典故

很久以前,有一富一穷两个兄弟,有一天,穷弟弟来找富哥哥借钱。哥哥深知弟弟在花钱上有大手大脚的恶习,想借机帮他改正过来,便对弟弟说:"这里有两只桶,你用它们去打水,只要能打满一桶水我就借钱给你。"弟弟仔细看了下两只桶,发现打水桶的下面有底,而装水桶的下面却有很多的小洞。弟弟每次用打水桶打上来的水,倒入装水桶后,很快就会全部漏掉,怎么也装不满。

弟弟换了一种办法,把装水桶当作打水桶来用,这样,尽管在打水的过程中,也会漏水,但多少都能打上来一点,没多久,弟弟就打满了一桶水。

这个道理其实很简单,打水桶有底,可以盛满水,但装水桶有洞,永远都打不满。反过来使用,打水桶有洞,装水桶有底,却能够一点点地装满一桶水,这和本量利分析的道理其实是一样的!最后,弟弟不仅成功借到了钱,而且在明白其中的道理后,也逐渐变成了富人。

现实生活中,很多人赚的是死工资或者幅度不大的钱,而在攒钱、花钱时却用会漏水甚至没有底的装水桶。开支无度,花钱如流水,这样的人,想通过理财致富,无疑是痴人说梦。

资料来源:搜狐网 . https://www.sohu.com/a/239242992_100097955.

预测分析

项目描述

为了在激烈的服装市场中生存,东方服装公司聘请了专业分析人员,结合公司生产经营数据和经济信息,运用科学的分析方法,对公司进行市场预测分析,帮助东方服装公司从销售、成本、利润和资金几个方面掌握自身发展现状,实现企业的经营目标并提高自身效益。

学习目标

知识目标

1. 了解预测分析的基本程序。

2. 掌握定性分析方法和定量分析方法。

3. 掌握销售预测分析、成本预测分析,利润预测分析和资金预测分析的分析方法。

能力目标

1. 能运用预测分析方法完成企业销售预测分析。

2. 能运用预测分析方法完成企业成本预测分析。

3. 能运用预测分析方法完成企业利润预测分析。

4. 能运用预测分析方法完成企业资金需要量预测分析。

素养目标

1. 在进行预测分析的过程中,计算准确,具备严谨细致的工作态度。

2. 分析客观全面,踏实认真,为企业利润预测分析提供合理化建议。

3. 分组探究,团队协作,解决预测分析实际问题。

业务案例

擘画中国发展蓝图 促进世界繁荣进步

思 维 导 图

```
                                          ┌─ 销售预测概述
                        ┌─ 销售预测 ───────┼─ 定量销售预测分析方法
                        │                  └─ 定性销售预测分析方法
                        │
                        │                  ┌─ 成本预测概述
                        ├─ 成本预测 ───────┤
                        │                  └─ 成本预测方法
         预测分析 ──────┤
                        │                  ┌─ 利润预测概述
                        ├─ 利润预测 ───────┼─ 利润预测方法
                        │                  └─ 利润预测敏感性分析
                        │
                        │                  ┌─ 资金需要量预测概述
                        └─ 资金需要量预测 ─┤
                                           └─ 资金需要量预测方法
```

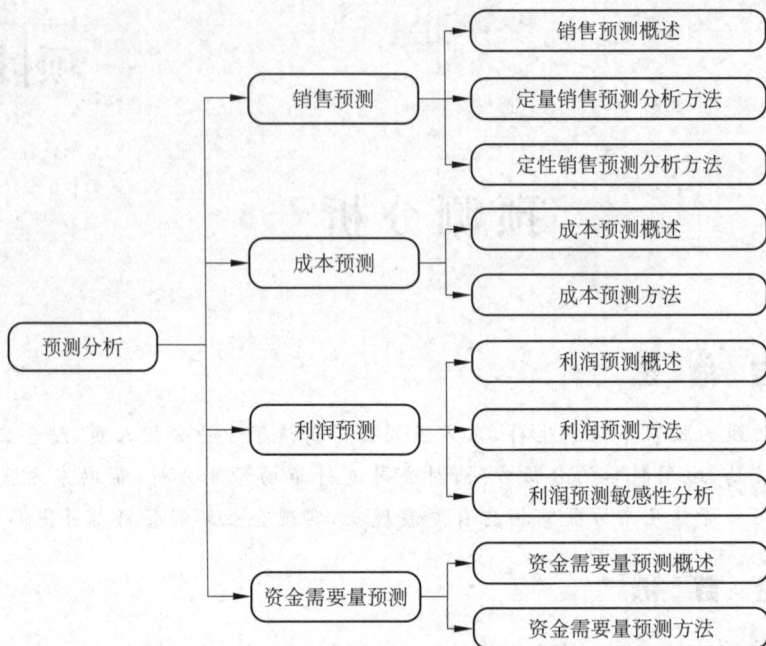

任务一　销 售 预 测

任 务 情 境

东方服装公司准备根据历史销售情况预测下期销售量,但是公司管理层就预测方式的选择提出了不同的意见。有人主张调取公司历史账簿对历史销售量进行分析,有人建议聘请专业人士进行调查研究分析。

思考:东方服装公司应该如何进行销售预测分析呢?

重 难 点 分 析

(1)定量分析法在预测企业销售中的应用。
(2)定性分析法在预测企业销售中的应用。

知 识 准 备

一、销售预测概述

销售量预测又称产品需求量预测,是根据市场调查得到的有关资料,通过对有关因素的分析研究,测算和预计特定产品在一定时期内的市场销售量水平及变化趋势,进而预测本企业产品未来销售量的过程。

微课:销售预测

二、定量销售预测分析方法

定量分析法又称数量分析法,是指在完全掌握与预测对象有关的各要素定量资料的基础上,运用现代数学方法进行数据处理,建立能够反映各要素之间规律性联系的各类预测模型的方法体系。

【素养园地】见端
知味,预测生财

(一)算术平均法

算术平均法又称简单平均法,是对某产品在过去若干期间内的实际销售量(额)进行简单的平均计算,以其平均值作为该产品未来期间内销售预测值的一种预测方法。其计算公式为

$$计划期销售预测值 = \frac{各期销售量或销售额之和}{期数}$$

用字母表示为

$$S = \frac{\sum_{i=1}^{n} S_i}{n}$$

式中,S 为计划销售预测值;S_i 为第 i 期销售量(额);n 为销售期数。

这种方法的优点是计算简单、方便易行,缺点是没有考虑不同时期(如远期和近期)实际销售量(额)对销售预测值的不同影响。故此法一般只适用于销售量(额)变化比较平稳的商品,如没有季节性变化的食品、文具、日常用品等。

(二)移动平均法

移动平均法是指在掌握 n 期销售量的基础上,按照事先确定的期数 $m(m < n/2)$,逐期分段计算期的算术平均数,并以最后一个 m 期平均数作为未来 $n+1$ 期预测销售量的一种方法。所谓"移动",是指随着时间的不断推移,计算的平均值也在不断向后顺延。此法假定预测值主要受最近 m 期销售业务量的影响,其计算公式为

$$计划期销售预测值 = \frac{最后移动期销售量之和}{m 期}$$

(三)移动加权平均法

移动加权平均法是指对距离预测期较近的若干期间内的实际销售量(额)进行加权平均计算,以其平均值作为销售预测值的一种预测方法。它是根据各时期的实际值对预测值的影响程度对其分别规定不同的权数,进行加权平均计算,以求得预测值的一种方法。由于接近预测期的实际销售状况对销售预测值的影响较大,因此近期权重应较大;反之,应较小。其计算公式为

$$计划期销售预测值 = 各期销售量(额)与各期权数乘积之和$$

用字母表示为

$$S = \sum_{i=1}^{n} S_i w_i$$

式中,S 为计划销售预测值;S_i 为第 i 期销售量(额);n 为销售期数;w_i 为第 i 期权数。

(四)平滑指数法

平滑指数法是一种特殊的加权平均法,它是在前期销售量(额)实际数和预测数的基础

上,利用事先确定的平滑指数预测未来销售量的一种方法。

假设 A 表示实际值,F 表示预测值,α 表示平滑指数($0 \leqslant \alpha \leqslant 1$,一般取值在 $0.3 \sim 0.7$),t 表示第 1 期,其计算公式为

$$F_t = \alpha A_{t-1} + (1 - \alpha) F_{t-1}$$

实际上,上式中 α 及 $1-\alpha$ 分别表示前期实际值和预测值对本期预测值的影响权重。

三、定性销售预测分析方法

(一)市场调查法

市场调查法是指在市场调查的基础上,根据调查所得的资料和产品销售的具体特点,进行销售预测的方法。

1. 产品生命周期调查

产品生命周期是指产品从进入市场开始到被淘汰出市场为止的全部运动过程,是由需求与技术的生产周期所决定的。任何产品都有市场生命周期,通常可以分为试销期、成长期、饱和期和衰退期四个阶段。即使对同一种产品,由于受到科学技术水平、社会经济发展水平以及消费环境变化的影响,其在不同社会时期的生命周期也不相同。对产品本身的调查,就是要了解产品在当前市场的生命周期长度以及所处的生命周期阶段,以把握产品的市场销售前景。

产品生命周期是指新产品试制成功之后,从投入市场开始,到被市场淘汰为止的发展过程。在产品生命周期过程中,销售量的变化呈一条曲线,称为产品生命周期曲线,如图 3-1 所示。

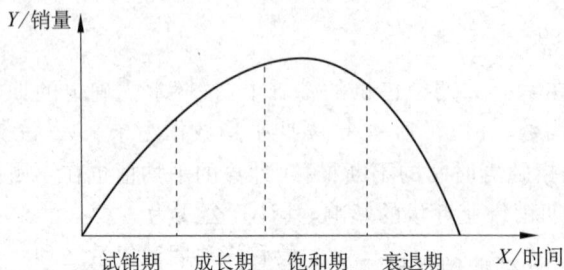

图 3-1　产品生命周期曲线图

产品销售量在产品生命周期各个阶段中的发展趋势,一般有如下规律。

(1)试销期。新产品刚投入市场,消费者还不熟悉产品的性能,销售量不大,需要经过一段时间的推广,销售量才能逐步上升。

(2)成长期。产品已被广大消费者所接受,由小批量试制、试销转入成批量生产和销售,市场销售量迅速增加。

(3)饱和期。产品进入大批量生产和畅销阶段,前期销售量稳定上升,后期销售量增长缓慢,甚至趋于下降。

(4)衰退期。产品老化,逐步被新产品替代,销售量急剧下降,趋于被市场淘汰。

产品生命周期只是揭示了产品销售量的一般发展趋势,并不能明确体现所有产品在每个阶段具体时间的长短。因此,在产品生命周期预测中,先要了解预测时产品处于哪一个发展时期,能够维持多久,才能预测出今后若干年内的产品销售情况。

2. 对消费者情况的调查

消费者心理、个人爱好、消费风俗习惯、对产品及其供应者的要求,以及消费者对产品信

任程度的变化都会对企业产品销售产生影响。

3. 对经济发展趋势的调查

一个国家或一个地区的社会经济发展趋势都会直接或间接地影响市场需求。因此,了解国民收入增长情况、社会商品购买力情况、消费动向、行业生产增长速度和规模等,将有助于对产品的市场需求作出正确的判断。

4. 对市场竞争情况的调查

市场经济离不开竞争,要能在市场经济中求得生存和发展,既要清楚本企业产品的竞争能力,又要了解竞争对手的情况,包括在产品的设计、生产、销售价格等方面的新动向及其对销售将会产生的影响等,从而正确估计本企业产品在市场上的地位。

将上述几个方面的调查资料进行合并、整理、加工并分析计算,可以对产品的销售情况作出预测。

(二)专业人员判断分析法

专业人员判断分析法是指聘请具有丰富实践经验的专家等,对计划期商品的销售情况进行分析研究,并作出推测和判断的方法。该方法一般适用于不具备完整可靠的历史资料、无法进行定量分析的情况,如对新产品的销售预测。

1. 个人意见判断法

先向各位专家征求意见,要求他们对本企业产品销售的当前状况和未来趋势作出个人判断,然后把各种不同意见加以综合归纳,形成一个销售预测。

2. 专家会议综合判断法

将各位专家分成若干小组,分别召开各种形式的会议或座谈会,经小组内共同商讨,最后综合各方意见,形成一个销售预测。

3. 德尔菲法

这种方法的做法是,通过函询方式向若干经济专家分别征求意见,各专家在互不通气的情况下,根据自己的观点和方法进行预测,然后企业将各专家的判断汇集在一起,并采用不记名的方式反馈给各位专家,请他们参考别人的意见修正本人原来的判断,如此反复数次,最终确定预测的结果。

微课:大数据＋销售分析(一)　　　　微课:大数据＋销售分析(二)

任务实施

一、销售预测

东方服装公司 2024 年度 7—12 月衬衫销售情况如表 3-1 所示,衬衫属于消费者青睐的百搭产品,历年各期的销售情况比较稳定,请选择合适的计算方法预测下一年度 1 月份的销量。

表 3-1 东方服装公司 2024 年度 7—12 月衬衫销售情况

期数	1	2	3	4	5	6
销售额/万元	18.1	18.3	18.4	18.4	18.5	18.7

假设 4、5、6 期的权数分别为 0.2、0.3、0.5,平滑系数为 0.7。

任务处理如下。

（1）算术平均法：

$$第 7 期销售额预测值 = \frac{各期销售量或销售额之和}{期数}$$

$$= \frac{18.1 + 18.3 + 18.4 + 18.4 + 18.5 + 18.7}{6}$$

$$= 18.4（万元）$$

（2）移动平均法：

$$第 7 期销售额预测值 = \frac{最后移动期销售量之和}{m 期}$$

$$= \frac{18.4 + 18.4 + 18.5 + 18.7}{4} = 18.5（万元）$$

（3）移动加权平均法：

$$第 7 期销售额预测值 = \sum_{i=1}^{n} S_i w_i = 18.4 \times 0.2 + 18.4 \times 0.3 + 18.7 \times 0.5 = 18.55（万元）$$

（4）指数平滑法：

$$第 7 期销售额预测值 = \alpha A_{t-1} + (1-\alpha) F_{t-1} = 0.7 \times 18.7 + (1-0.7) \times 18.5$$

$$= 18.64（万元）$$

任务巩固

甲公司 2017—2024 年的产品销售量如表 3-2 所示。

要求：根据以下资料用四种定量分析方法分别预测公司 2025 年的销售量。

表 3-2 甲公司 2017—2024 年产品销售量表

项目	2017 年	2018 年	2019 年	2020 年	2021 年	2022 年	2023 年	2024 年
销售量/吨	3 250	3 300	3 150	3 350	3 450	3 500	3 400	3 600

任务二 成 本 预 测

任务情境

东方服装公司计划于 2025 年在现有产品的基础上增加新款衬衫,需要对 2025 年的成本进行预测分析。经调研发现,成本预测方法很多。针对已经销售的产品可以根据历史产品成本进行预测,也可以根据利润等条件进行预测;针对新产品可以通过公司产值和技术测定进行预测。

思考：东方服装公司该如何进行成本预测分析呢？

重 难 点 分 析

（1）历史资料预测法在企业成本预测中的应用。

（2）目标成本预测法在企业成本预测中的应用。

（3）新产品成本预测法在企业成本预测中的应用。

知 识 准 备

微课:成本预测

一、成本预测概述

成本是衡量企业经济效益的重要指标,也是管理会计研究的主要对象之一。成本预测是以现有经济状况和发展目标为前提,在历史成本资料的基础上,根据未来可能发生的变化,利用科学的方法,对未来成本水平及其发展趋势进行描述和判断的成本管理活动。成本预测是进行成本管理的第一步,也是组织成本决策和编制成本计划的前提。通过成本预测,掌握未来的成本水平及其变动趋势,有助于把未知因素转化为已知因素,帮助管理者提高自觉性,减少盲目性;对营运活动中可能出现的有利与不利情况进行全面且系统的分析,避免成本决策的片面性和局限性。

二、成本预测方法

（一）历史资料预测法

历史资料预测法也称为产品成本预测法,是指在掌握有关成本等历史资料的基础上,按照成本习性的原理,采用一定方法进行数据处理,建立有关成本模型,并据此预测未来成本的一种方法。此方法适用于企业现存产品或者与现存产品相似的产品成本的预测。

使用历史资料分析法预测时,所依据的历史资料的选用时期不宜过长,也不宜过短。因为当今世界经济形势发展太快,过长则失去可比性,过短则不能反映出成本变动的趋势,通常以最近3～5年的历史资料为宜。另外,对于历史资料中某些金额较大的偶然性费用,如意外的停工损失、材料或产品的盘盈盘亏等,在引用时应予剔除。

成本的发展趋势一般可用 $y=a+bx$ 表示。其中,y 为成本总额;a 为成本中的固定成本部分;b 为成本中的单位变动成本;x 为业务量。通过数理分析得到 a 和 b 的值即可确立成本分析模型,具体方法有高低点法、加权平均法和回归分析法等。

1. 高低点法

高低点法又叫两点法,以成本形态分析为基础,通过观察一定相关范围内的各期业务量与相关成本,从中选出高低业务量,并据此来推算预测成本的一种方法。高低点法的方程为 $y=a+bx$,a、b 的计算公式分别为

$$b = \frac{y_{高} - y_{低}}{x_{高} - x_{低}}$$

$$a = y_{高} - bx_{高} = y_{低} - bx_{低}$$

2. 加权平均法

加权平均法是根据过去若干期间的单位变动成本和固定成本的加权平均值,预测计划

期的产品成本。由于距计划期越近,对计划期的影响越大,其权数相对较大;反之,距计划期越远,对计划期的影响越小,其权数相对较小。其计算公式为

$$y = \sum a_i w_i + \sum b_i w_i x$$

式中,w_i 表示第 i 期变动成本和固定成本的权重 $\sum w_i = 1$。

加权平均法适用于企业成本资料健全且资料有详细的固定成本总额与单位变动成本的数据,否则就只能采用上述介绍的高低点法或者后面将介绍的回归分析法。

3. 回归分析法

回归分析法是依据应用数学上的最小二乘法原理,根据若干期的业务量、成本及其相互间的回归关系,确定成本预测回归方程式,寻求其变化规律的一种方法。回归方程为 $y = a + bx$,a、b 的计算公式为

$$b = \frac{n\sum xy - \sum x \sum y}{n\sum x^2 - \left(\sum x\right)^2}, \quad a = \frac{\sum y - b\sum x}{n}$$

回归分析法的应用前提为变量 x、y 存在显著相关关系。当企业历史成本中,单位产品成本变化波动较大时,适合采用此方法。

(二)目标成本预测法

目标成本是指为实现目标利润所应达到的成本水平或应控制的成本限额。目标成本预测法是在销售预测和利润预测的基础上,结合本量利分析预测目标成本的一种方法。预测目标成本,是为了控制企业生产经营过程中的劳动消耗,通过降低产品成本实现企业的目标利润。用这种方法确定的目标成本,能够与企业的目标利润联系起来,有利于目标利润的实现。制定目标成本一般是在综合考察未来一定期间内有关产品的品种、销售数量、价格和目标利润等因素的基础上进行的,其计算方法一般有以下几种。

1. 根据目标利润制定目标成本

$$目标成本 = 预计销售收入 - 目标利润$$

2. 根据资金利润率制定目标成本

$$目标成本 = 预计销售收入 - 预计资金利润率 \times 平均资金占用额$$

3. 根据销售利润率制定目标成本

$$目标成本 = 预计销售收入 \times (1 - 销售利润率)$$

4. 根据过去先进的成本水平作为目标成本

这种方法以本企业历史上最好的成本水平或国内外同行业同类产品的先进成本水平作为目标成本,也可以将本企业上年实际成本水平扣除行业或主管单位下达的成本降低率后,作为目标成本。这种方法的缺陷是没有将目标成本同目标利润联系起来,因此与企业的实际水平存在一定的差距。

(三)新产品成本预测法

新产品成本预测法也称不可比产品成本预测法,是指以现在成本资料为基础,通过计算分析推测出新产品正常投产后的成本水平。这种成本预测是以技术经济定额为基础,适用于企业以往年度没有正式生产过的,成本水平无法与过去进行比较的新产品的成本预测。

1. 技术测定法

技术测定法是指在充分挖掘生产潜力的基础上,根据产品设计结构、生产技术条件和工艺方法对影响人力、物力消耗的各项因素进行技术测试和分析计算,从而确定产品成本的一种方法。该方法比较科学,但工作量较大,适用于品种少、技术资料比较齐全的产品。

2. 产值成本法

产值成本法是指按一定时期内能够生产的可供销售的产品总值的一定比例确定产品成本的一种方法。产品的生产过程也是成本的消耗过程,产品成本是生产过程中的资金耗费,产值是以货币形式反映生产成果。产品成本与产品产值之间客观存在着一定的比例关系,成本与产值比例越大,说明消耗越大,成本越高;反之,比例越小,说明消耗越小,成本越低。这样,企业进行预测时,就可以参照同类企业相似产品的实际产值成本率,加以分析确定,其计算公式为

$$某种产品的预测单位成本 = \frac{某产品的总产值 \times 预计产值成本率}{预计产品产量}$$

该方法成本预测结果准确度较低,但工作量小,容易执行。

微课:RPA 机器人实现预测分析(一)　　微课:RPA 机器人实现预测分析(二)

任务实施

一、运用高低点法进行成本预测

东方服装公司风衣历史资料如表 3-3 所示。企业计划 2025 年生产 10 000 件风衣。

表 3-3　东方服装公司风衣历史资料

项　　目	产量/件	总成本/元
1	15 000	7 000 000
2	16 000	7 500 000
3	18 000	8 000 000
4	19 000	8 600 000
5	19 500	8 750 000
6	20 000	9 000 000
7	18 050	8 100 000
8	18 900	8 300 000

任务处理如下：

$$b = \frac{y_{高} - y_{低}}{x_{高} - x_{低}} = \frac{9\,000\,000 - 7\,000\,000}{20\,000 - 15\,000} = 400(元)$$

$$a = y_{高} - bx_{高} = y_{低} - bx_{低}$$

$$= 9\,000\,000 - 400 \times 10\,000 = 5\,000\,000(元)$$

$$预计年度总成本 = 5\,000\,000 + 400 \times 10\,000 = 5\,000\,000(元)$$

通过上述计算可知，年度总成本预计为 5 000 000 元。

二、运用加权平均法进行成本预测

东方服装公司 A 车间生产西服套装，2020—2024 年的产量及成本数据如表 3-4 所示。

表 3-4　西服套装 2020—2024 年的产量及成本

年　　度	产量/套	单位变动成本/元	固定成本总额/元
2019	20	600	4 000
2020	75	450	5 200
2021	60	450	5 400
2022	45	450	4 800
2023	100	400	6 000

假设该企业计划 2025 年生产西服套装 120 套。各年度的权重依次为 0.03、0.07、0.15、0.25、0.5。

任务处理如下。

2025 年的总成本函数 $y = (4\,000 \times 0.03 + 5\,200 \times 0.07 + 5\,400 \times 0.15 + 4\,800 \times 0.25 + 6\,000 \times 0.5) + (600 \times 0.03 + 450 \times 0.07 + 450 \times 0.15 + 450 \times 0.25 + 400 \times 0.5)x = 5\,494 + 429.5x$

2025 年度成本总额预测值 $= 5\,494 + 429.5 \times 120 = 57\,034(元)$

通过上述计算可知，年度总成本预计为 57 034 元。

三、运用回归分析法进行成本预测

东方服装公司 B 车间生产连衣裙，最近 5 年的产量及成本数据如表 3-5 所示，预计 2025 年度连衣裙的产量为 120 件。

表 3-5　连衣裙产量及成本资料

年　　度	产量/套	成本总额/元
2020	20	16 000
2021	75	38 950
2022	60	32 400
2023	45	25 050
2024	100	46 000

任务处理如下。

根据上述资料编制回归分析计算表,如表 3-6 所示。

表 3-6　回归分析计算表

年　度	x	y	xy	x^2
2020	20	16 000	320 000	400
2021	75	38 950	2 921 250	5 625
2022	60	32 400	1 944 000	3 600
2023	45	25 050	1 127 250	2 025
2024	100	46 000	4 600 000	10 000

计算 a、b 的值,并预测成本,即

$$b = \frac{n\sum xy - \sum x \sum y}{n\sum x^2 - \left(\sum x\right)^2} = \frac{5 \times 10\ 912\ 500 - 300 \times 158\ 400}{5 \times 21\ 650 - 300 \times 300} \approx 385.89$$

$$a = \frac{\sum y - b\sum x}{n} = \frac{158\ 400 - 385.89 \times 300}{5} = 8\ 526.6$$

预测 2025 年的产品总成本 $= 8\ 526.6 + 385.89 \times 120 = 54\ 833.4$(元)

通过上述计算可知,年度总成本预计为 54 833.4 元。

四、运用目标成本法进行成本预测

东方服装公司生产大衣和羽绒服两种产品,2024 年两种产品的销售利润率分别为 25%、20%。计算期要求两种产品的销售利润率均增长 3%,预计销售收入分别为 60 万元、90 万元。

任务处理如下。

大衣的目标成本 = 销售收入 - 目标利润 = 60 - 60 × 25% × (1 + 3%) = 44.55(万元)

羽绒服的目标成本 = 销售收入 - 目标利润 = 90 - 90 × 20% × (1 + 3%) = 71.46(万元)

企业总体的目标成本 = 44.55 + 71.46 = 116.01(万元)

通过上述计算可知,年度总成本预计为 116.01 万元。

任务巩固

甲公司 2025 年上半年产量的历史成本资料见表 3-7 所示。预计 7 月的产量为 6 万件。

表 3-7　甲公司 2025 年上半年产量的历史成本资料

项　目	1 月	2 月	3 月	4 月	5 月	6 月	合计
生产量/万件	9	10	11	12	10	8	60
总成本/万元	170	180	200	220	190	175	1 135

要求:

(1)采用高低点法预测该企业 7 月的成本总额。

(2)采用回归分析法预测该企业 7 月的成本总额。

任务三 利 润 预 测

任 务 情 境

东方服装公司管理层希望根据现有信息预测 2025 年营业利润,以便及时调整现行的营运策略。经调查发现,影响企业利润的因素有很多。

思考:应该获取哪些信息才能准确预测利润? 哪些因素会影响利润?

重 难 点 分 析

(1)运用定量分析法预测企业利润。

(2)利润预测敏感性分析。

知 识 准 备

一、利润预测概述

利润预测是对公司未来某一时期可实现利润的预计和测算。它是按影响公司利润变动的各种因素,预测公司将来所能达到的利润水平,或按实现目标利润的要求,预测需要达到的销售量或销售额。

微课:利润预测

二、利润预测方法

利润预测是按照企业经营目标的要求,在综合分析影响利润变动的价格、成本、产销量等因素的基础上,测算企业在未来一定时期内可能达到的利润水平和利润变动趋势的一种方法。

(一)本量利分析法

本量利分析是成本-业务量-利润依存关系分析的简称,该法是在成本性态分析和保本分析的基础上,根据有关产品变动成本、固定成本、业务量(销量)、价格和利润之间的数量关系,通过分析计量来确定计划期目标利润的一种方法。本量利预测法可根据本量利分析的基本公式进行利润预测,其计算公式为

预测利润=预测销售量×单价-预测销售量×单位变动成本-固定成本总额

(二)销售利润率法

销售利润率法是根据销售利润率预测利润,先预测企业计划期的销售收入,然后将销售收入乘以事先确定的销售利润率来预测利润,其计算公式为

目标利润=预测期产品预计销售收入×销售收入利润率

(三)资金利润率法

资金利润率法是根据总资产利润率预测利润,先预测计划期企业的平均总资产,然后用

预计资产的总额乘以事先确定的总资产利润率来预测利润,其计算公式为

$$目标利润＝(基期占用资金＋计划投资额)×预计资金利润率$$

(四)销售成本利润率法

销售成本利润率法是根据成本利润率预测目标利润,先预测计划期企业的销售成本,然后用预计销售成本乘以事先确定的成本利润率来预测目标利润,其计算公式为

$$目标利润＝预期产品预计销售成本×销售成本利润率$$

三、利润预测敏感性分析

影响企业利润的因素主要有产品的价格、产品的单位变动成本、产品的销售量和产品的固定成本。其中任何一个因素的变动都可能引起企业利润的变动,甚至会使一个企业由盈变亏,也可能使一个企业扭亏为盈。利润的敏感性分析是研究当制约利润的有关因素发生某种变化时,利润变化程度的一种分析方法。在现实经济环境中,影响利润的因素是经常发生变动的。有些因素增长会导致利润增长(如单价),而有些因素降低才会使利润增长(如单位变动成本);有些因素略有变化就会使利润发生很大的变化,而有些因素虽然变化幅度很大,却只对利润产生微小的影响。那些对利润影响大的因素称为敏感因素,反之,称为非敏感因素。

对于一个管理者来说,不仅需要了解哪些因素对利润增加有影响,而且要知道影响利润的因素中,哪些是敏感因素,哪些是非敏感因素,以便分清主次,抓住重点,确保目标利润的实现。

反应敏感程度的指标是敏感系数,其计算公式为

$$某因素的敏感系数＝利润变化(\%)/该因素变化(\%)$$

敏感系数的判别标准如下。

(1)敏感系数的绝对值>1,即当某影响因素发生变化时,利润发生更大程度的变化,该影响因素为敏感因素。

(2)敏感系数的绝对值<1,即利润变化的幅度小于影响因素变化的幅度,该因素为非敏感因素。

(3)敏感系数的绝对值=1,即影响因素变化会导致利润相同程度的变化,该因素亦为非敏感因素。

▶ 任 务 实 施

一、运用本量利预测法预测利润

东方服装公司生产销售风衣,2025年销售量的预测值是5 000件。风衣的单价为500元,单位变动成本为300元。全年固定成本总额为40万元。

任务处理如下。

2025年度的目标利润＝5 000×500－5 000×300－400 000＝600 000(元)

二、运用销售利润率法预测利润

东方服装公司生产销售短裙,2024年销售900件,每件售价120元,单位变动成本为80元,固定成本总额为10 000元。根据预测结果,2025年预计可销售短裙1 000件。根据

2024 年的销售利润率预测 2025 年的利润。

任务处理如下。

2024 年的利润＝900×(120－80)－10 000＝26 000(元)

2024 年的销售利润率＝26 000÷(900×120)×100%≈24.07%

2025 年的目标利润＝1 000×120×24.07%＝28 884(元)

三、运用资金利润率法预测利润

以"任务实施二"任务背景为条件,2024 年公司总资金为 80 万元,预计 2025 年总资金增加到 90 万元,根据 2024 年总资产利润率预测 2025 年的利润水平。

任务处理如下。

2024 年的利润＝900×(120－80)－10 000＝26 000(元)

2024 年的总资金利润率＝26 000÷800 000×100%＝3.25%

2025 年的目标利润＝900 000×3.25%＝29 250(元)

四、计算销售量的敏感系数

东方服装公司生产和销售 T 恤,2025 年度有关数据预测为销售量 100 000 件,销售单价 30 元,单位变动成本为 20 元,固定成本为 200 000 元。假设销售量、单价、单位变动成本和固定成本均分别增长 10%。

任务处理如下。

预计的目标利润＝(30－20)×100 000－200 000＝800 000(元)

销售量＝100 000×(1＋10%)＝110 000(件)

利润＝(30－20)×110 000－200 000＝900 000(元)

利润变动百分比＝(900 000－800 000)÷800 000×100%＝12.5%

销售量的敏感系数＝12.5%÷10%＝1.25

可见,销售量变动 10%,利润就会变动 12.5%,当销售量增长时,利润会以更大的幅度增长,这是由于企业固定成本的存在而导致的。对销售量进行敏感性分析,实质上就是分析经营杠杆现象;利润对销售量的敏感系数就是经营杠杆系数。

五、计算单价的敏感系数

以"任务实施四"任务背景为条件,计算单价敏感系数。

任务处理如下。

单价＝30×(1＋10%)＝33(元)

利润＝(33－20)×100 000－200 000＝1 100 000(元)

利润变化的百分比＝(1 100 000－800 000)÷800 000×100%＝37.5%

单价的敏感系数＝37.5%÷10%＝3.75

可见,单价对利润的影响很大,利润的变化为单价变化的 3.75 倍。涨价是提高盈利的有效手段;反之,价格下跌也将对企业构成很大威胁。经营者根据敏感系数分析可知,每降价 1%,企业将失去 3.75%的利润,因此必须格外予以关注。

六、计算单位变动成本的敏感系数

以"任务实施四"任务背景为条件,计算单位变动成本敏感系数。

任务处理如下。

单位变动成本=20×(1+10%)=22(元)

利润=(30-22)×100 000-200 000=600 000(元)

利润变化的百分比=(600 000-800 000)÷800 000×100%=-25%

单位变动成本的敏感系数=-25%÷10%=-2.5

由此可见,单位变动成本对利润的影响比单价小,单位变动成本每上升1%,利润将减少2.5%。但是当敏感系数绝对值大于1时,说明单位变动成本的变化会造成利润更大的变化,属于敏感因素。

七、计算固定成本的敏感系数

以"任务实施四"任务背景为条件,计算固定成本敏感系数。

任务处理如下。

固定成本=200 000×(1+10%)=220 000(元)

利润=(30-20)×100-000-220 000=780 000(元)

利润变化的百分比=(780 000-800 000)-800 000×100%=-2.5%

固定成本的敏感系数=-2.5%÷10%=-0.25

这说明固定成本每上升1%,利润将减少0.25%。固定成本对利润的影响较小,当敏感系数绝对值小于1时,说明单位变动成本的变化不会造成利润更大的变化,属于非敏感因素。

任务巩固

(1) 甲公司销售甲、乙、丙三种产品,边际贡献率分别为30%、25%、20%,在销售总额中甲、乙、丙三种产品的销售比重分别为20%、50%、30%,预计下年度销售收入总额为150万元,固定成本总额为25万元。

要求:选择合适方法预测该公司下年度目标利润。

(2) 乙公司计划期内预计生产并销售甲产品2 500台,销售单价为12.5元,单位变动成本10元,固定成本总额3 125元。先假定单价和单位变动成本分别上升了5%,销量和固定成本分别下降了3%。

要求:

① 求各因素变动对利润的影响。

② 若影响利润的四个因素同时变化,分析四个因素同时变化时对利润的影响程度。

任务四 资金需要量预测

任务情境

东方服装公司为了保证自身生产经营发展需要,决定根据自身需求进行筹资。现需要运用科学的预测方法对企业的资金需要量进行合理预测,保证筹集资金既能满足生产经营需要,又不会产生多余资金而闲置。

思考:应该如何做?

重 难 点 分 析

（1）利用销售百分比法对企业资金需要量情况进行预测。

（2）利用因素分析法对企业资金需要量情况进行预测。

（3）利用资金习性预测法对企业资金需要量情况进行预测。

知 识 准 备

一、资金需要量预测概述

资金是企业生产经营中各种资产的货币表现,拥有必要数量的资金是企业进行生产经营活动的重要条件。通常按其在生产经营过程中的作用不同,将资金分为两类:一类是固定资金,即用于固定资产方面的资金;另一类是营运资金,即用于流动资产方面的资金。这里所说的资金需要量预测是指包括营运资金和固定资金在内的资金需要总量的预测,也是企业未来融资需求的预测。

微课:资金需要量预测

资金需要量预测是以预测期内企业生产经营规模的发展和资金利用效果的提高为前提,在分析有关历史资料、技术经济条件和发展规划的基础上,对预测期内的资金需要量进行科学预计和测算。

二、资金需要量预测方法

（一）销售百分比法

销售百分比法,是指假设某些资产和负债与销售额存在依存关系,并根据这个假设预计达到未来预测销售量需要筹集多少外部资金的方法。

【素养园地】长袖善舞,多钱善贾

销售百分比法将反映生产经营规模的销售因素与反映资金占用的资产因素连接起来,根据销售与资产之间的数量比例关系来预计企业的外部筹资需要量。销售百分比法首先假设某些资产与销售额存在稳定的百分比关系,再根据销售与资产的比例关系预计资产额,根据资产额预计相应的负债和所有者权益,进而确定筹资需求量。

销售百分比法分析步骤如下。

1. 分析确定销售额变动与资产和负债项目的依存关系

（1）资产类项目。周转中的货币资金、应收账款、存货等流动资产项目会随着销售额的增加而增加。固定资产的增加情况需要根据机器固定资产是否已经被充分利用来确定。若未被充分利用,需要进一步挖掘利用,以产销更多产品;若已经充分利用,则需要根据销售额的增加而增加固定资产。

（2）负债类项目。应付票据、应付账款、应交税费等流动性负债项目会随着销售额的增加而增加;短期借款、短期融资券、长期负债等筹资性负债一般不随着销售额的增加而增加。

2. 计算销售百分比

根据基期资产负债表,将与销售收入有依存关系的项目,按基期销售收入计算其金额占

销售收入的百分比,即

$$销售收入百分比 = \left(\frac{A}{S_0} - \frac{L}{S_0}\right)(S_1 - S_0)$$

式中,A 为基期与销售收入相关的资产项目金额;L 为基期与销售收入相关的负债项目金额;S_0 为基期销售收入总额;S_1 为预测期销售收入总额。

3. 计算留存收益的增加额

根据预测期销售收入额、净利率和留存收益率或股利支付率计算预测期留存收益的增加额,即

$$留存收益的增加额 = P \times E \times S_1$$

式中,P 为销售净利率;E 为利润留存率。

4. 确定需要增加的外部资金筹资量

预计由于销售增长而需要的资金需求增长额,扣除利润留存后,就是所需要的外部筹资额,即

$$\Delta F = \left(\frac{A}{S_0} - \frac{L}{S_0}\right)(S_1 - S_0) - P \times E \times S_1$$

式中,ΔF 表示预测期预计需要的外部资金需求量。

(二)因素分析法

因素分析法又称分析调整法,是以有关项目基期年度的平均资金需要量为基础,根据预测年度的生产经营任务和资金周转加速的要求进行分析调整来预测资金需要量的一种方法。这种方法计算简便,容易掌握,但预测结果不太精确。它通常用于品种繁多、规格复杂、资金用量较小的项目。因素分析法的计算公式为

资金需要量 =(基期资金平均占用额 - 不合理资金占用额)×(1 + 预期销售增长率)÷
(1 + 预测期资金周转速度增长率)

(三)资金习性预测法

资金习性预测法是指根据资金习性预测未来资金需要量的一种方法。资金习性是指资金的变动同产销量变动之间的依存关系。按照资金同产销量之间的依存关系,可以把资金区分为不变资金、变动资金和半变动资金。

(1)不变资金是指在一定产销量范围内,不受产销量变动的影响而保持固定不变的那部分资金。也就是说,产销量在一定范围内变动,这部分资金保持不变。这部分资金包括为维持营业而占用的最低数额现金,原材料的保险储备,必要的成品储备和厂房、机器设备等固定资产占用的资金。

(2)变动资金是指随产销量的变动而同比例变动的那部分资金。它一般包括直接构成产品实体的原材料、外购件等占用的资金。另外,在最低储备以外的现金、存货、应收账款等也具有变动资金的性质。

(3)半变动资金是指虽然受产销量变化的影响,但不与其呈同比例变动的资金,如一些辅助材料占用的资金。半变动资金可采用一定的方法划分为不变资金和变动资金两部分。这种方法是根据历史上企业资金占用总额与产销量之间的关系,把资金分为不变资金和变动资金两部分,然后结合预计的销售量来预测资金需要量。设产销量为自变量 X,资金占用

为因变量 Y，它们之间的关系可用如下公式表示。

$$Y = a + bX$$

式中，a 表示不变资金；b 表示单位产销量所需变动资金。可见，只要求出 a 和 b，并知道预测期的产销量，就可以用上述公式测算资金需求情况。a 和 b 可用回归直线方程组求出。

$$b = \frac{n\sum xy - \sum x \sum y}{n\sum x^2 - (\sum x)^2}, \quad a = \frac{\sum y - b\sum x}{n}$$

微课：Excel 在管理会计中的应用——资金需要量预测（销售百分比法）

任务实施

一、利用销售百分比法预测资金需要量

东方服装公司 2024 年的销售收入为 40 000 万元，当年销售净利率为 8%，留存收益率为 40%。预计 2025 年的销售收入将增长 20%，新增固定资产投资 1 000 万元。东方服装公司 2024 年资产负债表如表 3-8 所示。若 2025 年的销售净利率保持在 2024 年的水平，试预计 2025 年的资金需要量。

表 3-8　东方服装公司 2024 年资产负债表

资　产	期末余额/万元	负债及所有者权益	期末余额/万元
货币资金	3 000	应付账款	6 000
应付账款	2 000	应付票据	3 000
存货	7 000	长期借款	8 000
应收账款净额	9 000	实收资本	4 000
无形资产	2 000	留存收益	2 000
资产总计	23 000	负债与所有者权益合计	23 000

任务处理如下。

根据上述资料，分析敏感资产和敏感负债项目，计算资产销售百分比，如表 3-9 所示。

表 3-9　资产销售百分比表

资　产	期末余额/万元	销售百分比	负债及所有者权益	期末余额/万元	销售百分比
货币资金	3 000	7.5%	应付账款	6 000	15%
应付账款	2 000	5%	应付票据	3 000	7.5%
存货	7 000	17.5%	长期借款	8 000	非敏感项目
应收账款净额	9 000	非敏感项目	实收资本	4 000	非敏感项目
无形资产	2 000	非敏感项目	留存收益	2 000	非敏感项目
资产总计	23 000	30%	负债与所有者权益合计	23 000	22.5%

首先，确定有关项目及其与销售额的关系百分比。在表 3-9 中，非敏感项目表示不变动，是指该项目不随销售收入的变化而变化。

其次，确定需要增加的资金量。从表 3-9 可以看出，销售收入每增加 100 元，就必须增加 30 元的资金占用,但同时自动增加 22.5 元的资金来源(流动负债),两者的差额 7.5 元 (30-22.5)即为销售收入增加而产生的资金需求。因此,每增加 100 元的销售收入,公司就必须取得 7.5 元的资金来源。销售额从 40 000 万元增长 20%到 48 000 万元,增加了 8 000 万元,按照 7.5%的比率可预测将增加 600 万元的资金需求。另外,2025 年需要增加 1 000 万元固定资产,2025 年预测需要增加总资金为 1 600 万元。

最后,确定外部融资需求的数量。2025 年的净利润为 3 840 万元(48 000 万元×8%),利润留存率为 40%,则将有 1 536 万元利润被留存下来,还有 64 万元的资金必须从外部筹集。

根据东方服装公司的资料,可求得对外融资的需求量,即

外部融资需求量=30%×8 000-22.5%×8 000+1 000-8%×40%×48 000

$$=64(万元)$$

二、利用因素分析法预测资金需要量

东方服装公司企业上年度资金平均占用额为 2 200 万元,经分析,其中不合理部分为 200 万元,预计本年度销售增长 5%,资金周转加速 2%。

任务处理如下。

预测本年度资金需要量=(2 200-200)×(1+5%)÷(1+2%)≈2 058.82(万元)

三、利用资金习性法预测资金需要量

东方服装公司 2020—2024 年的销售收入与资金占用量的历史资料如表 3-10 所示,该公司计划 2025 年的销售收入预测值为 350 万元,已有资金 150 万元。试预测 2025 年需要追加的资金。

表 3-10 销售收入与资金占用量

年 度	销售收入 x/万元	资金占用量 y/万元
2020	240	153
2021	255	166
2022	265	179
2023	280	195
2024	300	210

任务处理如下。

根据上述资料,按照回归分析原理,对历史数据进行加工、整理,相关资料如表 3-11 所示。

表 3-11 回归计算表

年 度	销售收入 x/万元	资金占用量 y/万元	xy	x^2
2020	240	153	36 720	57 600
2021	255	166	42 330	65 025
2022	265	179	47 435	70 225
2023	280	195	54 600	78 400
2024	300	210	63 000	90 000

$$b=\frac{n\sum xy-\sum x\sum y}{n\sum x^2-(\sum x)^2}=\frac{5\times 244\ 085-1\ 340\times 903}{5\times 361\ 250-1\ 340\times 1\ 340}\approx 0.977$$

$$a=\frac{\sum y-b\sum x}{n}=\frac{903-0.977\times 1\ 340}{5}=-81.236$$

2025 年预计资金需要量＝0.977×350−81.236＝260.714(万元)

2025 年预计需要追加的资金＝260.714−150＝110.714(万元)

任务巩固

(1) 光华公司 2024 年度的简要资产负债及相关信息如表 3-12 所示。假定光华公司 2024 年销售额为 10 000 万元,销售净利率为 10%,利润留存率为 40%。2025 年销售额预计增长 20%,公司有足够的生产能力,无须追加固定资产投资。

表 3-12　光华公司资产负债及相关信息表(2024 年 12 月 31 日)

资产	金额/万元	与销售关系/%	负债与权益	金额/万元	与销售关系/%
现金	500	5	短期借款	2 500	—
应收账款	1 500	15	应付账款	1 000	10
存货	3 000	30	预提费用	500	5
固定资产	3 000	—	公司债券	1 000	
			实收资本	2 000	—
			留存收益	1 000	—
合计	8 000	50	合计	8 000	15

要求:预测光华公司对外融资需求量是多少?

(2) 乙公司近五年销售收入和资金占用总量的历史资料,如表 3-13 所示。

表 3-13　某公司近五年销售收入与资金占用额

年度	第一年	第二年	第三年
销售收入/万元	120	130	125
资金总额/万元	76	80	78

该公司计划年度(第 4 年)的销售收入总额预测值为 150 万元,已有资金 60 万元。

要求:预测计划年度需要追加多少资金?

实训项目

1. 实训目的

通过训练,了解和熟悉企业经营预测分析的流程和分析方法。

2. 实训内容

(1) 背景资料。宏发公司的主营业务是生产销售产品 A,当前生产设备的最大生产量为 300 万件。该公司 2024 年产品 A 销售量为 135 万件,销售售价为 10 元/件,实现利润为 500 万元。2024年在公司的经营发展大会上,经过管理层的分析,为优化生产流程提出以下几项改革措施。

①更改原材料采购厂家,每件产品可节约0.5元的原材料费用。

②升级生产设备功能,预估每件产品增加0.4元成本。

③现有生产线减少一线工人25人,全年可减少开支24万元。

④减少厂部办公人员125人,全年可减少开支90万元。

(2)以小组为单位,分析公司2025年销售收入、成本、利润预估分别为多少?公司需要准备多少资金支撑2025年的生产经营。

3. 实训要求

(1)了解企业经营预测分析流程及需要的企业内外部数据材料。

(2)了解企业经营预测分析所使用的方法。

(3)分析公司2025年销售收入、成本、利润预估分别为多少?公司需要准备多少资金支撑2025年的生产经营?

(4)每组提交一份企业经营分析策略报告。

(5)每组选派一名代表讲解和展示本组的工作成果。

4. 实训考核

(1)评价方式:采取小组自评、小组互评、教师评价三维评价方式,以教师评价为主,小组自评和小组互评为辅,其中教师评分比例占总分数的60%,小组自评占20%,小组互评占20%,总评成绩＝小组自评×20%＋小组互评×20%＋教师评价×60%。

(2)评价指标:从专业能力、方法能力、社会能力、工作成果展现四个方面进行评价。

项目三任务工作单　　项目三任务实施单　　项目三任务检查单　　项目三任务评价单

前 沿 视 角

AI 在预测与需求管理的应用

AI通过深度学习、时间序列分析等手段,对历史销售数据、市场趋势、季节性波动等因素进行精准建模,实现对市场需求的准确预测,减少库存积压与缺货风险,优化供应链响应速度。

机器学习技术通过构建多层神经网络模型,能够从海量的历史销售数据中自动提取复杂的非线性特征,并通过反向传播算法不断调整模型参数,以最大限度地拟合数据背后的内在规律。具体来说,我们将包含产品类别、销售数量、销售时间、销售渠道、促销活动等多种维度的详细交易记录输入深度学习模型,使其在大量的训练过程中学会识别哪些因素对销售额的影响最为显著,以及这些因素之间如何相互作用。

时间序列分析是另一项用于市场需求预测的重要工具。它专注于研究数据随时间变化的模式和趋势,特别适用于处理具有明显周期性和季节性波动的数据,如零售业的季度销售、节假日消费高峰等。

通过诸如自回归(AR)、滑动平均(MA)、自回归积分滑动平均(ARIMA)以及长短期记忆网络(LSTM)等时间序列模型,我们可以揭示历史销售数据中隐藏的时间依赖性,进而预测未来某一时间段内产品的销售量。依据预测结果,精准规划库存水平和补货策略,既避免因过度备货导致的资金占用和库存折旧,又防止因缺货导致的销售机会损失和客户满意度下降。例如,当预测到某款产品在未来几个月内将迎来销售高峰时,可提前增加安全库存,确保供应充足;反之,若预测到市场需求将下滑,则适时减少采购,加速库存周转。

将深度学习与时间序列分析相结合,我们不仅能更全面地捕捉到影响市场需求的各种因素,还能深入理解这些因素随时间演变的动态关系。这种复合型预测方法能显著提升预测精度,帮助企业在供需波动中保持稳健运营。

资料来源:腾讯新闻.https://news.qq.com/rain/a/20240412A02HJ700.

趣 味 故 事

火灾中的商机

宋高宗绍兴十年七月的一天,京城临安发生了一场大火灾,城里城外一片火海,殃及许多百姓,房屋被烧毁数万间之多。

城里有一个姓裴的商人,在市中心开了一家金银珠宝店,大火烧过来了,店里的伙计都慌了神,忙着救火。裴老板一看火势,果断地让伙计们撤出火场,全然不顾火烧店铺,命令所有伙计立即赶赴城外江下和徐村,他自己去往北关,碰到有卖竹木砖瓦、芦苇椽桷的,无论多少,一律全部收购。

第二天,皇帝宋高宗颁旨:"竹木等建筑材料一律免征营业税。"

大火过后,城里城外官家百姓都要重建住屋,一时间,建筑材料价格暴涨,仍被抢购一空。裴老板从中获得的利润,远远超过火灾中的损失。

南宋京城临安就是现在的杭州,它历来是一个火灾频发的城市,即使是皇宫也有被烧毁的记录,平民百姓居住的地方更是重灾区。到了清代,火灾还是悬在官民头上的一把利剑,时刻威胁着人们。现在玉皇山上仍有七星缸,即用铁铸就了七只缸按天上七星位置摆放,据说就是为了镇住祸害杭城百姓的火龙。

故事中的裴老板很有商业头脑,当大火烧到自己的店铺时,他并没有手忙脚乱地抢救物资,更没有顿足捶胸地痛哭损失,而是果断地放弃无效的救助,立即转入灾后的生意准备。果然,事后的情况完全按照他的预料发展,火灾不仅没有使他倾家荡产,还让他发了一笔财,真是在火灾中创造了商机。

资料来源:搜狐网.https://www.sohu.com/a/245130708_100002987.

投资决策分析

项 目 描 述

东方服装公司正准备制订新一年的项目投资计划,通过项目投资来扩大企业的生产能力和改善生产条件。财务部经理需要对不同的投资项目进行分析评价,并形成项目投资的可行性研究报告。

思考:东方服装公司的财务部经理该如何对投资项目进行科学分析,并作出正确决策呢?下面让我们完成这个项目。

学 习 目 标

知识目标

1. 掌握建设期、经营期和项目终结点现金流量的计算。

2. 掌握项目投资决策所采用的各种评价标准,包括非贴现的投资决策评价指标和贴现的投资决策评价指标。

3. 理解并熟悉几种典型的项目投资决策方法。

能力目标

1. 能够计算项目投资评价折现指标和非折现指标。

2. 能够熟练地运用投资决策评价指标对项目进行评价。

3. 能够熟练地运用长期投资决策方法对投资项目进行决策。

素养目标

1. 准确计算项目现金流量,清晰撰写投资决策报告,具备认真、严谨、规范的工作作风。

2. 协调企业内外部门沟通投资决策信息,具备自我管理能力和团队协作能力。

3. 敏锐地判断社会经济环境、政策法规变化对投资活动产生的影响,具备具体问题具体分析的能力。

业 务 案 例

通道县以党的二十大精神为动力 推动县域重点项目建设

思维导图

```
                                            ┌─────────────────┐
                              ┌────────────→│   项目投资管理    │
                              │             └─────────────────┘
              ┌──────────────┐│             ┌─────────────────┐
         ┌───→│ 投资项目评价分析 ├┼────────────→│   现金流量的测算   │
         │    └──────────────┘│             └─────────────────┘
┌────────────┐                │             ┌─────────────────┐
│ 投资决策分析 ├┤               └────────────→│  投资项目评价指标   │
└────────────┘│                             └─────────────────┘
         │    ┌──────────────┐             ┌─────────────────┐
         │    │  长期投资决策   │┌───────────→│ 固定资产更新决策分析 │
         └───→│  方法的应用    ├┤            └─────────────────┘
              └──────────────┘│            ┌──────────────────┐
                              └───────────→│ 固定资产购置付款方式决策 │
                                           └──────────────────┘
```

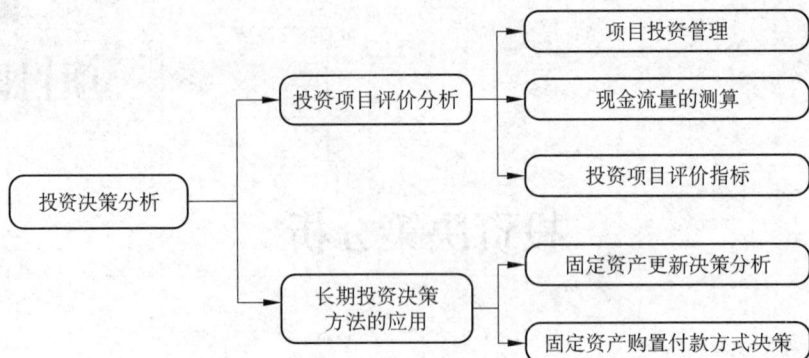

任务一　投资项目评价分析

任务情境

东方服装公司准备购入一项设备以扩充公司的生产能力。现有甲、乙两个方案可供选择，甲方案需投资 20 000 元，机器使用寿命为 5 年，采用直线法计提折旧，5 年后设备无残值。5 年中每年销售收入为 12 000 元，每年的付现成本为 4 000 元。乙方案需投资 24 000 元，采用直线法计提折旧，机器使用寿命也是 5 年，5 年后有残值收入 4 000 元。5 年中，每年的销售收入为 16 000 元，付现成本第一年为 6 000 元，以后随着设备陈旧老化，逐年将增加修理费 800 元，另需垫支营运资金 6 000 元。该公司所得税税率为 25％，资金成本率为 10％。

思考：如果你是财务经理，请你评价以上两个投资方案是否可行，应选择哪个方案投资？

重难点分析

(1) 项目投资期现金流量的计算。

(2) 运用净现值指标进行长期投资决策分析。

(3) 运用内部收益率指标进行长期投资决策分析。

(4) 运用投资回收期指标进行长期投资决策分析。

知识准备

一、项目投资管理

项目投资是指对企业内部生产经营所需要的各种资产的投资，其目的是保证企业生产经营过程的连续和生产经营规模的扩大。在企业的所有投资中，项目投资具有十分重要的地位。它不仅投资数额大、投资面广，而且对企业的稳定与发展、未来盈利能力、长期偿债能力都有重大影响。

企业项目投资的程序主要包括以下几个步骤。

（1）提出项目投资的领域和对象。这是项目投资程序的起点，是以企业的长远发展战略、中长期投资计划和投资环境的变化为基础，同时在把握良好投资机会的前提下，由企业管理当局、企业高层管理人员，或企业的各级管理部门和相关部门领导提出。

（2）评价投资方案的可行性。在评价投资项目的环境、市场、技术和生产可行性的基础上，通过计算项目的有关现金流量指标和项目的有关评估指标（如净现值、内部收益率等），对项目投资的财务可行性作出总体评价。

（3）投资方案的比较与选择。在财务可行性评价的基础上，对可供选择的多个投资方案进行比较和选择。

（4）投资方案的执行。投资方案的执行即投资行为的具体实施。

（5）投资方案再评价。在投资项目的执行过程中，应注意评价原来作出的投资决策是否合理和正确。一旦出现新的情况，就要随时根据变化的情况作出新的评价。如果情况发生重大变化，原来的投资决策变得不合理，那么就要作出是否终止投资或怎样终止投资的决策，以避免更大的损失。

二、现金流量的测算

投资项目的现金流量是指投资项目从筹建、设计、施工、正式投产使用至报废为止的整个期间内引起的现金流入和现金流出的数量，是评价项目经济效益的基础。项目周期内现金流入量和现金流出量的差额称为项目投资的净现金流量。这里的"现金"是指广义的现金，它不仅包括各种货币资金，还包括项目需要投入企业所拥有的非货币资源的变现价值。例如，一个投资项目需要使用原有的厂房、设备、材料等，则相关的现金流量是指它们的变现价值，而不是其账面价值。

微课：现金
流量分析

（一）项目计算期的构成

项目计算期是指投资项目从投资建设开始到最终清理结束整个过程的全部时间，即该项目的有效持续期。完整的项目计算期包括建设期和生产经营期。其中，将建设期的第一年年初（记作 0 年）称为建设起点，建设期的最后一年年末（记作 n 年）称为投产日，从投产日到终结点之间的时间间隔称为生产经营期。

$$项目计算期＝建设期＋生产经营期$$

项目计算期、建设期和生产经营期之间的关系如图 4-1 所示。

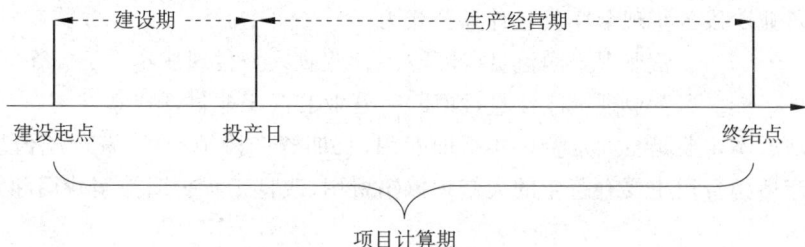

图 4-1 项目计算期、建设期和生产经营期之间的关系

反映项目投资金额的指标主要有原始投资和项目投资总额。原始投资又称初始投资，即企业为使该项目完全达到设计生产能力、开展正常经营而投入的全部现实资金,包括建设投资和流动资金投资两项内容。其中,建设投资是指在建设期内按一定生产经营规模和建设内容进行的投资。流动资金投资是指项目投产前后分次或一次投放于营运资金项目的投资决策增加额,又称垫支流动资金或营运资金投资。在财务可行性评价中,原始投资与建设期资本化利息之和为项目总投资,这是一个反映项目投资总体规模的指标。

(二) 现金流量的测算

1. 投资期的现金流量

投资期的现金流量主要是现金流出量,即在该投资项目上的原始投资,包括在长期资产上的投资和垫支的营运资金。一般情况下,初始阶段中固定资产的原始投资通常在年内一次性投入(如购买设备),如果原始投资不是一次性投入(如工程建造),则应把投资归属于不同投入年份之中。

(1) 长期资产投资。长期资产投资包括在固定资产、无形资产、递延资产等长期资产上的购入、建造运输、安装、试运行等方面的现金支出,如购置成本、运输费、安装费等。对于投资实施后导致固定资产性能改进而发生的改良支出,属于固定资产的后期投资。

(2) 营运资金垫支。营运资金垫支是指投资项目形成了生产能力,需要在流动资产上追加的投资。由于扩大了企业生产能力,原材料、在产品、产成品等流动资产规模也随之扩大,需要追加投入日常营运资金。同时,企业营业规模扩充后,应付账款等结算性流动负债也随之增加,自动补充了一部分日常营运资金的需要。因此,为该投资垫支的营运资金是追加的流动资产扩大量与结算性流动负债扩大量的净差额。为简化计算,垫支的营运资金在营业期的流入流出过程可忽略不计,只考虑投资期投入与终结期收回对现金流量的影响。

2. 营业期的现金流量

营业期是投资项目的主要阶段,该阶段既有现金流入量,也有现金流出量。现金流入量主要是营运各年的营业收入,现金流出量主要是营运各年的付现营运成本。对于营业期内某一年发生的大修理支出,如果会计处理在本年内一次性作为损益性支出,则直接作为该年付现成本;如果跨年摊销处理,则本年作为投资性的现金流出量,摊销年份以非付现成本形式处理。营业期内某一年发生的改良支出是一种投资,应作为该年的现金流出量,以后年份通过折旧收回。

在正常营业阶段,由于营运各年的营业收入和付现营运成本数额比较稳定,如不考虑所得税因素,营业阶段各年现金净流量计算公式为

$$营业现金净流量(NCF)=营业收入-付现成本$$

或　　　　　　　　$$营业现金净流量(NCF)=营业利润+非付现成本$$

式中,非付现成本主要是指固定资产年折旧费用、长期资产摊销费用、资产减值损失等。其中,长期资产摊销费用主要有跨年的大修理摊销费用、改良工程折旧摊销费用和筹建费摊销费用等。

所得税是投资项目的现金支出,即现金流出量。考虑所得税对投资项目现金流量的影响,投资项目正常营运阶段所获得的营业现金净流量,可按下列公式进行测算。

$$营业现金净流量(NCF)=营业收入-付现成本-所得税$$

或　　　　营业现金净流量（NCF）＝税后营业利润＋非付现成本

又或　　　营业现金净流量（NCF）＝收入×（1－所得税税率）－付现成本×

（1－所得税税率）＋非付现成本×所得税税率

3. 终结期的现金流量

终结期的现金流量主要是现金流入量，包括固定资产变价净收入、固定资产变现净损益和垫支营运资金的收回。

（1）固定资产变价净收入。投资项目在终结阶段，原有固定资产将退出生产经营，企业对固定资产进行清理处置。固定资产变价净收入，是指固定资产出售或报废时的出售价款或残值收入扣除清理费用后的净额。

（2）固定资产变现净损益。固定资产变现净损益对现金净流量的影响用公式表示为

固定资产变现净损益对现金净流量的影响＝（账面价值－变价净收入）×所得税税率

如果账面价值－变价净收入＞0，意味着发生了变现净损失，可以抵税，减少现金流出，增加现金净流量；如果账面价值－变价净收入＜0，则意味着实现了变现净收益，应该纳税，增加现金流出，减少现金净流量。

变现时固定资产账面价值是指固定资产账面原值与变现时按照税法规定计提的累计折旧的差额。如果变现时，按照税法的规定，折旧已经全部计提，则变现时固定资产账面价值等于税法规定的净残值；如果变现时，按照税法的规定，折旧没有全部计提，则变现时固定资产账面价值等于税法规定的净残值与剩余的未计提折旧之和。

（3）垫支营运资金的收回。伴随着固定资产的出售或报废，投资项目的经济寿命结束，企业将与该项目相关的存货出售，应收账款收回，应付账款也随之偿付。营运资金恢复到原有水平，项目开始垫支的营运资金在项目结束时得到回收。

三、投资项目评价指标

投资项目决策的分析评价，需要采用一些专门的评价指标和方法。常用的财务可行性评价指标有净现值、年金净流量、现值指数、内部收益率和回收期等，围绕这些指标进行投资项目财务评价，就产生了净现值法、内部收益率法、回收期法等评价方法。同时，按照是否考虑了货币时间价值来分类，这些评价指标可以分为静态评价指标和动态评价指标。考虑了货币时间价值因素的称为动态评价指标，没有考虑货币时间价值因素的称为静态评价指标。

（一）净现值

一个投资项目未来现金净流量现值与原始投资额现值之间的差额，称为净现值（net present value，NPV），其计算公式为

净现值（NPV）＝未来现金净流量现值－原始投资额现值

计算净现值时，要按预定的折现率对投资项目的未来现金流量和原始投资额进行折现。预定折现率是投资者所期望的最低投资收益率。净现值为正，方案可行，说明方案的实际收益率高于所要求的收益率；净现值为负，方案不可取，说明方案的实际投资收益率低于所要求的收益率。

当净现值为零时，说明方案的投资收益刚好达到所要求的投资收益，方案也可行。所

微课：投资中的
净现值

以,净现值的经济含义是投资方案收益超过基本收益后的剩余收益。其他条件相同时,净现值越大,方案越好。采用净现值法来评价投资方案,一般有以下步骤。

(1) 测定投资方案各年的现金流量,包括现金流出量和现金流入量,并计算出各年的现金净流量。

(2) 设定投资方案采用的折现率。

(3) 按设定的折现率,将各年的现金净流量折算成现值。

(4) 将未来的现金净流量现值与投资额现值进行比较,若前者大于或等于后者,方案可行,说明方案的实时收益率能够达到投资者所要求的收益率;若前者小于后者,方案不可行,说明方案的实际收益率达不到投资者所要求的收益率。

净现值法简便易行,其主要优点在于以下两个方面。

(1) 适用性强,能基本满足项目年限相同的互斥投资方案决策。

(2) 能灵活地考虑投资风险。净现值法在所设定的折现率中包含投资风险收益率要求,从而能有效地考虑投资风险。

净现值法也具有明显的缺陷,主要表现在以下三个方面。

(1) 所采用的折现率不易确定。如果两个方案采用不同的折现率折现,采用净现值法不能够得出正确结论。同一方案中,如果要考虑投资风险,要求的风险收益率不易确定。

(2) 不适用于独立投资方案的比较决策。如果各方案的原始投资额现值不相等,有时无法作出正确决策。独立投资方案,是指两个以上投资项目互不依赖,可以同时并存。

(3) 不能直接用于对寿命期不同的互斥投资方案进行决策。有的项目尽管净现值小,但其寿命期短;有的项目尽管净现值大,但它是在较长的寿命期内取得的。两个项目由于寿命期不同,净现值是不可比的。要采用净现值法对寿命期不同的投资方案进行决策,需要将各方案均转化为相等寿命期进行比较。

(二) 年金净流量

投资项目的未来现金净流量与原始投资额,构成该项目的全部现金净流量。项目期间内全部现金净流量的总现值或总终值折算为年金形式的现金净流量,称为年金净流量(annual net cash flow,ANCF)。年金净流量的计算公式为

$$年金净流量＝现金净流量总现值÷年金现值系数$$

现金净流量总现值即为 NPV。与净现值指标一样,年金净流量指标大于零时,说明每年平均的现金流入能抵补现金流出,投资项目的净现值(或净终值)大于零,方案的收益率大于所要求的收益率,方案可行。在两个以上寿命期不同的投资方案进行比较时,年金净流量越大,方案越好。

年金净流量法是净现值法的辅助方法,在各方案寿命期相同时,实质上就是净现值法。因此,它适用于期限不同的互斥投资方案决策。同时,它也具有与净现值法同样的缺点,即不便于对原始投资额不相等的独立投资方案进行决策。

(三) 现值指数

现值指数(present value index,PVI)是指投资项目的未来现金净流量现值与原始投资额现值之比,其计算公式为

现值指数＝未来现金净流量现值÷原始投资额现值

从上述计算公式可见,现值指数的计算结果可分为三种,即大于1、等于1、小于1。当现值指数大于或等于1时,方案可行,说明方案实施后的投资收益率高于或等于必要收益率;当现值指数小于1时,方案不可行,说明方案实施后的投资收益率低于必要收益率。现值指数越大,方案越好。

微课:投资中的
现值指数

现值指数法也是净现值法的辅助方法,在各方案原始投资额现值相同时,实质上就是净现值法。由于现值指数是未来现金净流量现值与所需投资额现值之比,是一个相对数指标,反映了投资效率,所以,用现值指数指标来评价独立投资方案,可以克服净现值指标不便于对原始投资额现值不同的独立投资方案进行比较和评价的缺点,从而对方案的分析评价更加合理、客观。

(四)内部收益率

内部收益率(internal rate of return,IRR)是指对投资方案未来每年现金净流量进行折现,使所得的现值恰好与原始投资额现值相等,即净现值等于零时的折现率。

微课:投资中的
内部收益率

内部收益率法的基本原理是:在计算方案的净现值时,以必要投资收益率作为折现率计算,净现值的结果往往是大于零或小于零,这就说明方案实际可能达到的投资收益率大于或小于必要投资收益率;而当净现值为零时,说明两种收益率相等。根据这个原理,内部收益率法就是要计算出使净现值等于零时的折现率,这个折现率就是投资方案实际可能达到的投资收益率。

1. 未来每年现金净流量相等

每年现金净流量相等是一种年金形式,通过查年金现值系数表,可计算出未来现金净流量现值,并令其净现值为零,即

未来每年现金净流量×年金现值系数－原始投资额现值＝0

计算出净现值为零时的年金现值系数后,通过查年金现值系数表并利用插值法,即可计算出相应的折现率 i,该折现率就是方案的内部收益率。

2. 未来每年现金净流量不相等

如果投资方案未来每年现金净流量不相等,各年现金净流量的分布就不是年金形式,不能采用直接查年金现值系数表的方法来计算内部收益率,而需采用逐次测试法。

逐次测试法的具体做法如下。根据已知的有关资料,先预估一次折现率,试算未来现金净流量的现值,并将这个现值与原始投资额现值相比较,如净现值大于零,为正数,表示预估的折现率低于方案实际可能达到的投资收益率,需要重估一个更高的折现率进行试算;如果净现值小于零,为负数,表示估计的折现率高于方案实际可能达到的投资收益率,需要重估一个更低的折现率进行试算。如此反复试算,直到净现值等于零或基本接近于零,这时所估计的折现率就是希望求得的内部收益率。

内部收益率法的主要优点在于以下两点。

(1)内部收益率反映了投资项目可能达到的收益率,易于被高层决策人员所理解。

(2)对于独立投资方案的比较决策,如果各方案原始投资额现值或者期限不同,可以通

过计算各方案的内部收益率,反映各独立投资方案的获利水平。

内部收益率法的主要缺点在于以下两点。

(1) 计算复杂,不易直接考虑投资风险大小。

(2) 在互斥投资方案决策时,如果各方案的原始投资额现值不相等,可能无法作出正确的决策。例如,某一方案原始投资额低,净现值小,但内部收益率可能较高;而另一方案原始投资额高,净现值大,但内部收益率可能较低。

(五) 回收期

回收期(payback period,PP)是指从项目初期到投资项目的未来现金净流量与原始投资额达到相等时所经历的时间,即原始投资额通过未来现金流量回收所需要的时间。投资者希望投入的资本能以某种方式尽快地收回来,收回的时间越长,所担风险就越大。因而,投资方案回收期的长短是投资者十分关心的问题,也是评价方案优劣的标准之一。用回收期指标评价方案时,回收期越短越好。

微课:投资回收期
分析及应用

1. 静态回收期

静态回收期没有考虑货币时间价值,直接用未来现金净流量累计原始投资数额时所经历的时间作为静态回收期。

(1) 未来每年现金净流量相等。这种情况是一种年金形式,静态回收期计算公式为

$$静态回收期＝原始投资额÷每年现金净流量$$

(2) 未来每年现金净流量不相等。这种情况下,应把未来每年的现金净流量逐年加总,根据累计现金净流量来确定回收期,可依据如下公式进行计算(设 M 是收回原始投资额的前一年)。

$$静态回收期＝M＋第 M 年的尚未收回额÷第(M＋1)年的现金净流量$$

2. 动态回收期

动态回收期需要将投资引起的未来现金净流量进行折现,以未来现金净流量的现值等于原始投资额现值时所经历的时间为动态回收期。

(1) 未来每年现金净流量相等。在这种年金形式下,假定动态回收期为 n 年,则计算公式为

$$(P/A,i,n)＝原始投资额现值÷每年现金净流量$$

计算出年金现值系数后,通过查年金现值系数表,利用插值法,即可推算出动态回收期。

(2) 未来每年现金净流量不相等。在这种情况下,应把每年的现金净流量逐一折现并加总,根据累计现金流量现值来确定回收期,可依据如下公式进行计算(设 M 是收回原始投资额现值的前一年)。

$$动态回收期＝M＋第 M 年的尚未收回额的现值÷$$
$$第(M＋1)年的现金净流量现值$$

回收期法的优点是计算简便,易于理解。这种方法是以回收期的长短来衡量方案的优劣,收回投资所需的时间越短,所冒的风险就越小。可见,回收期法是一种较为保守的方法。

回收期法中静态回收期的不足之处是没有考虑货币的时间价值。

【素养园地】上市
公司投资决策失误
将产生法律责任

任务实施

一、计算两个投资项目的现金流量

现金流量的计算可以采用列表方式,本项目引例中甲、乙两个方案的现金流量计算表如表 4-1 和表 4-2 所示。

表 4-1 东方服装公司甲方案现金流量计算表　　　　单位:万元

年　　份		0	1	2	3	4	5
投资期	固定资产投资	−20 000					
营业期	销售收入		12 000	12 000	12 000	12 000	12 000
	付现成本		4 000	4 000	4 000	4 000	4 000
	折旧		4 000	4 000	4 000	4 000	4 000
	税前利润		4 000	4 000	4 000	4 000	4 000
	所得税率		25%	25%	25%	25%	25%
	所得税		1 000	1 000	1 000	1 000	1 000
	净利润		3 000	3 000	3 000	3 000	3 000
	营业期现金流量		7 000	7 000	7 000	7 000	7 000
终结期	固定资产残值						0
现金流量合计		−20 000	7 000	7 000	7 000	7 000	7 000

表 4-2 东方服装公司乙方案现金流量计算表　　　　单位:万元

年　　份		0	1	2	3	4	5
投资期	固定资产投资	−24 000					
	垫支的营运资金	−6 000					
营业期	销售收入		16 000	16 000	16 000	16 000	16 000
	付现成本		6 000	6 800	7 600	8 400	9 200
	折旧		4 000	4 000	4 000	4 000	4 000
	税前利润		6 000	5 200	4 400	3 600	2 800
	所得税率		25%	25%	25%	25%	25%
	所得税		1 500	1 300	1 100	900	700
	净利润		4 500	3 900	3 300	2 700	2 100
	营业期现金流量		8 500	7 900	7 300	6 700	6 100
终结期	固定资产残值						4 000
	营运资金回收						6 000
现金流量合计		−30 000	8 500	7 900	7 300	6 700	16 100

二、运用净现值指标对两个投资项目进行投资决策

根据表 4-1 和表 4-2 计算的甲、乙两个项目各年的现金流量,查询 10% 的复利现值系

数,可以计算出甲、乙两个项目各自的净现值。计算结果如表 4-3 和表 4-4 所示。

表 4-3　东方服装公司甲方案净现值计算结果

年份	0	1	2	3	4	5
现金流量合计/万元	−20 000	7 000	7 000	7 000	7 000	7 000
现值系数(10%)	1	0.9091	0.8264	0.7513	0.6830	0.6209
现值/万元	−20 000	6 363.7	5 784.8	5 259.1	4 781	4 346.3
净现值(NPV)/万元	6 534.9					

表 4-4　东方服装公司乙方案净现值计算结果

年份	0	1	2	3	4	5
现金流量合计/万元	−30 000	8 500	7 900	7 300	6 700	16 100
现值系数(10%)	1	0.9091	0.8264	0.7513	0.6830	0.6209
现值/万元	−30 000	7 727.35	6 528.56	5 484.49	4 576.1	9 996.49
净现值(NPV)/万元	4 312.99					

通过以上计算得出,甲方案净现值 6 534.9>0,方案可行;乙方案净现值 4 312.99>0,方案可行。

三、运用现值指数指标对两个投资项目进行投资决策

假设东方服装公司甲、乙两个项目是独立投资方案,经过计算,原始投资额现值和未来现金流量现值资料如表 4-5 所示。

表 4-5　净现值计算表　　　　　　　　　　单位:万元

项　　目	甲方案	乙方案
原始投资额现值	20 000	30 000
未来现金净流量现值	26 534.9	34 312.99
净现值	6 534.9	4 312.99

按现值指数法计算如下。

甲方案:

$$现值指数=26\ 534.9÷20\ 000=1.33$$

乙方案:

$$现值指数=34\ 312.99÷30\ 000=1.14$$

计算结果表明,甲方案的现值指数大于乙方案,应当选择甲方案。

微课:Excel 在管理会计中的应用——内部收益率

四、运用内部收益率指标对两个投资项目进行投资决策

假设东方服装公司要求的项目投资报酬率不低于 20%,运用内部收益率指标,对甲、乙两个方案进行分析评价。

由于甲方案每年现金流量相等,令

$$7\ 000×年金现值系数−20\ 000=0$$

得　　　　　　　　　　　年金现值系数＝2.8571

　　已知甲方案的使用年限为5年,查年金现值系数,可查得期数为5,系数为2.8571,对应的折现率在22%～23%。运用内插法可得,甲方案的内部收益率为22.11%,高于20%,项目可行。

　　乙方案每年现金流量不等,可以借助Excel软件,使用IRR函数,求得内部收益率。利用Excel软件计算内部收益率如图4-2所示。

	A	B	C	D	E	F	G	H	I
1		年份	0	1	2	3	4	5	内部收益率
2		现金流量合计	-30000	8500	7900	7300	6700	16100	
3	乙方案	现值系数（10%）	1	0.9091	0.8264	0.7513	0.683	0.6209	=IRR(C2.H2)
4		现值	-30000	7727.35	6528.56	5484.49	4576.1	9996.49	
5		净现值				4312.99			

	A	B	C	D	E	F	G	H	I
1		年份	0	1	2	3	4	5	内部收益率
2		现金流量合计	-30000	8500	7900	7300	6700	16100	
3	乙方案	现值系数（10%）	1	0.9091	0.8264	0.7513	0.683	0.6209	15.00%
4		现值	-30000	7727.35	6528.56	5484.49	4576.1	9996.49	
5		净现值				4312.99			

图 4-2　利用 Excel 软件计算内部收益率

　　经计算,乙方案的内部收益率为15%,低于20%,项目不可行。

五、运用回收期指标对两个投资项目进行投资决策

（一）静态回收期

　　甲方案每年现金流量相等,投资项目回收期＝20 000÷7 000＝2.86(年)。

　　乙方案每年现金流量不等,需要计算累计净现金流量,乙方案项目现金流量如表4-6所示。

表 4-6　乙方案项目现金流量

年限	现金净流量/万元	累计净流量/万元	净流量现值/万元	累计现值/万元
1	8 500	8 500	7 727.35	7 727.35
2	7 900	16 400	6 528.56	14 255.91
3	7 300	23 700	5 484.49	19 740.4
4	6 700	30 400	4 576.1	24 316.5
5	16 100	46 500	9 996.49	34 312.99

　　　　　　乙项目投资回收期＝3＋[(30 000−23 700)÷6 700]＝3.94(年)
　　乙方案的投资回收期时间长于甲方案,甲方案收回投资时间短。

（二）动态回收期

　　甲方案未来每年现金净流量相等,假定动态回收期为n年,则计算公式为
　　　　　　$(P/A,i,n)$＝原始投资额现值÷每年现金净流量

　　经过计算,$(P/A,i,n)$＝20 000÷7 000＝2.8571,i＝10%,查年金现值系数表可得,第

3 年的年金现值系数是 2.4869,第 4 年的年金现值系数是 3.1699,通过插值法,计算 $n=$ 3.54(年)。

乙方案未来每年现金净流量不相等,根据净流量现值和累计现值等资料,计算乙方案的动态投资回收期 $=4+[(30\ 000-24\ 316.5)/9\ 996.49)]=4.57$(年)。

通过动态投资回收期的计算,可以看出甲方案收回投资时间短,投资情况更加稳定。

任务巩固

甲公司拟购置一套生产设备,有 X 和 Y 两种设备可供选择,二者具有同样的功用。X 设备的购买成本为 480 000 元,每年付现成本为 40 000 元,使用寿命为 6 年,该设备采用直线法计提折旧,年折旧额为 80 000 元,税法残值为 0,最终报废残值为 12 000 元。Y 设备使用寿命为 5 年,经测算,年金成本为 105 000 元。投资决策采用的折现率为 10%,公司适用的企业所得税税率为 25%。有关货币时间价值系数为

$$(P/F,10\%,6)=0.5645$$
$$(P/A,10\%,6)=4.3553$$
$$(F/A,10\%,6)=7.7156$$

要求:

(1) 计算 X 设备每年的税后付现成本。

(2) 计算 X 设备每年的折旧抵税额和最后一年末的税后残值收入。

(3) 计算 X 设备的年金成本。

(4) 运用年金成本方式,判断公司应选择哪一种设备。

微课:Excel 在管理会计中的应用——长期投资决策综合实训(一)

微课:Excel 在管理会计中的应用——长期投资决策综合实训(二)

任务二　长期投资决策方法的应用

任务情境

东方服装公司在进行固定资产更新决策时有如下选择。一是修理旧的固定资产继续使用,二是选择购买新的设备投入使用。在选择购买新设备的问题上,管理层对购买方式提出了不同意见,有人主张一次性付清设备价款,有人主张分期付款,还有人认为租赁设备更加划算。

思考:公司该如何进行固定资产更新(购买)的决策分析呢?

重难点分析

(1) 固定资产购置中,不同付款方式决策分析。

(2) 固定资产购置中,举债购买和租赁决策分析。

微课:长期投资决策方法的应用

知识准备

一、固定资产更新决策分析

一般说来,设备更换并不改变企业的生产能力,不增加企业的现金流入。更新决策的现

金流量主要是现金流出,即使有少量的残值变价收入,也属于支出抵减,而非实质上的流入增加。由于只有现金流出,而没有现金流入,无论哪个方案都不能计算其净现值和内部收益率。因此,较好的分析方法是比较继续使用和更新设备的平均年成本,以较低者作为最优方案。

固定资产的平均年成本是指该资产引起的现金流出的年平均值。它是未来使用年限内现金流出总现值与年金现值系数的比值,即平均每年的现金流出。

二、固定资产购置付款方式决策

(一) 分期付款还是一次性付款决策

企业购置固定资产,经常会遇到是分期付款还是一次性付款两个方案的选择。解决这类问题只需将分期付款折现成现值,然后与一次性付款方案进行比较,择其低者为优。

(二) 举债购置还是租赁的决策

固定资产更新通常有两种方式,即购买与租赁。这里的固定资产租赁仅指固定资产经营性租赁,即出租人在一定时期内按一定的条件将固定资产交付给企业使用,企业在规定的期限内分期支付租金,并享有对租赁资产的使用权。在进行固定资产租赁或购买决策时,由于设备的生产能力、运行费用以及生产出的产品销售价格与设备的取得途径(租赁或购买)无关,因而在决策时只需比较两种方案的成本差异及其对所得税影响的差异。

固定资产租赁与购买方案在现金流量模式上存在以下异同。①如果企业选择租赁固定资产,则在经营期内每年将额外支付一定的租赁费用;如果企业选择购买固定资产,则除了在投资的建设期内需要支付一笔大额设备款外,在设备报废时还会收到设备残值的变现款。②无论是设备的租赁费用还是设备的折旧费用,都作为费用在税前列支,抵减税前利润,从而减少企业应缴纳的所得税额。

▶ 任 务 实 施

一、固定资产更新决策

东方服装公司有一台旧缝纫设备,车间技术人员提出更新要求,有关数据如表 4-7 所示。

表 4-7 东方服装公司相关数据

项 目	旧 设 备	新 设 备
原值/元	3 000	3 600
预计使用年限/年	10	10
已经使用年限/年	4	0
最终残值/元	300	500
变现价值/元	800	3 600
年经营成本/元	1 000	600

假设该企业要求的最低报酬率为 15%。

$$旧设备平均年成本 = \frac{800+1\,000\times(P/A,15\%,6)-300\times(P/F,15\%,6)}{(P/A,15\%,6)}$$

$$= \frac{800+1\,000\times3.784-300\times0.432}{3.784}$$

$$\approx 1\,177.17(元)$$

$$新设备平均年成本 = \frac{3\,600+600\times(P/A,15\%,10)-500\times(P/F,15\%,10)}{(P/A,15\%,10)}$$

$$= \frac{3\,600+600\times5.019-500\times0.247}{5.010}$$

$$\approx 1\,294.99(元)$$

通过上述计算可知,使用旧设备的平均年成本较低,不宜进行设备更新。

微课:Excel 在管理会计中的应用——固定资产购置付款方式的决策

二、分期付款还是一次性付款决策

东方服装公司生产车间准备购置一台全自动机床,现有两个方案可供选择:①向黄河公司购入,价格 48 万元,每年年末付 8 万元,6 年付清;②向长江公司购入,价格 40 万元,一次性付清。若东方服装公司资金成本率为 8%,请问公司购置机床是分期付款还是一次性付现?

向黄河公司购入,金额总数虽为 48 万元,高于一次性付款,但在不同时点支付,将其折算为现值,其计算公式为

$$现值总和 = 8\times(P/A,8\%,6)=8\times4.623=36.984(万元)<40\ 万元$$

分期付款方案较优。

三、举债购置还是租赁的决策

微课:Excel 在管理会计中的应用——固定资产购置还是租赁的决策

东方服装公司需要一台生产设备,若自行购买,需支付价款 50 万元,设备使用期限为 5 年,采用直线法折旧,预计净残值率为 4%;若采用租赁方式,每年将支付租赁费 14 万元,租赁期为 5 年。已知该企业的资金成本为 10%,所得税税率为 25%,假设固定资产账面折余价值与其变现价值相等。要求分析企业应该购买还是租赁该设备?

(1) 计算租赁、购买方案各年现金净流量,如表 4-8 所示。

表 4-8　租赁、购买方案各年现金净流量　　　　　　　　单位:元

方案	投资额	各年现金净流量				
		第 1 年	第 2 年	第 3 年	第 4 年	第 5 年
租赁	0	−105 000	−105 000	−1 050 000	−105 000	−105 000
购买	−500 000	24 000	24 000	24 000	24 000	44 000

租赁方案第 1~5 年税后现金净流量 = −140 000×(1−25%)=−105 000(元)

由于设备的租赁费用可作为费用在税前列支,可抵减税前利润,由此每年减少应缴纳所得税 35 000 元(140 000×25%)。

所购买设备的每年折旧费用＝500 000×(1−4％)÷5＝96 000(元)

购买方案第1～4年税后现金净流量＝折旧费用×所得税税率

$$＝96 000×25％＝24 000(元)$$

购买方案第5年税后现金净流量＝折旧费用的节税额＋设备残值的变现收入

$$＝24 000＋20 000＝44 000(元)$$

(2) 计算租赁、购买方案的净现值。

$$NPV_{租赁}＝−105 000×(P/A,10％,5)$$
$$＝−105 000×3.7908$$
$$＝−398 034(元)$$

$$NPV_{购买}＝−500 000＋24 000×(P/A,10％,4)＋44 000×(P/F,10％,5)$$
$$＝−500 000＋24 000×3.1699＋44 000×0.6209$$
$$＝−396 602.8(元)$$

由于租赁、购买方案中设备的使用期限相等，而购买方案净现值较大，所以企业应选择购买方案。

任务巩固

乙公司是一家机械制造企业，适用的所得税税率为25％，公司现有一套设备(以下简称旧设备)已经使用6年，为降低成本，公司管理层拟将该设备提前报废，另行购置一套新设备，于更新起点一次性投入并能立即投入运营，设备更新后不改变原有的生产能力，但营运成本有所降低，会计上对于新旧设备折旧年限、折旧方法以及净残值等的处理与税法保持一致，假定折现率为12％，要求考虑所得税费用的影响。其他相关资料如表4-9和表4-10所示。

表4-9　新旧设备相关资料

项目	旧设备	新设备
原价/万元	5 000	6 000
预计使用年限	12年	10年
已使用年限	6年	0年
净残值/万元	200	400
当前变现价值/万元	2 600	6 000
年折旧费(直线法)/万元	400	560
年营运成本(付现成本)/万元	1 200	800

表4-10　货币时间价值系数

年份(n)	1	6	10	12
$(P/F,12％,n)$	0.8929	0.5066	0.3220	0.2567
$(P/A,12％,n)$	0.8929	4.1114	5.6502	6.1944

要求：

(1) 计算新设备在其可使用年限内形成的现金净流出量的现值(不考虑设备运营所带

来的营业收入,也不把旧设备的变现价值作为新设备投资的减项)。

(2)计算新设备的年金成本。

(3)对于该更新项目,应采用净现值和年金净流量哪个指标进行比较,并说明理由。

(4)已知继续使用旧设备的年金成本为 1 407.74 万元,请作出方案的选择。

实 训 项 目

1. 实训目的

通过训练,熟悉投资项目营业现金流量、净现值和现值指数等指标计算方法,掌握互斥方案的投资决策。

2. 实训内容

(1)背景资料。东方服装公司计划在 2025 年初构建一条新生产线,现有 A、B 两个互斥投资方案,有关资料如下。

① A 方案需要一次性投资 30 000 000 元,建设期为 0,该生产线可用 3 年,按直线法计提折旧,净残值为 0,第 1 年可取得税后营业利润 10 000 000 元,以后每年递增 20%。

② B 方案需要一次性投资 50 000 000 元,建设期为 0,该生产线可用 5 年,按直线法计提折旧,净残值为 0,投产后每年可获得营业收入 35 000 000 元,每年付现成本为 8 000 000 元。在投产期初需垫支营运资金 5000 000 元,并于营业期满时一次性收回。

③ 企业适用的所得税税率为 25%,项目折现率为 8%。已知 $(P/F,8\%,3)=0.7938$,$(P/F,8\%,4)=0.7350$,$(P/F,8\%,5)=0.6806$;$(P/A,8\%,3)=2.5771$,$(P/A,8\%,4)=3.3121$,$(P/A,8\%,5)=3.9927$。

(2)以小组为单位,计算分析 A、B 两个投资项目营业现金流量、净现值和现值指数,并对投资方案做出决策。

3. 实训要求

(1)计算 A 方案每年的营业现金流量、净现值和现值指数。

(2)计算 B 方案原始投资额、第 1~4 年的现金净流量、第 5 年的现金净流量、净现值。

(3)分别计算两个方案的年金净流量,判断选择哪个方案。

(4)每组提交一份 A、B 投资方案决策的计算分析报告。

(5)每组选派一名代表讲解和展示本组的工作成果。

4. 实训考核

(1)评价方式:采取小组自评、小组互评、教师评价三维评价方式,以教师评价为主,小组自评和小组互评为辅,其中教师评分比例占总分数的 60%,小组自评占 20%,小组互评占 20%,总评成绩=小组自评×20%+小组互评×20%+教师评价×60%。

(2)评价指标:从专业能力、方法能力、社会能力、工作成果展现四个方面进行评价。

项目四任务工作单　　项目四任务实施单　　项目四任务检查单　　项目四任务评价单

前沿视角

鼓励各类资本提升绿色低碳领域投资比例,深入推进绿色低碳发展

建设美丽中国,加快经济社会发展全面绿色转型,投资是重要的牵引力。近日印发的《中共中央 国务院关于加快经济社会发展全面绿色转型的意见》(以下简称《意见》)中提出:"优化绿色转型投资机制。创新和优化投资机制,鼓励各类资本提升绿色低碳领域投资比例。"

近年来,在各类政策支持下,投资的绿色"指挥棒"更加有力,在推动经济社会发展加快绿色转型的同时,不断优化投资结构,打开投资新空间、激发内需新潜力。

创新开发模式,增强企业投资积极性

苏州澄湖,水网密布,绵延水路流过白墙黑瓦,灌溉万亩农田。EOD 模式(Ecology-Oriented Development),即以生态环境为导向的开发模式,让澄湖焕发了新光彩。清理河道、铺设管道、修复农田……目前,澄湖以及沿线村庄生活污水治理、水环境修复提升等治理项目正有条不紊地推进。

一系列改造资金投入不小,由谁来投资和建设?"作为项目投资建设方,中建二局与苏州市角直集团有限公司、吴中城投等共同合作投资,总投资额约 43 亿元。"中建二局苏州吴中澄湖片区综合治理 EOD 项目负责人介绍。

澄湖项目包括 23 个子项目,不仅有生态环境治理类,还有特色农业、文旅产业及科技产业园等项目,负责人说:"中建二局还将负责澄湖低碳科技产业园的建设运营,运营收益将持续为澄湖水质综合治理、景观绿化等建设'输血'。"

湖心恢复区水体透明度提高 35 厘米,水生植物物种数增加 7 种……积极治理后,澄湖的变化肉眼可见,澄湖片区内,一张集生态农业、文化旅游、新型产业为一体的绿色发展蓝图正徐徐展开。

和澄湖项目一样,目前全国已有 94 个 EOD 试点项目正在紧锣密鼓地开展,这些项目坚持政府引导、企业和社会各界参与、市场化运作,将生态环境治理与创新产业发展有效融合、一体实施。

"EOD 模式是践行绿水青山就是金山银山理念的实践,是生态环境治理模式的重大创新。"生态环境部有关负责同志表示,生态环境治理面临着总体投入不足、投融资渠道不畅、自我造血功能不足、可持续发展能力有待提高等问题,EOD 模式将生态环境治理作为产业开发项目的重要组成部分,并依靠产业收益反哺生态环境治理的投入,有效缓解了政府投入压力,并有利于企业和金融机构参与项目投入,破解生态环境治理融资难的瓶颈。

在企业看来,通过 EOD 模式参与绿色投资,是投资未来的长远发展之举。"将生态环境治理项目与关联产业融合开发,事实上是将生态环境作为关联产业的投入要素,由企业把这些产业的未来收益提前投入到生态环境治理中去,再通过后期的产业价值增值,把治理成本收回来。"负责人认为,这一模式有利于拓展企业高质量发展空间。

EOD 模式试点以来,政府部门、经营主体、金融机构等各方密切合作,助力绿色转型发展的体制机制不断完善。生态环境部建成国家生态环保金融支持项目管理系统,与国家开发银行等多家金融机构合作,推进金融资金精准投入。

江苏省对 EOD 项目优先提供"环保贷""环保担"支持,省财政给予资金奖励;广西开发

"桂惠贷—生态贷",最高可贴息500万元;安徽、福建等省对EOD项目予以绿色金融倾斜支持,优先给予要素保障。

《生态环境导向的开发(EOD)项目实施导则(试行)》发布后,进一步引导EOD模式规范实施、稳步发展,为更多企业参与绿色转型投资增添信心和动力。

汇聚投资合力,拓展多元化资金来源

走进湖北省大冶市金湖街道姜桥村制氢工厂的建设现场,两个耸立的巨大白色球罐引人瞩目。

"这是用来存储氢能的装备,通过光伏发电和电解水制氢后将氢能储存在球罐内,为各类氢能电池车辆供能。"建设方武汉众宇动力系统科技有限公司总经理介绍,这一工厂是大冶市绿电绿氢制储加用一体化氢能矿场综合建设项目的重点工程,"一年前,我们还不敢想象能够参与到这样大型的绿色项目中来。"

众宇动力是从事氢燃料电池核心零部件、电堆及系统研发和生产的国家级高新技术企业。在去年的一次投资交流会上,众宇动力得到湖北省属金融控股企业湖北宏泰集团有限公司认可,获得近4 000万元的股权投资,加快氢能技术转化应用有了"底气"。在宏泰集团的投资支持下,众宇动力形成了氢能装备及供应、加氢站及制氢工厂运营等系列产品和技术供给方案,产品已在20多个国家实现交付与运营。

今年,宏泰集团的绿色投资效能进一步放大。7月,由宏泰集团发起,中国诚通控股集团有限公司、湖北省政府投资引导基金、武汉市黄陂区政府等共同组建的100亿元湖北绿色低碳发展母基金成立。"基金主要投向清洁能源、绿色交通、绿色基建、节能环保等绿色低碳产业,撬动投资合力,助力湖北绿色转型发展。"湖北宏泰双碳基金公司董事长王宜军介绍,目前基金首关10亿元资金已全部实缴到位,正式进入实质性投资运作阶段。

丰富投资工具,助力打开投资新空间

"中航京能光伏REIT(不动产投资信托基金)上市至今已累计分红4.87亿元,为投资人实现了良好的投资回报。"中航基金负责人介绍,作为全国首批新能源基础设施REITs和全国首单光伏REIT项目,去年这一产品一上市就获得了各类投资人的踊跃认购。

基础设施领域REITs这一创新的金融工具于2021年上市,推动存量基础设施项目以公开募集基金的形式进行融资,为绿色投资打开了新空间。

中航京能光伏REIT的底层资产为京能国际持有的陕西榆林300兆瓦光伏电站项目和湖北随州100兆瓦光伏电站项目,这一产品的上市相当于这两个光伏项目上市,为这一存量基础设施增添了众多投资者。"基础设施REITs可以像股票一样在二级市场买卖交易,中航京能光伏REIT的投资人中除了机构投资者,也不乏个人投资者,老百姓也能成为绿色基础设施项目的'股东',共享绿色发展红利。"

资料来源:人民日报,2024年10月14日.

趣 味 故 事

谋士之道,投资之源——诸葛孔明的"投资"智慧

东汉末年,群雄四起,纷争不休。在如此动荡的局势下,看清"市场"形势至关重要,作为

汉末三国时期声名显赫的顶级谋士,诸葛亮最擅长的就是分析形势、把握机会。无论是火烧赤壁还是雪破羌兵,他都是"观天之道,执天之行",观察并借助"天时、地利、人和",实现自己的谋略。

鬼谷子说:"古之善用天下者,必量天下之权",投资也是如此,在进行投资前,应该先对宏观经济形势、行业发展趋势以及公司基本面等进行全面分析,判断投资机会和风险。

在投资策略上,诸葛亮选择"低位布局"。坚定"买入"并长期"持有"相对"低估值"的刘备。相比于早就成就了一方霸权的曹操、孙权等人,刘备在三顾茅庐时仅有几千兵马,依附在刘表手下,居于长江之北的"弹丸之地"——新野,但正是众人认为"预期很低"的刘备,在诸葛亮眼中,却具有更高的成长潜力和投资价值。

明代思想家李贽有句评语,"诸葛一生唯谨慎,吕端大事不糊涂",诸葛亮在《出师表》中也评价自己道:"先帝知臣谨慎,故临崩寄臣以大事也。"由此看来,诸葛亮在三权分立的动荡局势下,有着谨慎稳健的"投资理念",在投资决策中会充分考虑风险因素。

总的来说,诸葛亮具备对大势高瞻远瞩、不受短期波动影响、注重长期发展潜力的特性,他视市场相对底部为长期布局机会,并在后续的反弹行情中收获果实。对于投资者而言,我们不妨学习他的谋略与智慧,以前瞻之眼,远望未来之光。

资料来源:新浪财经-市场资讯. https://finance. sina. cn/fund/jjgdxw/2023-07-15/detail-imzatxst4110044. d. html.

项目五

经营决策分析

★ 项 目 描 述

东方服装公司现已生产完成一批西装和衬衫，即将投入市场销售，但是由于市场竞争激烈，经济环境不稳定，原有的经营决策不再适用。为了保证公司的市场占有率并实现自身的目标利润，东方服装公司要制定新的经营决策。下面来完成该公司的经营决策的制定。

学 习 目 标

知识目标

1. 理解定价决策和生产决策含义。

2. 掌握定价决策的基本方法并应用。

3. 理解并分析生产决策的多种情况的决策条件。

4. 掌握不同条件下生产决策方法并应用。

能力目标

1. 能够采用多种方法制定科学合理的产品定价决策。

2. 能够判断生产决策的不同情况，选择合理的决策方法，制定科学的产品生产决策。

3. 能够完成存货经济批量分析。

素养目标

1. 通过完成经营决策分析，培养客观分析能力。

2. 通过任务实施，培养信息处理能力和数字应用能力。

3. 通过合作探究，培养团队协作能力。

业 务 案 例

中国式现代化·全面深化改革进行时

思 维 导 图

```
                              ┌─────────────┐
                         ┌───→│  定价决策概念  │
                         │    └─────────────┘
              ┌────────┐ │    ┌───────────────┐
          ┌──→│定价决策分析│─┼───→│ 定价决策分析方法  │
          │   └────────┘ │    └───────────────┘
          │              │    ┌───────────────┐
          │              └───→│ 产品定价策略分析  │
          │                   └───────────────┘
          │                   ┌───────────────────┐
          │              ┌───→│  生产决策分析方法     │
          │              │    └───────────────────┘
          │              │    ┌─────────────────────────┐
          │              ├───→│利用剩余生产能力开发新产品的决策分析│
          │              │    └─────────────────────────┘
          │              │    ┌───────────────────────┐
          │              ├───→│ 亏损产品停产或转产的决策分析    │
┌────────┐│   ┌────────┐ │    └───────────────────────┘
│经营决策分析│┼──→│生产决策分析│─┤    ┌───────────────────────┐
└────────┘│   └────────┘ ├───→│ 零部件自制与外购的决策分析     │
          │              │    └───────────────────────┘
          │              │    ┌───────────────────┐
          │              ├───→│ 产品加工程度的决策分析  │
          │              │    └───────────────────┘
          │              │    ┌─────────────────────┐
          │              ├───→│ 不同生产工艺技术的决策分析 │
          │              │    └─────────────────────┘
          │              │    ┌─────────────────────┐
          │              └───→│ 特殊价格追加订货的决策分析 │
          │                   └─────────────────────┘
          │                   ┌───────────┐
          │              ┌───→│  存货成本    │
          │   ┌────────┐ │    └───────────┘
          └──→│存货决策分析│─┼───→│ 经济订货批量  │
              └────────┘ │    └───────────┘
                         │    ┌───────────────┐
                         └───→│ 存货订货周期决策分析 │
                              └───────────────┘
```

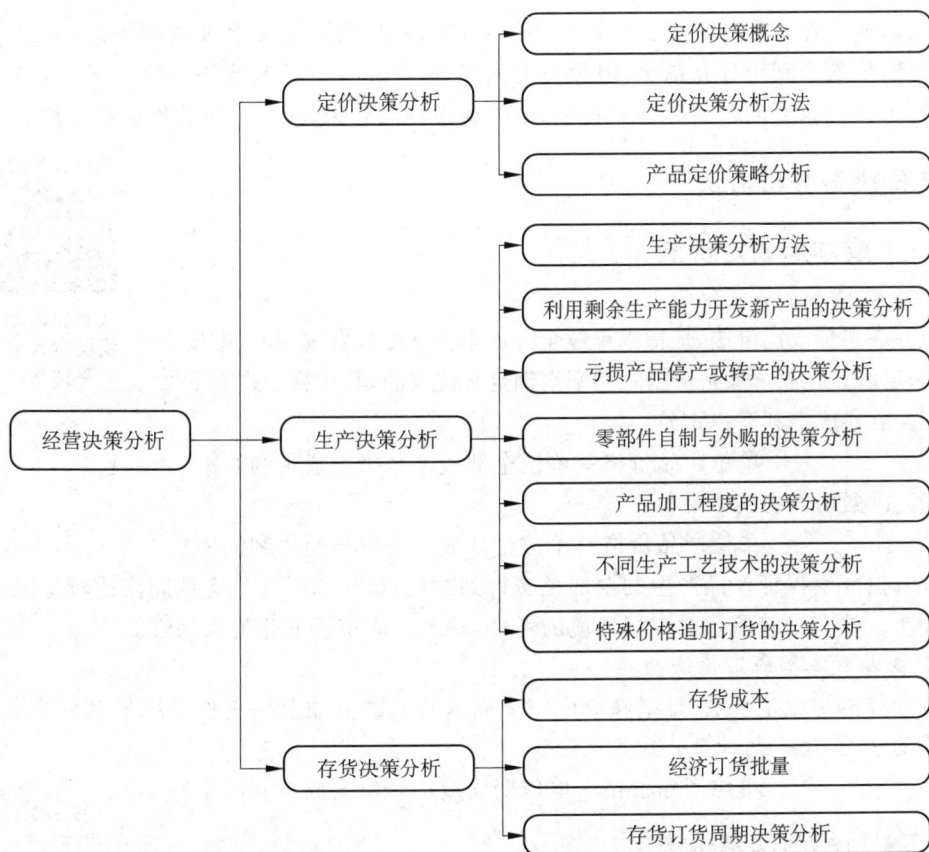

任务一　定价决策分析

任 务 情 境

东方服装公司拟对西装和衬衫定价,现在需要根据企业实际情况合理定价,并选取合适的定价战略实现企业目标利润。

重 难 点 分 析

(1) 定价决策的计算。
(2) 定价策略的选择。

知 识 准 备

一、定价决策概念

定价决策分析是指在数据分析的基础上,选用合适的产品定价方法,为销售的产品制定

微课:定价
决策分析

最为恰当的售价,并根据实际情况运用不同价格策略,以实现经济效益最大化的过程。

企业销售各种产品都必须确定合理的销售价格。销售价格直接影响产品销量的多少,进而影响企业的盈利水平。价格过高,导致销售量降低,会使企业盈利下降,甚至亏损;价格过低,虽然有利于提高销量,但单位毛利降低,使企业的盈利水平下降。进行良好的定价决策,可以使企业的产品更富有吸引力,扩大市场占有率,改善企业的相对竞争地位。

二、定价决策分析方法

(一)成本加成定价法

1. 全部成本加成定价法

全部成本加成定价法,是指以单位全部成本为基础加合理利润(即成本加成)来定价。企业一般是根据利润率来确定合理利润,其计算公式如下。

(1)根据成本利润率定价:

$$单位产品价格=单位全部成本×(1+成本利润率)$$

(2)根据销售利润率定价:

$$单位产品价格=单位全部成本÷(1-销售利润率)$$

此方法能够保证产品产生的全部耗费得到补偿,价格水平在一定期间内比较稳定,计算较为简单。缺点是忽略了对市场环境的考虑,缺乏适应市场变化的灵活性。

2. 变动成本加成定价法

变动成本加成定价法,是指在单位完全成本的基础上加上一定加成率的利润来制定产品价格的一种方法,其计算公式为

$$单位产品价格=单位变动成本×(1+成本利润率)$$

(二)目标利润定价法

目标利润定价法是指企业在预计时期内应实现的利润水平。目标利润定价法是以保利分析为基础,根据预期目标利润和产品销售量、产品成本、适用税率等因素来确定产品销售价格的方法,其计算公式为

$$单位产品价格=(目标利润总额+固定成本+变动成本)÷销售量÷(1-适用税率)$$

(三)边际分析定价法

边际分析定价法是指通过分析不同价格与销售量组合下的产品边际收入、边际成本和边际利润之间的关系,进行定价决策的一种定量分析方法。边际是指每增加或减少一个单位所带来的差异。产品边际收入、边际成本和边际利润是指销售量每增加或减少一个单位所形成的收入、成本和利润的差额。边际利润等于零,边际收入等于边际成本,那么,利润将达到最大值,此时的价格就是最优销售价格。

此方法适用于两种情况:一是主要经营商品已分摊了固定成本的新增产品定价;二是达到保本点后的商品,尤其是季节性消费品的定价或经营者开拓新市场时的商品定价。

三、产品定价策略分析

(一)价格折让策略

价格折让策略是指在一定条件下,以降低产品的销售价格来刺激购买者,从而达到扩大

【素养园地】
我国古代如何
平抑物价

产品销售量的目的。在经济学上,通常通过产品价格弹性制定产品定价,价格弹性有以下三种情况。

(1)价格弹性的绝对值大于1,一般称其为弹性大的商品。它表示当价格以较小幅度变动时,可使需求量大幅度地反弹。

(2)价格弹性的绝对值小于1,一般称其为弹性小的商品。它表示当价格以较大幅度变动时,需求量的变化幅度不会太大。

(3)价格弹性的绝对值等于1,表明需求量受价格变动影响的幅度完全与价格本身变动幅度一致。

价格折让战略适用于价格弹性较大的产品,通过降低价格来获取更高的销售量,达到薄利多销的效果。价格折让的方式主要有现金折扣、数量折扣、团购折扣、预购折扣和季节折扣等。

(二)心理定价策略

心理定价策略是指针对购买者的心理特点而采取的一种定价策略。

1. 声望定价

声望定价是指企业按照产品在市场上的知名度和被消费者的信任程度来制定产品价格的一种方法。一般声望越高,定价越高,这就是产品的"名牌效应"。

2. 尾数定价

尾数定价是指在制定产品价格时,价格的尾数取接近整数的小数,如以9、8作为尾数。它一般只适用于价值较小的中低档日用消费品定价。

3. 双位定价

双位定价是指在向市场以挂牌价格销售时,采用两种不同的标价来达到促销目的的一种定价方法。例如,某产品标明"原价158元,现促销价99元"。这种策略适用于市场接受程度较低或销路不太好的产品。

4. 高位定价

高位定价是指根据消费者"价高质优"的心理特点实行高标价促销的方法。高位定价必须是优质产品,不能弄虚作假。

(三)组合定价策略

组合定价策略是指针对相关产品组合采取的一种方法。它根据相关产品在市场竞争中的不同情况,使互补产品价格有高有低,或使组合售价优惠。对于具有互补关系的相关产品,可以采取降低部分产品价格而提高互补产品价格,以促进销售,提高整体利润,如便宜的整车与高价的配件等。对于具有配套关系的相关产品,可以对组合购买进行优惠,比如买一套西服套装要比单独购买上衣和裤子售价更低。组合定价策略可以扩大销售量、节约流通费用,有利于企业整体效益的提高。

(四)生命周期定价策略

生命周期定价策略是指根据产品从进入市场到退出市场的生命周期,分阶段确定不同时期的定价策略。产品在市场中的寿命周期一般分为试销期、成长期、饱和期和衰退期。试销期产品需要获得消费者的认同,进一步占有市场,应采用低价促销策略;成长期的产品有了一定的知名度,销售量稳步上升,可以采用中等价格;饱和期的产品市场知名度处于最佳状态,可以采用高价促销,但由于市场需求接近饱和,竞争激烈,定价时必须考虑竞争者的情况,以保持现有市场销售量;衰退期的产品市场竞争力下降,销售量下滑,应该降价促销或维持现价并辅之以折扣等其他手段,同时积极开发新产品,保持企业的市场竞争优势。

▶ 任 务 实 施

一、运用全部成本法制定产品价格

东方服装公司计划制定衬衫的价格,预计生产销售衬衫 1 000 件,成本资料如表 5-1 所示。根据企业发展要求和市场环境,成本利润率为 20%。要求根据资料使用全部成本法制定合理的衬衫价格。

表 5-1　东方服装公司衬衫成本资料

项　　目	金额/元
直接材料	98 000
直接人工	50 000
变动制造费用	34 000
固定制造费用	66 000
变动销售及管理费用	24 000
固定销售及管理费用	24 000
合　计	296 000

任务处理如下。

$$单位产品价格＝单位全部成本×(1＋成本利润率)$$
$$＝296\ 000÷1\ 000×(1＋20\%)$$
$$＝355.2(元)$$

根据计算衬衫的价格为 355.2 元。

二、运用变动成本法制定产品价格

根据任务一中的资料,若东方服装公司要求变动成本加成率为 80%,采用变动成本加成法制定衬衫价格。

任务处理如下。

$$单位变动成本＝(98\ 000＋50\ 000＋34\ 000＋24\ 000)÷1\ 000＝206(元)$$
$$单位产品价格＝单位变动成本×(1＋成本利润率)$$
$$＝206×(1＋80\%)$$
$$＝370.8(元)$$

根据计算衬衫的价格为 370.8 元。

三、运用目标利润法制定产品价格

根据任务一中的资料,若东方服装公司的目标利润为 10 000 元,税率为 13%,采用目标利润定价法制定衬衫价格。

任务处理如下。

单位产品价格＝（目标利润总额＋固定成本＋变动成本）÷销售量÷（1－适用税率）

$$＝（20\ 000＋296\ 000）÷1\ 000÷（1－13\%）$$

$$＝363.2（元）$$

根据计算衬衫的价格为 363.2 元。

任务巩固

甲公司生产的 A 产品准备投放市场，A 产品单位变动成本为 20 元，该企业现时年最大生产能力为 6 000 件，年固定成本为 60 000 元。如果要把年最大生产能力扩大到 10 000 件，每年将新增加固定成本 20 000 元。A 产品销售量预测如表 5-2 所示。

表 5-2　A 产品销售量预测

销售价格/元	年销售量/件
60	4 000
55	4 800
50	5 500
45	7 000
40	8 000
35	8 500

要求：为获取最大利润，A 产品的销售价格应定为多少元？

任务二　生产决策分析

任务情境

东方服装公司当前有四条生产线，生产多种品类的服装。为了扩大市场，公司计划增加新款风衣和长裙，但现有剩余生产力不足以支持同时生产风衣和长裙。公司现需要评估现有生产能力，以决策是否增加新产品，现有各产品是否继续生产，现有产品是否深加工以及服装饰品是否外部采购等。

重难点分析

（1）利用剩余生产能力开发新产品决策分析。

（2）亏损产品停产或转产决策分析。

（3）零部件自制与外购决策分析。

（4）产品加工程度的决策分析。

（5）不同生产工艺技术决策分析。

（6）特殊价格追加订货决策分析。

知识准备

一、生产决策分析方法

（一）差量分析法

差量分析法是指根据两个备选方案的"差量收入"与"差量成本"的比较,求得差别损益来分析选择最优方案的方法。

差量分析法的分析步骤如下。

(1) 计算备选方案的差量收入。差量收入是指两个方案预期的相关收入之差。

(2) 计算备选方案的差量成本。差量成本是指两个方案预期的相关成本之差。

(3) 计算备选方案的差量损益。差量损益是指差量收入减去差量成本后的差额。在比较备选方案时,如果差量损益大于零,说明前一备选方案要优于后一备选方案;如果差量损益小于零,说明后一备选方案要优于前一备选方案。

（二）边际贡献分析法

边际贡献分析法是指通过对比各备选方案所能提供的边际贡献总额的大小来确定最优方案的决策方法。应用条件如下:①各备选方案的固定成本相同;②无专属固定成本发生。如有专属成本发生,则应将其从计算出的边际贡献总额中扣除,方可进行比较。

边际贡献分析法的分析步骤如下。

(1) 判定各方案共同固定成本是否相同。

(2) 分别计算各方案的剩余边际贡献。

$$剩余边际贡献 = 边际贡献总额 - 专属固定成本$$

当专属固定成本不发生或相等时,剩余边际贡献就是边际贡献总额。

(3) 选择边际贡献总额或剩余边际贡献最大者为优。

（三）成本无差别点法

成本无差别点,又称成本分界点或成本平衡点,是指能使两个备选方案总成本相等的业务量。

成本无差别点法的分析步骤如下。

(1) 对不同的备选方案计算确定成本无差别点。

(2) 对不同业务量范围的决策结论进行讨论。

令第一个方案的固定成本为 a_1,单位变动成本为 b_1;第二个方案的固定成本为 a_2,单位变动成本为 b_2,且满足 $a_1 > a_2$, $b_1 < b_2$,则两个方案总成本相等时,其计算公式如下。

$$a_1 + b_1 x = a_2 + b_2 x$$

$$成本无差别点业务量(x_0) = \frac{a_1 - a_2}{b_2 - b_1}$$

如图 5-1 所示,当业务量在 $0 \sim x_0$ 范围时,固定成本较低的第二个方案优于第一个方案;当业务量在大于 x_0 的范围时,固定成本较高的第一个方案优于第二个方案;若业务量恰好等于 x_0,则两方案无差别。

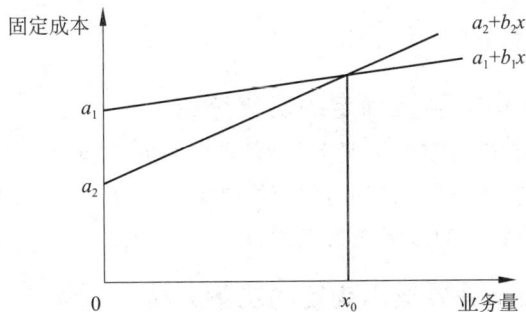

图 5-1 成本无差别业务量与成本关系图

二、利用剩余生产能力开发新产品的决策分析

新产品开发决策是指企业在利用现有剩余的生产能力开发新产品的过程中,在两个或两个以上可供选择的新品种中选择一个最优品种的决策,属于互斥方案的决策。

微课:新产品开发决策分析

(一)不追加专属成本时的决策分析

在新产品开发的决策中,若企业利用现有生产能力生产多种产品,一般不需要增加固定成本,也不需要考虑机会成本。在这种情况下,企业进行产品生产品种的决策分析,通常采用边际贡献分析法。

(二)追加专属成本时的决策分析

当新产品开发的决策方案中需要追加专属成本时,无法直接利用边际贡献指标来分析各方案的优劣,这时可通过计算边际贡献扣除专属成本后的余额进行评价,或者用差量分析法进行评价。

三、亏损产品停产或转产的决策分析

(一)生产能力无法转移时,亏损产品是否停产的决策分析

工业企业在日常经营过程中,往往会由于某些产品不能适销对路、质量较差或款式陈旧等原因,造成市场滞销、仓库积压,从而发生亏损,但此时若不生产亏损产品,闲置下来的生产能力也无法用于其他方面,这就面临着亏损产品是否要停产的决策分析问题。

微课:亏损产品停产决策分析

一般采用边际贡献分析法来进行决策,即只要亏损产品的边际贡献大于零就不应该停产。

因为继续生产该产品可以提供正的边际贡献以补偿固定成本(固定成本不会因停产而减少),所以继续生产可以使企业减少损失。

(二)生产能力可以转移时,亏损产品是否停产的决策分析

如果亏损产品停产,闲置下来的生产能力可以转移,即转产其他产品,或将设备对外出租。此时必须考虑亏损产品的机会成本因素,对可供备选的方案进行对比分析后再决策。

四、零部件自制与外购的决策分析

（一）零部配件全年需要量确定的决策分析

在零部配件全年需要量确定的情况下，一般有自制或外购两种方式。由于自制或外购的预期收入总是相同的，故应用差量分析法时，只计算差量成本，并从中选择成本较低的方案作为较优方案。

（二）零部配件全年需要量不确定的决策分析

零部配件全年需要量不确定的情况下，当各备选方案的收入与决策不相关，相关业务量单位相同却未知，且各方案相关成本中固定成本与单位变动成本的高低相互矛盾时，可采用成本无差别点法。

微课：零部件自制
与外购决策分析

五、产品加工程度的决策分析

有些企业生产的尚未完工的半成品，通常是既可以直接出售，又可以进一步加工后再出售的。有些企业经常会在同一生产过程中同时生产出若干种经济价值较大的联产品，这些联产品在分离后既可以立即出售，也可以进一步加工后再出售。因此，这类企业就会面临对上述产品究竟是直接出售还是进一步加工后再出售的决策问题。

在这类决策中，进一步加工前的半成品、联产品所发生的成本，无论是变动成本还是固定成本，都属于与决策无关的沉没成本，相关成本只包括与进一步加工有关的成本，而相关收入则包括直接出售和加工后出售的有关收入。对这类决策问题，采用差量分析法比较简便。

微课：产品加工
程度决策分析

六、不同生产工艺技术的决策分析

企业对同一种产品或零件采用不同的工艺方案进行加工，其成本往往相差悬殊。采用先进的工艺方案，产量、质量肯定会大大提高，但需要使用高精度的专用设备，其单位变动成本可能会较低，而固定成本较高。至于较为落后的工艺方案，往往只需使用普通设备，其单位变动成本可能较高，而固定成本较低。

在进行决策分析时，要以生产产品的数量是否确定为依据。如果生产产品的数量是确定的，可采用差量分析法；如果生产产品的数量是不确定的，则应采用成本无差别点法。

另外，在分析时还应注意，只需考虑各个备选方案中不同的单位变动成本和不同的固定成本，对于各个备选方案中相同的变动成本和固定成本则无须考虑。

七、特殊价格追加订货的决策分析

特殊价格是指低于正常价格甚至低于单位产品成本的价格。企业常常会遇到一些特殊订单，如低于正常价格的订货请求、重要关系客户的特殊要求。在企业尚有一定剩余生产能力可以利用的情况下，如果其他企业要求以较低的价格追加订货，企业是否考虑接受这种追加订货呢？这

微课：特殊价格追
加订货决策分析

应视情况而定。

（一）追加订货量小于或等于剩余生产能力的决策分析

当企业利用剩余生产能力完成追加订货的生产,不妨碍正常订货的完成,而且在接受追加订货不追加专属成本,剩余生产能力又无法转移时,只要特殊订货的单价大于该产品的单位变动成本,就可以接受该追加订货。

（二）追加订货量大于剩余生产能力的决策分析

当追加订货量大于剩余生产能力时,此时接受追加订货必然会妨碍正常订货的完成,在决策分析时,应将因为追加订货而减少的正常收入作为追加订货的机会成本。当企业剩余生产能力能够转移时,转产所能产生的收益也应作为追加订货方案的机会成本。若追加订货需要增加专门的固定成本,则应将其作为追加订货方案的专属成本。

任务实施

一、利用剩余生产能力开发新产品的决策分析

东方服装公司现有剩余生产能力为 30 000 工时,可以用于开发新产品,现有衬衫、短裙两种产品可供选择。衬衫产品的预计单价为 100 元,单位变动成本为 80 元,单位产品工时定额为 5 工时/件;短裙产品的预计单价为 50 元,单位变动成本为 35 元,单位产品工时定额为 3 工时/件。假定开发过程中需要装备不同的专用设备,分别需要追加专属成本 10 000 元和 50 000 元,企业应开发何种新产品?

微课:RPA 机器人
实现生产决策 1

微课:RPA 机器人
实现生产决策 2

任务处理如下。

由于专属固定成本是相关成本,故在决策分析过程中必须加以考虑,经过计算,其边际贡献分析表如表 5-3 所示。

表 5-3 边际贡献分析表

项 目	衬 衫	短 裙
最大产量/件	6 000	10 000
销售单价/元	100	50
单位变动成本/元	80	35
单位边际贡献/元	20	15
边际贡献总额/元	120 000	150 000
专属固定成本/元	10 000	50 000
剩余边际贡献总额/元	110 000	100 000

最大产量＝剩余生产能力/定额工时

计算表明,考虑了专属固定成本以后,衬衫的剩余边际贡献总额较短裙多 10 000 元,故应开发衬衫较为有利。

二、亏损产品停产或转产的决策分析(生产能力无法转移)

东方服装公司本年产销甲、乙、丙三种产品。有关资料如表 5-4 所示,根据资料分析产品是否需要停产。

表 5-4　甲、乙、丙三种产品资料表

项　　目	甲产品	乙产品	丙产品
销售量/件	1 000	500	400
销售单价/(元/件)	20	60	25
单位变动成本/(元/件)	9	46	15
固定成本总额/元	18 000(按各产品销售收入比重分配)		

任务处理如下。

根据有关资料,采用边际贡献分析法,编制边际贡献与净利润计算表,如表 5-5 所示。

表 5-5　边际贡献与净利润计算表　　　　　　　　　　单位:元

产 品 名 称	甲产品	乙产品	丙产品	合 计
销售收入总额	20 000	30 000	10 000	60 000
变动成本总额	9 000	23 000	6 000	38 000
边际贡献总额	11 000	7 000	4 000	22 000
固定成本总额	6 000	9 000	3 000	18 000
营业利润	5 000	−2 000	1 000	4 000

计算表明,乙产品能提供 7 000 元的边际贡献总额,故乙产品不应该停产。若将乙产品停产,则公司的边际贡献总额将减少 7 000 元,而乙产品所分配的固定成本总额要转嫁给甲、丙两种产品去承担,其结果反而造成整个公司全面亏损 3 000 元。乙产品停产后的边际贡献与净利润计算表如表 5-6 所示。

表 5-6　乙产品停产后的边际贡献与净利润计算表　　　　　　单位:元

产 品 名 称	甲产品	丙产品	合 计
销售收入总额	20 000	10 000	30 000
变动成本总额	9 000	6 000	15 000
边际贡献总额	11 000	4 000	15 000
固定成本总额	12 000	6 000	18 000
营业利润	−1 000	−2 000	−3 000

三、亏损产品停产或转产的决策分析(生产能力可以转移)

依据任务二中的资料,若将乙产品停产后空闲出来的生产能力转产丁产品,每年可产销 700 件,销售单价 40 元,单位变动成本 25 元。要求作出该公司乙产品是否转产的决策分析。

任务处理如下。

$$丁产品的边际贡献总额 = (40 - 25) \times 700 = 10\ 500(元)$$

计算表明，丁产品的边际贡献总额 10 500 元比乙产品的边际贡献总额 7 000 元多 3 500 元，故转产丁产品的方案是可行的。

四、零部件自制与外购的决策分析（需要量确定）

东方服装公司每年需要甲配件 4 000 个，若向市场购买，进货价格（包括运杂费）为 27 元/个。若该公司铸造车间目前有剩余生产能力可制造这种配件，经会计部门会同生产技术部门进行估算，预计每个配件的成本资料如下。直接材料成本 15 元，直接人工成本 5 元，变动制造费用 3.5 元，固定制造费用 6 元。铸造车间如不制造该配件，生产设备也没有其他用途。要求作出该公司甲配件是自制还是外购的决策分析。

任务处理如下。

由于该公司铸造车间有剩余生产能力可以利用，原有的固定成本不会因自制而增加，也不会因外购而减少。故甲配件的自制成本中的固定制造费用属于无关成本，不应包括在内。据此，可进行差量分析如下。

$$自制方案的预期成本 = (15 + 5 + 3.5) \times 4\ 000 = 94\ 000(元)$$

$$外购方案的预期成本 = 27 \times 4\ 000 = 108\ 000(元)$$

$$自制与外购的差量成本 = 94\ 000 - 108\ 000 = -14\ 000(元)$$

计算表明，甲配件应采用自制方案，可比外购方案节约成本 14 000 元。

五、零部件自制与外购的决策分析（需要量不确定）

东方服装公司生产产品时需用 C 配件，过去一直外购，单位成本为 18 元。目前工厂的生产车间有闲置生产能力可以自制 C 配件，每年为生产 C 配件需增加专属固定成本 4 000 元，单位变动成本为 10 元。要求为该厂作出 C 配件自制还是外购的决策分析。

任务处理如下。

该厂的 C 配件不论自制、外购均不能直接带来收入，所以此决策的收入为不相关事项。C 配件自制会发生专属固定成本，且单位变动成本小于外购价格，所以可以采用成本无差别点分析。

（1）计算备选方案的成本无差别点。

$$成本无差别点业务量\ x_0 = \frac{4\ 000 - 0}{18 - 10} = 500(件)$$

（2）在生产能力相关范围内结合成本无差别点进行讨论。

500 件是抵偿 4 000 元专属固定成本的界线点。当 C 配件年需要量小于 500 件时，自制节省的成本不足以补偿 4 000 元的专属固定成本；反之，当 C 配件年需要量大于 500 件时，自制节省的成本就超过 4 000 元的专属固定成本；C 配件年需要量恰好为 500 件时，节省的成本与投入的专属固定成本相等。

结论，当 C 配件年需要量 >500 件时，自制；

当 C 配件年需要量＜500 件时,外购;

当 C 配件年需要量＝500 件时,均可。

六、产品加工程度的决策分析

东方服装公司每年生产半成品素面马甲 8 000 件,销售单价为 150 元,单位变动成本为 101.40 元,固定成本总额为 89 680 元。如把半成品素面马甲进一步加工为刺绣马甲,则销售单价可提高到 200 元,但需追加单位变动成本 30 元,专属固定成本 50 000 元。要求作出该公司是否需要进一步加工产品的决策分析。

任务处理如下。

根据有关资料,采用差量分析法计算为

刺绣马甲与素面马甲的差量收入＝200×8 000－150×8 000＝400 000(元)

刺绣马甲与素面马甲的差量成本＝(30×8 000＋50 000)－0＝290 000(元)

刺绣马甲与素面马甲的差量损益＝400 000－290 000＝110 000(元)

计算表明,进一步加工素面马甲为刺绣马甲的方案较优,因为它比直接出售素面马甲的方案可多获利润 110 000 元。

七、不同生产工艺技术的决策分析

东方服装公司生产某种型号的布匹时,可使用普通机床和数控机床。这两种机床加工时所需的不同成本资料如表 5-7 所示。

表 5-7　成本资料表　　　　　　　　　　　　　　　　单位:元

机床类型	每匹布匹加工费(变动成本)	一次调整准备成本(固定成本)
普通	1.75	25
数控	1.00	100

要求作出该厂在什么批量范围内选用何种类型的机床进行加工的决策分析。

任务处理如下。

设普通机床和数控机床的成本平衡点为 x,则两个备选方案的预期成本用公式表示为

普通机床预期成本 $y_1＝25＋1.75x$

数控机床预期成本 $y_2＝100＋x$

令　　　　　　　　　　$y_1＝y_2$

即　　　　　　　　　　$25＋1.75x＝100＋x$

成本无差别点 $x＝100$ 件

计算表明,当布匹需要量为 100 匹时,两方案成本相同,均属可行;当布匹需要量超过 100 匹时,采用数控机床进行加工的方案较优;当布匹需要量少于 100 匹时,采用普通机床进行加工的方案较优。

八、特殊价格追加订货的决策分析

东方服装公司西裤生产能力为 8 000 件,目前的正常订货量为 6 000 件,销售单价 150 元,

单位产品成本为112.61元,其他费用组成如下。

直接材料　　　　　　　75元

直接人工　　　　　　　20元

变动制造费用　　　　　5元

固定制造费用　　　　　4元

变动销售及管理费用　1.40元

固定销售及管理费用　7.21元

单位产品成本　　　　112.61元

现有某客户向该公司追加订货,且客户只愿出价每件110元。要求就以下各不相关方案作出是否接受该项订货的经营决策。

(1) 订货2 000件,剩余能力无法转移,且追加订货不需追加专属成本。

(2) 订货2 000件,剩余能力无法转移,但追加订货需要一台专用设备,全年需支付专属成本10 000元。

(3) 订货2 500件,剩余能力无法转移,也不需要追加专属成本。

(4) 订货2 300件,剩余能力可以对外出租,可获年租金5 000元,追加订货需加专属成本6 000元。

任务处理如下。

(1) 公司有剩余生产能力,剩余生产能力无法转移,也不需要追加专属成本,因此,只要定价大于该产品的单位变动成本就可以接受订货。由于特殊定价110元大于单位变动成本101.40元(75+20+5+1.40=101.4),因此,可以接受此追加订货,可多获利润17 200元。

(2) 在第二种情况下,可对接受订货和拒绝追加订货两个方案编制差量分析表,如表5-8所示。

表5-8　差量分析表1　　　　　　　　　　　　　　　　单位:元

项　　目	接受追加订货	拒绝追加订货	差异额
相关收入	110×2 000=220 000	0	220 000
相关成本	212 800	0	212 800
变动成本	101.40×2 000=202 800	0	
专属成本	10 000	0	
差量损益			7 200

由此可见,订货可使公司多获利润7 200元,因此,应该接受追加订货。

(3) 在第三种情况下,订货会影响正常销售。企业剩余生产能力为2 000件,故追加订货的2 500件中只能有2 000件可利用剩余生产能力,其余500件要减少正常订货量。但是这500件不论是否接受追加订货均要安排生产,对于变动成本而言属于无关产量,因而只有2 000件属于相关产量。此外,要将减少正常订货500件的正常收入作为追加订货的机会成本。追加订货决策也可用差量分析法分析,如表5-9所示。

表 5-9　差量分析表 2　　　　　　　　　　单位:元

项　目	接受追加订货	拒绝追加订货	差异额
相关收入	110×2 500＝275 000	0	＋275 000
相关成本	277 800	0	＋277 800
其中:变动成本	101.40×2 000＝202 800	0	
机会成本	150×500＝75 000	0	
差量损益			－2 800

由此可见,接受订货可使公司发生亏损 2 800 元,不应接受此追加订货。

(4) 编制差量分析表,如表 5-10 所示。

表 5-10　差量分析表 3　　　　　　　　　　单位:元

项　目	接受追加订货	拒绝追加订货	差异额
相关收入	110×2 300＝253 000	0	＋253 000
相关成本	258 800	0	＋258 800
其中:变动成本	101.40×2 000＝202 800	0	
机会成本	150×300＝45 000	0	
专属成本	6 000	0	
机会成本	5 000	0	
差量损益			－5 800

由此可见,接受订货会使公司减少利润 5 800 元,不应该接受此追加订货。

任 务 巩 固

A 企业生产甲半产品,年生产量 1 000 件,直接对外出售单价为 50 元,单位变动成本为 28 元,若进一步加工为乙产品,每件加工成本为 35 元,乙产品每件售价为 100 元。要求分别就以下情况作出是否进一步加工甲半产品的决策分析。

(1) 企业具备深加工 1 000 件乙产品的生产能力,不需要追加专属成本,生产能力也不可转移。

(2) 企业只有深加工 800 件乙产品的生产能力,该能力也可用于对外承揽加工业务,预计一年可获边际贡献总额 8 000 元,不需要追加专属成本。

任务三　存货决策分析

任 务 情 境

东方服装公司拟制定经济订货批量,确定合理的进货批量和进货时间,使公司存货总成本最低。制定经济订货批量需要确定使用的经济批量模型、每批次订货数量和每批订货时间。

重 难 点 分 析

（1）存货经济订货批量分析。

（2）经济订货点分析。

（3）保险储备分析。

知 识 准 备

一、存货成本

存货相关成本包含取得成本、储存成本、缺货成本三种。

（一）取得成本

取得成本是指为取得某种存货而支出的成本，通常用 TC_a 来表示，又分为订货成本和购置成本。

1. 订货成本

订货成本是指取得订单的成本，如办公费、差旅费、邮资、电话费和运输费等。其中订货固定成本与订货次数无关，为采购机构的基本开支等，用 F_1 来表示；订货变动成本与订货次数有关，如差旅费、邮资等，用 K 来表示；D 为存货年需求量；Q 为每次进货量。订货成本计算公式为

$$订货成本 = F_1 + \frac{D}{Q}K$$

2. 购置成本

购置成本是指为购买存货本身所支出的成本。其中，D 为存货年需求量；U 为购货单价。订货成本计算公式为

$$购置成本 = DU$$

$$取得成本 = 订货成本 + 购置成本$$

$$TC_a = F_1 + \frac{D}{Q}K + DU$$

（二）储存成本

储存成本是指为保持存货而发生的成本，包括存货占用资金所应计的利息、仓库费用、保险费用、存货破损和变质损失等，通常用 TC_c 来表示。

储存成本分为固定成本和变动成本。固定成本为仓库基本设施日常费用，与存货数量无关，用 F_2 来表示；变动成本与存货的数量有关，如存货占用资金的应计利息、存货的破损和变质损失、存货的保险费用等缺货成本，用 K_c 来表示。储存成本计算公式为

$$TC_c = F_2 + K_c \frac{Q}{2} \left(\frac{Q}{2} 为存货平均储存量 \right)$$

（三）缺货成本

缺货成本是指由存货供应中断而造成的损失，包括材料供应中断造成的停工损失、产成品库存缺货造成的拖欠发货损失、丧失销售机会的损失和造成的商誉损失等。如果生产企

业以紧急采购代用材料解决库存材料中断之急,那么缺货成本表现为紧急额外购入成本。缺货成本用 TC_s 表示。

如果以 TC 来表示储备存货的总成本,它的计算公式为

$$TC = TC_a + TC_c + TC_s$$

$$TC = F_1 + \frac{D}{Q}K + DU + F_2 + K_c\frac{Q}{2} + TC_s$$

二、经济订货批量

存货订货时间和数量决策会直接影响存货成本。订货量大,则订货次数减少,储存成本增加;订货量小,按照存货管理的目的,需要通过选择合理的进货批量和进货时间,使存货的总成本(TC)最低,这个批量就是经济订货量或经济批量,主要采取经济订货模型加以计算。

(一)经济订货批量模型

构建经济订货批量模型的基本假设有以下内容。

(1)存货总需求量稳定。

(2)不存在订货提前期,即可以随时补充存货。

(3)货物集中一次性入库。

(4)单位货物成本不变,无批量折扣。

(5)库存储存成本与库存水平呈线性关系。

(6)货物是一种独立需求的物品,不受其他货物影响。

(7)不允许缺货,即无缺货成本。

根据上述假设,存货总成本公式如下。

$$TC = F_1 + \frac{D}{Q}K + KU + F_2 + K_c\frac{Q}{2}$$

当 F_1、K、D、U、F_2、K 为常数时,TC 的大小取决于 Q。

当 TC 最小时,Q 为经济批量;可对上式求导,得出经济批量基本模型为

$$Q' = \sqrt{2KD/K_c}$$

(二)经济订货模型扩展公式

根据经济批量模型可以推导出以下公式。

每年最佳订货次数＝存货年需求总量/经济订货批量

最佳订货次数＝$\sqrt{2K_c/KD}$

最佳订货周期(年)＝1/每年最佳订货次数

最佳订货周期＝$1/\sqrt{2K_c/KD}$

经济订货批量平均占用资金:

经济订货量平均占用资金＝经济订货量/2×存货单价＝$Q'/2×U$

批量相关的存货总成本:

$$TC(Q') = \sqrt{2KDK_c}$$

在经济批量下,变动订货成本＝变动储存成本＝$\sqrt{2KDK_c}/2$。

三、存货订货周期决策分析

经济订货批量的基本模型是在前述各假设条件下建立的，但现实生活中能够满足这些假设条件的情况十分罕见。在实际生活中，存货往往无法完成瞬时补充，而是需要一定的送货时间，而同一批订单的货物也存在分批次到货的情况。因此，在实际应用经济批量模型时，需要根据实际，考虑存货周转时所需要的时间周期，为使模型更接近实际情况，具有较高的可用性，从而制定合理的订货决策。

（一）经济订货点

一般情况下，企业的存货不能做到随用随补充，因此，需要在没有用完时提前订货。经济订货点就是在提前订货的情况下，为确保存货用完时订货刚好到达，企业再次发出订货单时应保持的存货库存量，它的数量等于平均交货时间和每日平均需用量的乘积，其计算公式为

$$R = L \times d$$

式中，R 表示再订货点；L 表示平均交货时间；d 表示每日平均需用量。

例如，订货日至到货期日的时间为 4 天，每日存货需用量为 25 千克，其计算公式为

$$R = L \times d = 4 \times 25 = 100（千克）$$

企业在尚存 100 千克存货时，就应当再次订货，等到下批订货到达时（再次发出订货单 4 天后），原有库存刚好用完。此时，订货提前期的情形如图 5-2 所示。这就是说，订货提前期对经济订货量并无影响，每次的订货批量、订货次数、订货间隔时间等与瞬时补充相同。

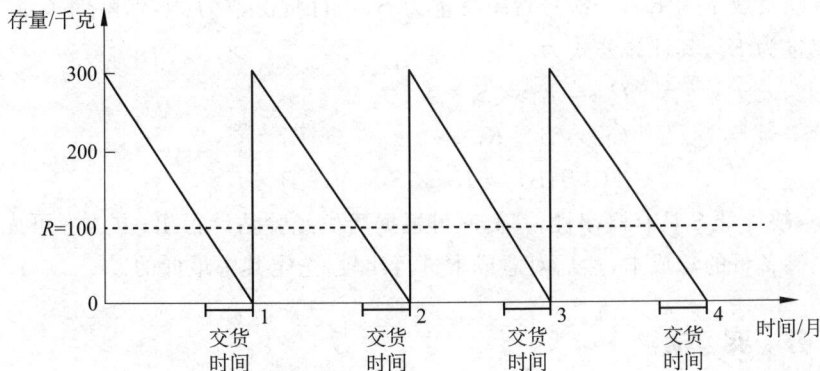

图 5-2　经济订货周期图

（二）保险储备

使用上述经济订货点提前发出订单，以确保不缺货的情况存在于特定假设条件下，即每日需求量和交货时间固定。而在实际生产中，二者都有可能发生变化。若按照经济订货点发出订单，需求量增加或者送货时间延长，就会造成缺货。为避免造成损失，企业需要多储备一些存货以备不时之需，即保险储备。

设平均交货时间为 L,平均日需求量为 d,保险储备为 B。

经济订货点为

$$R = L \times d + B$$

如图 5-3 所示,第一订货周期,实际需求量与平均需求量相等,实际交货时间与平均交货时间相等,不需要动用保险储备;第二订货周期,实际需求量大于平均需求量,实际交货时间大于平均交货时间,送货期间所需存货更多,需要动用保险储备;第三订货周期,实际需求量小于平均需求量,实际交货时间小于平均交货时间,不需要动用保险储备。

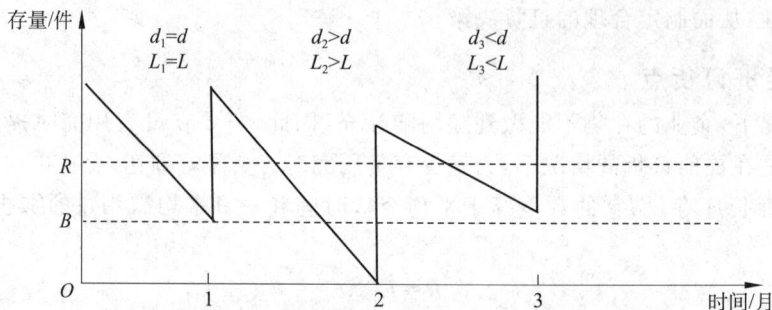

图 5-3　带有保险储备的经济订货周期图

保险储备可以避免缺货造成的损失,但是保险储备将耗费储蓄成本,使总成本增加。因此需要找出合理保险储备量以使总成本降到最低。

设总成本为 $TC(S、B)$,缺货成本为 C_s,保险储备成本为 C_b,其计算公式为

$$TC(S、B) = C_s + C_b$$

设单位缺货成本为 K_u,一次订货缺货量为 S,年订货次数为 N,保险储备量为 B,单位储存变动成本为 K_c,其计算公式为

$$C_s = K_u \times S \times N$$
$$C_b = B \times K_u$$
$$TC(S、B) = K_u \times S \times N + B \times K_u$$

现实中,缺货量 S 具有概率性,其概率可根据历史经验估计得出;方法上可先计算出各个不同保险储备量的总成本,然后对总成本进行比较,选定其中最低的。

➡ 任 务 实 施

一、存货经济订货批量分析

东方服装公司每年所需某原材料为 80 000 千克,单位成本为 15 元。每次订货变动成本为 20 元,单位变动储蓄成本为 0.8 元。按一年 360 天计算,东方公司经济订货批量、最佳订货次数、最佳订货周期、经济订货批量平均占用资金,相关存货总成本、变动订货成本、变动储存成本分别为多少?

任务处理如下。

(1) 经济订货批量 $= \sqrt{2 \times 80\,000 \times 20 \div 0.8} = 2\,000$(千克)。

（2）最佳订货次数＝80 000÷2 000＝40（次）。

（3）最佳订货周期＝360÷40＝9（天）。

（4）经济订货批量平均占用资金＝2 000÷2×15＝15 000（元）。

（5）相关存货总成本＝$\sqrt{2 \times 80\ 000 \times 20 \times 0.8}$＝1 600（元）。

（6）变动订货成本＝40×20＝800（元）。

（7）变动储存成本＝2 000÷2×0.8＝800（元）。

二、经济订货点分析

东方服装公司全年耗用棉花1 800千克，该材料外购单位成本为15元，除年固定的订货成本和储存成本为500元外，每次订货成本为400元，储存成本平均每千克每年4元，每日棉花的需用量为5千克，订货提前期为3天。要求计算公司的经济订货点。

任务处理如下。

$$订货点＝正常提前期×平均每日需用量＝3 \times 5＝15（千克）$$

即当甲材料的存货量下降到15千克时，应当立即提出订货。

三、保险储备分析

东方服装公司A存货的年需要量$D＝3\ 600$件，单位储存变动成本$K_c＝2$元，单位缺货成本$K_u＝4$元，交货时间$L＝10$天；已经计算出经济订货量$Q＝300$件，每年订货次数$N＝12$次。交货期内的存货需要量及其概率分布如表5-11所示。

表 5-11　相关数据

需要量($10 \times d$)/件	85	90	95	100	105	110	115
概率(P_1)	0.02	0.03	0.20	0.50	0.20	0.03	0.02

确定该存货合理的保险储备量（建立保险储备时，最小增量为5件）。

任务处理如下。

先计算不同保险储备的总成本。

1. 不设置保险储备量

令$B＝0$，且以100件为再订货点。此种情况下，当需求量为100件或以下时，不会发生缺货，其概率为0.75（0.02＋0.03＋0.20＋0.50）；当需求量为105件时，缺货5件（105－100），其概率为0.20；当需求量为110件时，缺货10件（110－100），其概率为0.03；当需求量为115件时，缺货15件（115－100），其概率为0.02。因此，当$B＝0$时，缺货的期望值S_0、总成本$TC(S、B)$可计算为

$$S_0＝(105－100) \times 0.2＋(110－100) \times 0.03＋(115－100) \times 0.02$$
$$＝1＋0.3＋0.3$$
$$＝1.6（件）$$
$$TC(S、B)＝K_u \cdot S \cdot N＋B \cdot K_c$$
$$＝4 \times 1.6 \times 12＋0 \times 2$$
$$＝76.8（元）$$

2. 保险储备量为 5 件

令 $B=5$，以 105 件为再订货点。此种情况下，当需求量为 105 件或以下时，不会发生缺货，其概率为 0.95（0.02＋0.03＋0.20＋0.50＋0.20）；当需求量为 110 件时，缺货 5 件（110－105），其概率为 0.03；当需求量为 115 件时，缺货 10 件（115－105），其概率为 0.02。因此，当 $B=5$ 时，缺货的期望值 S_{10}、总成本 $TC(S,B)$ 可计算为

$$S_{10}=(110-105)\times0.03+(115-105)\times0.02$$
$$=5\times0.03+10\times0.02$$
$$=0.35（件）$$
$$TC(S,B)=K_u\cdot S\cdot N+B\cdot K_c$$
$$=4\times0.35\times12+5\times2$$
$$=26.8（元）$$

3. 保险储备量为 10 件

运用以上的方法，可计算 S_{20}、$TC(S,B)$。

$$S_{20}=(115-110)\times0.02=0.1（件）$$
$$TC(S,B)=4\times0.1\times12+10\times2=24.8（元）$$

4. 保险储备量为 15 件

令 $B=15$，以 115 件为再订货点。此种情况下可满足最大需求，不会发生缺货，则

$$S_{30}=0$$
$$TC(S,B)=4\times0\times12+15\times2=30（元）$$

比较上述不同保险储备量的总成本，以其低者为最佳。

当 $B=10$ 时，总成本为 24.8 元，是各总成本中最低的。故应确定保险储备量为 10 件，或者说应确定以 110 件为再订货点。

任 务 巩 固

甲公司全年需甲材料 27 000 件，材料单价为 6 元，年储存成本为 1.5 元，每次订货费用 1 000 元。

要求：计算下列指标。

(1) 经济订货量。

(2) 存货总成本。

(3) 最佳订货次数。

(4) 最佳订货周期。

(5) 经济订货量占用资金。

实 训 项 目

1. 实训目的

通过训练，了解和熟悉企业生产经营决策分析的影响因素和决策方法。

2. 实训内容

(1) 背景资料。宏发机床厂生产三类产品，刨床、铣床和专用机床。该厂销售部门根据

市场需求进行预测,计划部门初步平衡了生产能力,编制了 2024 年的生产计划,财会部门准备据此进行产品生产的决策。

经过生产摸底发现,该厂多年生产的老产品刨床,由于造价高、定价低,长期亏损。尽管是亏损产品,但在市场上仍有一定的需求量,为满足市场需要,该厂决定继续生产。财会部门根据产品生产计划预测了 2024 年的销售、成本和利润,如表 5-12 所示。

表 5-12 相关数据　　　　　　　　　　　　　　　　　　　　单位:万元

产　品	刨床	铣床	专用机床	合计
销售收入	655	630	138	1 423
变动成本	458	278	76	912
边际贡献	197	252	62	511
固定成本	224	187	31	442
销售利润	−27	65	31	69

厂长了解上述情况后,提出以下问题。

① 2024 年本厂目标利润如何才能达到 100 万元?

② 刨床产品亏损 27 万元,影响企业利润,可否考虑停产?

带着上述问题,财会部门与销售、生产等部门共同研究、寻找对策。几天后,他们提出以下三个方案,希望有关专家经过对比分析,确定其中的最优方案。

a. 停止生产刨床,按原计划生产铣床和专用机床。

b. 停止生产刨床,根据生产能力的平衡条件,铣床最多增产 40%,专用机床最多增产 10%。

c. 进一步平衡生产能力,调整产品生产计划。该厂铣床系列产品是近几年开发的新产品,由于技术性能好、质量高,颇受用户欢迎,目前在市场上供不应求。根据市场预测,调整产品生产结构,压缩刨床产品生产计划 30%,铣床在原方案基础上可增产 36%。

(2)以小组为单位,分析以上三个方案,究竟哪个方案能圆满解决厂长提出的问题。

3. 实训要求

(1)了解企业生产决策分析各适用方法。

(2)了解不同情境影响因素对企业生产决策结果的影响。

(3)根据背景材料分析三个方案,究竟哪个方案能圆满解决厂长提出的问题。

(4)每组提交一份宏发机床厂生产决策分析报告。

(5)每组选派一名代表讲解和展示本组的工作成果。

4. 实训考核

(1)评价方式:采取小组自评、小组互评、教师评价三维评价方式,以教师评价为主,小组自评和小组互评为辅,其中教师评分比例占总分数的 60%,小组自评占 20%,小组互评占 20%,总评成绩=小组自评×20%+小组互评×20%+教师评价×60%。

(2)评价指标:从专业能力、方法能力、社会能力、工作成果展现四个方面进行评价。

项目五任务工作单　　项目五任务实施单　　项目五任务检查单　　项目五任务评价单

前 沿 视 角

从内部碳定价出发,开启企业碳减排之旅

内部碳定价(internal carbon pricing,ICP)是企业赋予每吨二氧化碳的货币价值。ICP机制是指企业制定内部碳价格并将其运用于决策过程中的一种方法。通过将温室气体排放量换算成直观的经济指标或费用(如"影子价格"、内部碳费等),进而将减排融入各项管理决策中,有利于企业更有效、更高效地脱碳。

在进一步了解ICP机制之前,首先须厘清三个问题。第一,企业当前的外部环境是否具备清晰的减碳监管要求(如纳入碳市场、碳税、碳边境税等),未来是否存在此类监管风险?第二,企业当前是否由于所处行业和外部环境复杂难以制定清晰的减碳路径?第三,企业是否因缺失减碳举措经济性评估标准导致决策效率低下乃至比较混乱?如果以上皆是,那么企业可考虑设计自身的ICP机制。若相关监管已较明晰,或企业已有清晰的减碳路径规划及具体的落地举措,使用ICP的必要性则较低。

在全球碳达峰、碳中和的大趋势下,越来越多的行业头部企业开始采用ICP衡量碳的价值。欧洲企业使用ICP最为普遍,其中能源、材料、金融服务、电子通信、工业行业的采用率和定价都较高。

碳披露项目(carbon disclosure project,CDP)2019年的数据显示,全球约2 600家公司中,有23%已经开始使用ICP,另有22%的企业计划在未来两年内采用ICP。

不同地区、不同行业的ICP使用率存在差异。营收排名前100的公司中,欧洲(28%)、日本(24%)和美国(15%)企业的ICP使用率最高;能源(40%)、材料(30%)和金融服务业(29%)使用ICP最为普遍。

此外,由于全球范围碳价格不统一,不同地区、不同行业的ICP定价差异也较大。基于2020年CDP的数据,从地域分布上看,营收前100名的公司中,欧洲企业的平均ICP(每吨二氧化碳的定价)为41美元,亚洲企业为28美元,美洲企业为22美元;从行业分布上看,消费品(81美元)、房地产(52美元)、工业(46美元)行业的ICP较高。

从全球范围看,对碳排放监管越严格的地区(如欧洲),ICP的使用率和定价均越高。随着我国对各行业碳排放管控趋于严格、碳配额政策和碳交易市场逐渐普及,我们相信越来越多的国内企业将开始使用ICP帮助减碳。从行业上看,能源、材料、金融服务、电子通信、工业行业可率先使用。

资料来源:新浪财经,https://finance.sina.cn/esg/2024-01-16/detail-inacsxva4707209.d.html.

趣 味 故 事

超音速计划在黎明前死去,天价飞行梦败给现实

1962年11月29日,英、法两国政府签署了一个联合研制民用客机的协议——"超音速运输计划",开始共同出资研制第一架民用超音速飞机的公司。刚开始的市场预测表明,虽

然超音速飞机造价比一般飞机高出好几倍,但是市场需求还很旺盛,因此协和公司觉得研制超音速飞机可以有盈利。与此同时,波音公司也在研制超音速飞机。同时,波音公司还在研制另外一种飞机,速度没有超音速飞机快,但是用油比较少,价格也要便宜很多,这就是赫赫有名的波音747飞机。过了不久,国际局势发生了变化,中东石油危机的爆发使得石油价格大幅度上升,在这样的情况下,波音公司毅然停止了对超音速飞机的研制,一门心思放在波音747飞机上面,而协和公司却继续超音速飞机的研制。

协和公司的这个决定或许受到多种因素的影响,比如第一家研制成功超音速飞机是一件可以载入史册的成功事件,又或者半途而废将影响到英国和法国的名誉等。但是,协和之所以继续研制超音速飞机还有一个很重要的原因,就是当时协和公司已经为这个超音速项目投入了很多钱,如果半途而废,那么之前的投入就打了水漂,这等于是浪费了纳税人的钱,这是不能被容忍的。在当时,这是一个非常打动人心的观点。结果,超音速飞机制成之后由于高昂的价格和运行成本,少有航空公司问津。本来英、法准备制造1 370架协和飞机,最后只造了20架,而且没有国家买它,只好由英、法两国自己的国有航空公司接收。仅从经济上来看,协和超音速飞机是一个很大的失败。

在这里,并不是说英、法两国坚持研制协和超音速飞机这个决定一定是错误的,但是因为不愿浪费已经投入的成本而坚持一个明知道会亏钱的项目,这样的观点是完全错误的,因为不忍舍弃沉没成本将会带来更大的损失。一个足够理性的人,不会拿"沉没成本"作为对未来决策的参考依据。但实际上,绝大部分人都是感性的,感性的人在作决策时容易受到沉没成本的影响,并作出不够理智的决策。

资料来源:中国会计视野. https://shuo. news. esnai. com/article/201703/154293. shtml.

成本管理

项目描述

成本管理是企业在营运过程中实施成本预测、成本计划、成本核算、成本分析等一系列管理活动的总称。东方服装公司为更好地实现成本管理目标，决定结合自身的成本管理方案和生产实际情况，在保证产品功能和质量的前提下，结合企业及产品市场份额、竞争地位等因素，选择适合东方服装公司的成本管理方法。

学习目标

知识目标

1. 理解目标成本管理内涵。

2. 掌握不同责任中心业绩考核指标计算。

3. 掌握标准成本法对产品成本差异的计算和分析方法。

能力目标

1. 能应用目标成本法进行成本分析及决策。

2. 能选择合适的计算指标，对不同的责任中心进行业绩评价。

3. 能运用标准成本法对成本差异进行计算及差异分析。

素养目标

1. 培养严谨细致的工作态度。

2. 养成良好的目标管理能力，适应不同的竞争环境。

3. 根据企业生产的实际情况，优化成本管理流程，创新成本管理方法，守住规则，学会变通。

业务案例

中国航天科技集团有限公司

思 维 导 图

```
                                    ┌─ 目标成本管理概述
                                    │
                     ┌─ 目标成本管理 ┼─ 目标成本的设定
                     │              │
                     │              ├─ 目标成本控制与产品设计
                     │              │
                     │              └─ 目标成本控制及持续改善
                     │
                     │              ┌─ 责任成本管理的含义
    成本管理 ────────┼─ 责任成本管理 ┤
                     │              └─ 责任中心及其考核
                     │
                     │              ┌─ 标准成本及其分类
                     │              │
                     └─ 标准成本管理 ┼─ 标准成本的确定
                                    │
                                    └─ 成本差异的计算及分析
```

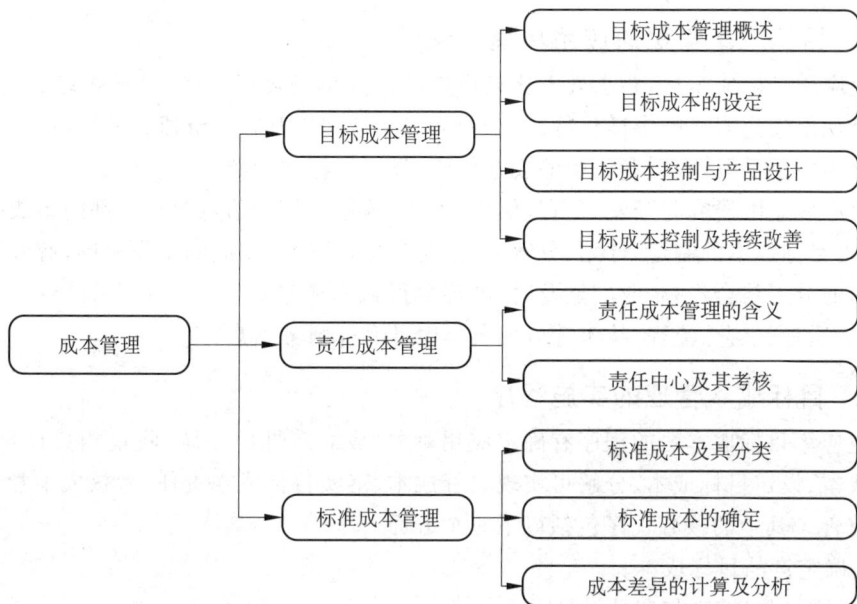

任务一　目标成本管理

任 务 情 境

东方服装公司为提高市场占有率,推出全新风衣和西裤系列服装,基于最新销售预测,结合生产业务环节,将目标成本利润率确定为 20%,根据目标成本管理的要求,试确定风衣和西裤产品的单位目标成本。

重 难 点 分 析

(1)目标成本管理的实施程序。
(2)目标成本的设定。

知 识 准 备

一、目标成本管理概述

(一)目标成本管理内涵

目标成本管理是指企业以市场为导向、以目标售价和目标利润为基础确定产品的目标成本(如产品竞争性价格为 100 元,利润率为 30%,则该产品目标成本为 70 元),从产品设计阶段开始,通过各部门、各环节乃至与供应商的通力合作,共同实现目标成本的成本管理方法。

目标成本法不仅是一种成本控制方法,也是企业在既定营销策略下进行利润规划的一种方法。目标成本管理过程由价格引导,关注顾客,以产品和流程设计为中心,从产品开发的最初阶段开始,贯穿产品生命周期始终,并将整个价值链纳入其中。

(二)目标成本管理的应用环境

企业应用目标成本法,要求处于比较成熟的买方市场环境,且产品的设计、性能、质量、价值等呈现出较为明显的多样化特征;企业应以创造和提升客户价值为前提,以成本降低或成本优化为主要手段,谋求竞争中的成本优势,保证目标利润的实现。

企业应成立由研究与开发、工程、供应、生产、营销、财务、信息等有关部门组成的跨部门团队,负责目标成本的制定、计划、分解、下达与考核,并建立相应的工作机制,有效协调有关部门之间的分工与合作;企业应能及时、准确取得目标成本计算所需的产品售价成本、利润以及性能、质量、工艺、流程、技术等方面各类财务和非财务信息。

(三)目标成本管理的实施程序

企业应用目标成本法的程序有确定应用对象、成立跨部门团队、收集相关信息、计算市场容许成本、设定目标成本、分解可实现目标成本、落实目标成本责任、考核成本管理业绩以及持续改善。其中的核心程序包括以下三个方面。

(1)确定产品目标成本。

(2)目标成本控制与产品设计。

(3)目标成本控制与持续改善。

(四)目标成本管理的实施原则

(1)价格引导的成本管理原则。目标成本管理是通过竞争性的市场价格减去期望利润来确定成本目标,价格由市场竞争情况确定,目标利润由公司及其所在行业的财务状况确定。

(2)关注顾客原则。目标成本管理由市场驱动,顾客对质量、成本、时间的要求在产品及流程设计决策中应同时考虑,并以此引导成本分析。

(3)关注产品与流程设计原则。在设计阶段投入更多时间,消除昂贵、费时且暂时不必要的改动,缩短产品投放市场的时间。

(4)跨职能合作原则。产品和流程团队由来自各职能部门的成员组成,包括设计与制造部门、生产部门、销售部门、采购部门、成本会计部门等。跨职能团队共同对整个产品负责,并非各职能部门各司其职。

(5)生命周期成本削减原则。目标成本管理关注产品整个生命周期成本,包括购买价格、使用成本、维护与修理成本、处置成本等。

(6)价值链参与原则。目标成本管理过程有赖于价值链上全部成员参与,如供应商、批发商、零售商等。

二、目标成本的设定

目标成本是基于产品的竞争性市场价格,并在实现必要利润的情况下,确定出产品的最高期望成本,用计算公式表达为

产品目标成本=产品竞争性市场价格-产品的必要利润

【传统文化进课堂】
红楼梦中的成本管理

（一）市场调查

市场调查的核心目的是真实了解顾客对产品特性、功能、质量、销售价格等各方面需求。借助于市场调查进行产品特性分析，关注顾客对产品性能、质量等方面需求，平衡产品的"功能—价格—成本"之间的联动关系，以更好地增加顾客价值。

（二）竞争性价格的确定

竞争性价格是指在买方市场结构下由顾客、竞争对手等所决定的产品价格。一般而言，竞争性价格的确定需要综合考虑以下三个因素：第一，可接受价格（顾客愿意为他们所要求的功能与特性支付的价格）；第二，竞争对手分析；第三，目标市场份额（怎样的价格可以实现企业特定战略下的目标市场份额）。

（三）必要利润的确定

必要利润是指企业在特定竞争战略下所要求的目标利润，一般从客观与主观两个方面考虑。客观方面要反映投资者的必要报酬率（加权平均资本成本），主观方面因投资者不同、管理者的风险感受不同而不同。从成本管理角度看，企业在确定产品必要利润并借此确定新产品目标成本时，除考虑投资者必要报酬率之外，还应当考虑不同行为动机对目标成本测定的影响，以提高产品设计的灵活性。

三、目标成本控制与产品设计

（一）用目标成本约束产品设计

从产品设计环节入手，满足客户需求，平衡产品的价格与功能，需要将"目标成本"嵌入产品设计过程，使目标成本能够真正"约束"产品设计。

（二）应用价值工程技术进行产品设计

在目标成本管理中，价值工程主要用于产品的设计分析，它旨在权衡"产品特性"和"产品成本"两者关系，通过设计提升产品对顾客的价值。价值工程分析的目的在于最大化产品使用价值、形象价值的同时，减少产品的成本。

四、目标成本控制及持续改善

（一）成本持续改善的原因

产品的销售价格是竞争性的，而且可能不断下降，因此需要根据竞争性价格的波动而不断调整目标利润和目标成本。学习曲线效应和企业生产技术的改进，会不断降低制造费用，原定目标成本可能因此需要下调。物料等投入品的成本也会随着市场变化而变化，因此需要及时调整产品的目标成本。

（二）成本持续改善的保障措施

（1）供应链管理。在目标成本法中，价值链上所有成员（包括供应商、分销商、服务提供商、顾客等）都应被纳入目标成本管理之中。其中，作为价值链上游的供应链，是企业成本管理的重中之重。因此，应加强企

【素养园地】降本增效 开源节流

业与供应商之间的联动,并为供应商降低供货成本提供足够激励。激励供应商的一种普遍做法是企业要让供应商分享因跨组织合作产生成本削减所带来的各种好处(包括信息共享、财务激励等)。

(2)目标成本管理中的跨职能团队。在目标成本管理中,跨职能团队要自始至终地对产品设计、制造、销售、服务的全过程负责。跨职能团队包括设计中的跨职能团队、制造过程中的跨职能团队、一体化的跨职能团队等。

➡ 任 务 实 施

东方服装公司主要从事西装和衬衣两种产品的生产与销售,现拟新投产品风衣和西裤两种。年初,公司召开成本管控专题会议,市场部经理表示经市场部调研,产品的竞争性市场单价分别为360元和252元,为获得市场竞争优势,实现公司经营目标,给出如下建议。

(1)以竞争性市场价格销售 A、B 产品。

(2)以20%的产品必要成本利润率[(销售单价-单位生产成本)/单位生产成本×100%],确定风衣和西裤产品的单位目标成本。

根据资料,依据目标成本法,任务处理如下。

风衣产品的单位目标生产成本=360/(1+20%)=300(元)

西裤产品的单位目标生产成本=252/(1+20%)=210(元)

【素养园地】成本管理——N 公司业财融合理念下制造成本管理实践

📖 任 务 巩 固

红星集团公司下设乙事业部从事医药化工业务。乙事业部本年度对 B 药品实施了目标成本管理。目前,乙事业部 B 药品的单位生产成本为8万元/吨,市场上主要竞争对手的 B 药品平均销售价格为 7.5 万元/吨。乙事业部要求 B 药品的成本利润率为20%。

要求:

(1)分析竞争性价格的确定应提高该考虑的因素以及竞争性价格的确定方法。

(2)计算乙事业部 B 药品的单位目标成本及单位成本降低目标。

(3)在目标成本确定模型中,必要利润的确定应该考虑哪些因素。

(4)指出目标成本管理应该遵循的原则。

任务二　责任成本管理

🎬 任 务 情 境

东方服装公司 2025 年计划销售收入较 2024 年增长 10%以上,为了保证东方服装公司稳定快速发展,公司决定成立不同的责任中心。责任中心的划分要求有明确的权责范围和业绩考核标准。本任务结合责任成本管理的相关知识,确定东方服装公司不同责任中心的业绩评价指标。

重难点分析

（1）成本中心业绩考核指标。

（2）利润中心业绩考核指标。

（3）投资中心业绩考核指标。

知识准备

一、责任成本管理的含义

责任成本管理是指将企业内部划分成不同的责任中心,明确责任成本,并根据各责任中心的权、责、利关系来考核其工作业绩的一种成本管理模式。其中,责任中心又称责任单位,是指企业内部具有一定权力并承担相应工作责任的部门或管理层次。

微课:责任会计

二、责任中心及其考核

责任中心是指企业内部独立提供产品(或服务)、资金等的责任主体。按照企业内部责任中心的权责范围以及业务活动的不同特点,责任中心一般可以划分为成本中心、利润中心和投资中心三类。每一类责任中心均对应着不同的决策权力及不同的业绩评价指标。

（一）成本中心

成本中心是企业内部的一种责任中心,主要负责对产品或劳务的成本进行管理和控制。成本中心一般不会产生收入,通常只计量考核发生的成本。成本中心是责任中心中应用最为广泛的一种形式,只要是对成本的发生负有责任的单位或个人都可以成为成本中心。例如,负责生产产品的车间、工段、班组等生产部门或确定费用标准的管理部门等。成本中心具有以下特点。

微课:成本中心

（1）成本中心不考核收入,只考核成本。一般情况下,成本中心不能形成真正意义上的收入,故只需衡量投入,不衡量产出,这是成本中心的首要特点。

（2）成本中心只对可控成本负责,不负责不可控成本。可控成本是指成本中心可以控制的各种耗费,它应具备三个条件:第一,该成本的发生是成本中心可以预见的;第二,该成本是成本中心可以计量的;第三,该成本是成本中心可以调节和控制的。凡不符合上述三个条件之一的成本都是不可控成本。可控成本和不可控成本的划分是相对的。它们与成本中心所处的管理层级别、管理权限与控制范围大小有关。对于一个独立企业而言,几乎所有的成本都是可控的。

（3）责任成本是成本中心考核和控制的主要内容。成本中心当期发生的所有可控成本之和就是其责任成本。成本中心考核和控制主要使用的指标包括预算成本节约额和预算成本节约率,其计算公式为

$$预算成本节约额=实际产量预算责任成本-实际责任成本$$

$$预算成本节约率=预算成本节约额/实际产量预算责任成本\times100\%$$

（二）利润中心

利润中心是指既能控制成本，又能控制收入和利润的责任单位。它不但有成本发生，还有收入发生。因此，它要同时对成本、收入以及收入成本的差额（即利润）负责。利润中心有两种形式：一是自然利润中心，它是自然形成的，直接对外提供劳务或销售产品以取得收入的责任中心；二是人为利润中心，它是人为设定的，通过企业内部各责任中心之间使用内部结算价格结算半成品内部销售收入的责任中心。利润中心往往处于企业内部的较高层次，如分店或分厂等。利润中心与成本中心相比，其权利和责任都相对较大，它不仅要降低绝对成本，更要使收入的增长超过成本的增长，即更强调相对成本的降低。通常情况下，利润中心采用利润作为业绩考核指标，分为边际贡献、可控边际贡献和部门边际贡献。相关计算公式为

边际贡献＝销售收入总额－变动成本总额

可控边际贡献＝边际贡献－该中心负责人可控固定成本

部门边际贡献＝可控边际贡献－该中心负责人不可控固定成本

其中，边际贡献是将收入减去随生产能力的使用而变化的成本，反映了该利润中心的盈利能力，但它对业绩评价没有太大的作用。

可控边际贡献又称部门经理边际贡献，它衡量了部门经理有效运用其控制下的资源的能力，是评价利润中心管理者业绩的理想指标。但是，该指标的局限在于难以区分可控和不可控的与生产能力相关的成本。如果该中心有权处置固定资产，那么相关的折旧费用是可控成本；反之，相关的折旧费用就是不可控成本。可控边际贡献忽略了应追溯但又不可控的生产能力成本，不能全面反映该利润中心对整个公司所做的经济贡献。

部门边际贡献又称部门毛利，它扣除了利润中心管理者不可控的间接成本，因为对于公司最高层来说所有成本都是可控的。部门边际贡献反映了部门为企业利润和弥补与生产能力有关的成本所做的贡献，它更多地用于评价部门业绩而不是利润中心管理者的业绩。

（三）投资中心

投资中心是指既能控制成本、收入和利润，又能对投入的资金进行控制的责任中心，如事业部、子公司等。其经理所拥有的自主权不仅包括制定价格、确定产品和生产方法等短期经营决策权，还包括投资规模和投资类型等投资决策权。投资中心是最高层次的责任中心，它拥有最大的决策权，也承担最大的责任。利润中心和投资中心的区别在于，利润中心没有投资决策权，而且在考核利润时也不考虑所占用的资产。对投资中心的业绩进行评价时，不仅要使用利润指标，还要计算分析利润与投资的关系，主要有投资收益率和剩余收益等指标。

1. 投资收益率

投资收益率是投资中心获得的利润与投资额的比率，其计算公式为

投资收益率＝息税前利润÷平均经营资产

平均经营资产＝（期初经营资产＋期末经营资产）÷2

投资收益率主要说明投资中心运用公司的每单位资产对公司整体利润贡献的大小。它根据现有的会计资料计算，结果比较客观，可用于部门之间和不同行业之间的比较。因此，

它不仅可以促使经理人员关注经营资产运用效率,更重要的是,它有利于资产存量的调整,从而优化资源配置。然而,过于关注投资利润率也会引起短视行为的产生,如追求局部利益最大化而损害整体利益最大化目标,这会导致经理人员为眼前利益而牺牲长远利益。

2. 剩余收益

剩余收益是指投资中心的经营收益扣减经营资产按最低要求投资收益率计算的收益额之后的余额,其计算公式为

$$剩余收益＝息税前利润－平均经营资产×最低投资收益率$$

其中,最低投资收益率通常可以采用企业整体的最低期望投资收益率,也可以是企业为该投资中心单独规定的最低投资收益率。剩余收益指标弥补了投资收益率指标会使局部利益与整体利益相冲突这一不足之处,但由于其是一个绝对指标,故而难以在不同规模的投资中心之间进行行业业绩比较。另外,剩余收益同样仅反映当期业绩,单纯使用这一指标也会导致投资中心管理者的短视行为。

▶ 任 务 实 施

一、成本中心业绩评价

东方服装公司内部成衣车间为成本中心,生产男士西装,预算产量 5 500 件,单位预计成本 400 元,实际产量 6 000 件,单位实际成本 388 元,请计算该成本中心的考核指标。

预算成本节约额＝6 000×400－6 000×388＝72 000(元)

预算成本节约率＝72 000÷(6 000×400)×100％＝3％

结果表明该成本中心的预算成本节约额为 72 000 元,预算成本节约率为 3％。

二、利润中心业绩评价

东方服装公司缝纫加工车间是人为利润中心。本期实现内部销售收入 300 万元,变动成本为 190 万元,该中心负责人可控固定成本为 15 万元,不可控但应由该中心负担的固定成本为 5 万元。请计算该利润中心的考核指标。

缝纫加工车间边际贡献＝300－190＝110(万元)

缝纫加工车间可控边际贡献＝110－15＝95(万元)

缝纫加工车间部门边际贡献＝95－5＝90(万元)

三、投资中心业绩评价

东方服装公司有甲、乙两个投资中心,甲投资中心实现利润 280 万元,投资额 2 000 万元,投资收益率 14％;乙投资中心实现利润 80 万元,投资额 1 000 万元,投资收益率 8％,公司整体利润 360 万元,投资额 3 000 万元,投资收益率 12％,现甲投资中心面临一个投资额为 1 000 万元的投资机会,可获利润 131 万元,投资收益率为 13.1％,公司整体的预期最低投资收益率为 12％。请评价甲投资中心的这个投资机会。

1. 用投资收益率指标衡量业绩。

就公司整体而言,接受投资后,投资收益率增加了 0.275％,应接受这项投资。然而,由

于甲投资中心的投资收益率下降了 0.3%，该投资中心可能不会接受这一投资。东方服装公司的投资情况见表 6-1。

表 6-1　东方服装公司的投资情况

投资中心	利润/万元	投资额/万元	投资收益/%
甲	280＋131＝411	2 000＋1 000＝3 000	13.7
乙	80	1 000	8
公司整体	491	4 000	12.275

2. 用剩余收益指标来衡量业绩

甲投资中心接受新投资前的剩余收益＝280－2 000×12%＝40(万元)

甲投资中心接受新投资后的剩余收益＝411－3 000×12%＝51(万元)

以剩余收益作为评价指标，实际上是分析该项投资是否给投资中心带来了更多的收入，如果用剩余收益指标来衡量投资中心的业绩，投资后甲投资中心剩余收益增加了 11 万元(51－40)，则甲投资中心应该接受这项投资。

任 务 巩 固

甲公司为某企业集团的一个投资中心，X 是甲公司下设的一个利润中心，相关资料如下。

资料一：2024 年 X 利润中心的营业收入为 120 万元，变动成本为 72 万元，该利润中心负责人可控固定成本为 10 万元，不可控但应由该利润中心负担的固定成本为 8 万元。

资料二：甲公司 2025 年初已投资 700 万元，预计可实现利润 98 万元，现有一个投资额为 300 万元的投资机会，预计可获利润 36 万元，该企业集团要求的最低投资收益率为 10%。

要求：

(1) 根据资料一，计算 X 利润中心 2024 年度的边际贡献、可控边际贡献和部门边际贡献，并指出以上哪个指标可以更好地评价 X 利润中心负责人的管理业绩；

(2) 根据资料二，计算甲公司接受新投资机会前的投资收益率和剩余收益；

(3) 根据资料二，计算甲公司接受新投资机会后的投资收益率和剩余收益；

(4) 根据(2)、(3)的计算结果从企业集团整体利益的角度，分析甲公司是否应接受新投资机会，并说明理由。

任务三　标准成本管理

任 务 情 境

东方服装公司计划对风衣生产车间加强成本管理，采用标准成本法计算风衣的实际成本，并对实际成本和计划成本的差异进行计算和分析。现需要制定风衣车间的成本标准，并对成本差异进行计算和分析。

重难点分析

（1）标准成本的分类。

（2）直接材料成本差异计算与分析。

（3）直接人工成本差异计算与分析。

（4）制造费用成本差异计算与分析。

知识准备

一、标准成本及其分类

（1）标准成本是指在正常的生产技术水平和有效的经营管理条件下，企业经过努力应达到的产品成本水平。企业在确定标准成本时，可以根据自身的技术条件和经营水平，在以下两种类型中进行选择。

> 微课：认识
> 标准成本

① 理想标准成本是一种理论标准，是指在现有条件下所能达到的最优成本水平，即在生产过程无浪费、机器无故障、人工无闲置、产品无废品等假设条件下制定的成本标准。

② 正常标准成本是指在正常情况下，企业经过努力可以达到的成本标准，这一标准考虑了生产过程中不可避免的损失、故障偏差等。通常来说理想标准成本小于正常标准成本。由于理想标准成本要求异常严格，一般很难达到，而正常标准成本具有客观性、现实性、激励性等特点，所以正常标准成本在实践中得到广泛应用。

（2）标准成本法是指企业以预先制定的标准成本为基础，通过比较标准成本与实际成本，核算和分析成本差异、揭示成本差异动因、实施成本控制、评价成本管理业绩的一种成本管理方法。企业应用标准成本法的主要目标，是通过标准成本与实际成本的比较，揭示与分析标准成本与实际成本之间的差异，并按照例外管理的原则，对不利差异予以纠正，以提高工作效率，不断改善产品成本。

二、标准成本的确定

确定标准成本时，企业需要设立由采购、生产、技术、营销、财务、人事、信息等有关部门组成的跨部门临时性组织，采用"自上而下，自下而上"的模式，经由企业管理层审批后，确定出产品的标准成本。在确定标

> 微课：日常
> 成本控制

准成本时，企业一般应结合经验数据、行业标杆或实地测算的结果，运用统计分析、工程试验等方法。首先，就不同的成本或费用项目，分别确定消耗量标准和价格标准；其次，确定每一成本或费用项目的标准成本；最后，汇总不同成本项目的标准成本，确定产品的标准成本。

产品标准成本通常由直接材料标准成本、直接人工标准成本和制造费用标准成本构成。每一成本项目的标准成本应分为用量标准（包括单位产品消耗量、单位产品人工小时等）和价格标准（包括原材料单价、小时工资率、小时制造费用分配率等）。

产品的标准成本＝直接材料标准成本＋直接人工标准成本＋制造费用标准成本

（一）直接材料标准成本的确定

直接材料标准成本是指直接用于产品生产的材料标准成本,包括标准单价和标准用量两方面。直接材料的标准单价通常采用企业编制的计划价格,它通常是以订货合同的价格为基础,并结合未来物价、供求等各种变动因素后按材料种类分别计算的。直接材料的标准用量,一般由生产部门负责,会同技术、财务、信息等部门,按照以下步骤进行。

首先,根据产品的图纸等技术文件进行产品研究列出所需的各种材料以及可能的待用材料,并说明这些材料的种类、质量以及库存情况;其次,通过对过去用料的经验记录进行分析,采用平均值,或最高值与最低值的平均数,或最节省数量,或实际测定数据,或技术分析数据等,科学地确定标准用量;最后,将单位产品的材料标准用量与材料的标准单价汇总得出直接材料标准成本,其计算公式为

$$直接材料标准成本 = \sum（单位产品的材料标准用量 \times 材料的标准单价）$$

（二）直接人工标准成本的确定

直接人工标准成本,是指直接用于产品生产的人工标准成本,包括标准工时和标准工资率。直接人工的标准工时,一般由生产部门负责,会同技术、财务、信息等部门,在对产品生产所需作业、工序、流程、工时进行技术测定的基础上,考虑到正常的工作间隙,生产条件的变化,生产工序、操作技术的改善,以及相关工作人员主观能动性的充分发挥等因素,合理确定单位产品的工时标准。直接人工的标准工资率,一般由人事部门负责,根据企业薪酬制度以及国家有关职工薪酬制度改革的相关规定等确定。直接人工标准成本的计算公式为

$$直接人工标准成本 = 单位产品的标准工时 \times 小时标准工资率$$
$$小时标准工资率 = 标准工资总额 \times 标准总工时$$

（三）制造费用标准成本的确定

制造费用的用量标准,即工时用量标准,其含义与直接人工用量标准相同。制造费用价格标准,即制造费用的分配率标准,其计算公式为

$$标准制造费用分配率 = 标准制造费用总额 \div 标准总工时$$
$$制造费用标准成本 = 工时用量标准 \times 标准制造费用分配率$$

制造费用成本标准应区分为变动制造费用项目和固定制造费用项目分别进行。前者随着产量的变动而变动;后者相对固定,不随产量波动。所以,确定制造费用标准时,也应分别确定变动制造费用和固定制造费用的标准成本。变动制造费用,是指随产量变化而成正比例变化的制造费用。变动制造费用项目的标准成本包括标准用量和标准价格。变动制造费用的标准用量可以是单位产量的燃料、动力、辅助材料等标准用量,也可以是产品的直接人工标准工时,或者是单位产品的标准机器工时。标准用量的选择需要考虑用量与成本的相关性,其制定方法与直接材料的标准用量以及直接人工的标准工时类似。

变动制造费用的标准价格可以是燃料、动力、辅助材料等标准价格,也可以是小时标准工资率等,其制定方法与直接材料的价格标准以及直接人工的标准工资率类似。变动制造费用的计算公式为

$$变动制造费用项目标准成本 = 变动制造费用项目的标准用量 \times 变动制造费用项目的标准价格$$

固定制造费用是指在一定产量范围内,其费用总额不会随产量变化而变化,始终保持固定不变的制造费用。固定制造费用一般按照费用的构成项目实行总量控制;也可以根据需要,通过计算标准分配率,将固定制造费用分配至单位产品,形成固定制造费用的标准成本。固定费用标准一般由财务部门负责,会同采购、生产、技术、营销、财务、人事、信息等有关部门制定,按照以下步骤进行。

(1)依据固定制造费用的不同构成项目的特性,充分考虑产品的现有生产能力、管理部门的决策以及费用预算等,测算确定各固定制造费用构成项目的标准成本。

(2)通过汇总各固定制造费用项目的标准成本,得到固定制造费用的标准总成本。

(3)确定固定制造费用的标准分配率,标准分配率可根据固定制造费用标准总成本与预算总工时的比率进行确定。

其中,预算总工时,是指由预算产量和单位工时标准确定的总工时,可以依据相关性原则在直接人工工时或者机器工时之间作出选择。固定制造费用项目标准成本的计算顺序及公式为

$$固定制造费用项目标准成本=固定制造费用项目预算$$

$$固定制造费用总成本 = \sum 固定制造费用项目标准成本$$

$$固定制造费用标准分配率=固定制造费用标准总成本÷预算总工时$$

$$固定制造费用标准成本=单位产品工时标准×固定制造费用标准分配率$$

三、成本差异的计算及分析

成本差异是指实际成本与相应标准成本之间的差额。当实际成本高于标准成本时形成超支差异;当实际成本低于标准成本时,形成节约差异。企业应定期将实际成本与标准成本进行比较和分析,确定差异数额及性质,揭示差异形成的动因,落实到责任中心,寻求可行的改进途径和措施。

从标准成本的制定过程可以看出,任何一项费用的标准成本都是由用量标准和价格标准两个因素决定的。因此,差异分析应该从这两个方面进行。总差异的计算公式为

$$总差异=实际产量下实际成本-实际产量下标准成本$$
$$=实际用量×实际价格-实际产量下标准用量×标准价格$$
$$=(实际用量-实际产量下标准用量)×标准价格+实际用量×$$
$$(实际价格-标准价格)$$
$$=用量差异+价格差异$$
$$用量差异=(实际用量-实际产量下标准用量)×标准价格差异$$
$$=实际用量×(实际价格-标准价格)$$

(一)直接材料成本差异的计算分析

直接材料成本差异是指直接材料实际成本与标准成本之间的差额,该项差异可分解为直接材料数量差异和直接材料价格差异。直接材料数量差异是指在产品生产过程中,直接材料实际消耗量脱离标准消耗量所形成的差异。直接材料价格差异是指在采购过程中,直接材料实际价格脱离标准价格所形成的差异。有关计算公式为

微课:直接材料成本差异的计算与分析

直接材料成本差异＝实际成本－标准成本

　　　　　　　＝实际用量×实际单价－实际产量下标准用量×标准单价

　　　　　　　＝直接材料数量差异＋直接材料价格差异

直接材料数量差异＝（实际用量－实际产量下标准用量）×标准单价

直接材料价格差异＝实际用量×（实际单价－标准单价）

　　直接材料的耗用量差异形成的原因是多方面的，有生产部门原因，也有非生产部门原因。如产品设计结构、原料质量、工人的技术熟练程度、废品率的高低等，都会导致材料耗用量的差异。形成材料耗用量差异的责任需要通过具体分析才能确定，但主要应由生产部门承担。

　　材料价格差异的形成受各种主客观因素的影响，较为复杂，如市场价格、供货厂商运输方式、采购批量等的变动，都可能导致材料的价格差异。但由于它与采购部门的关系更为密切，所以其差异主要应由采购部门承担责任。

（二）直接人工成本差异的计算分析

　　直接人工成本差异是指直接人工实际成本与标准成本之间的差额，该差异可分解为工资率差异和人工效率差异。

　　工资率差异是指实际工资率脱离标准工资率形成的差异，计算时按实际工时计算确定。人工效率差异是指实际工时脱离标准工时形成的差异，计算时按标准工资率计算确定。有关计算公式为

微课：直接人工成本差异的计算与分析

直接人工成本差异＝实际成本－标准成本

　　　　　　　＝实际工时×实际工资率－实际产量下标准工时×标准工资率

　　　　　　　＝直接人工工资率差异＋直接人工效率差异

直接人工效率差异＝（实际工时－实际产量下标准工时）×标准工资率

直接人工工资率差异＝实际工时×（实际工资率－标准工资率）

　　直接人工效率差异是用量差异，其形成原因也是多方面的，工人技术状况、工作环境和设备条件的好坏等，都会影响效率的高低，但其主要责任还是在生产部门。工资率差异是价格差异，其形成原因比较复杂，工资制度的变动、工人的升降级加班或临时工的增减等都将导致工资率差异。一般地，这种差异的责任不在生产部门，劳动人事部门更应对其承担责任。

（三）变动制造费用成本差异的计算分析

　　变动制造费用成本差异，是指变动制造费用项目的实际发生额与变动制造费用项目的标准成本之间的差额，该差异可分解为变动制造费用项目的数量差异和价格差异。变动制造费用项目的数量差异，是指燃料、动力、辅助材料等变动制造费用项目的实际消耗量脱离标准用量的差异；变动制造费用项目的价格差异，是指燃料、动力、辅助材料等变动制造费用项目的实际价格脱离标准价格的差异。变动制造费用项目成本差异的计算和分析原理与直接材料和直接人工成本差异的计算和分析相同。它可以分解为耗费差异和效率差异两部分，其计算公式为

微课：变动制造费用成本差异的计算与分析

变动制造费用成本差异＝总变动制造费用－标准变动制造费用

＝实际工时×实际变动制造费用分配率－

实际产量下标准工时×标准变动制造费用分配率

＝变动制造费用耗费差异＋变动制造费用效率差异

变动制造费用效率差异＝（实际工时－实际产量下标准工时）×变动制造费用标准分配率

变动制造费用耗费差异＝实际工时×（变动制造费用实际分配率－

变动制造费用标准分配率）

其中，效率差异是用量差异，耗费差异是价格差异。变动制造费用效率差异的形成原因与直接人工效率差异的形成原因基本相同。

（四）固定制造费用项目成本差异的计算

分析固定制造费用项目成本差异，是指固定制造费用项目实际成本与其标准成本之间的差额，其计算公式为

固定制造费用项目成本差异＝固定制造费用项目实际成本－

固定制造费用项目标准成本

＝实际固定制造费用－

实际产量下标准固定制造费用

＝实际工时×实际分配率－实际产量下标准工时×

标准分配率

微课：固定制造
费用成本差异
的计算与分析

由于固定制造费用相对固定，实际产量与预算产量的差异会对单位产品所应承担的固定制造费用产生影响，所以固定制造费用成本差异的分析有其特殊性，可分为两差异分析法和三差异分析法。

1. 两差异分析法

两差异分析法是指将总差异分为耗费差异和能量差异两部分。其中，耗费差异是指实际固定制造费用与预算产量下标准固定制造费用之间的差额；而能量差异则是指预算产量下标准固定制造费用与实际产量下标准固定制造费用之间的差额。有关计算公式为

固定制造费用耗费差异＝实际固定制造费用－固定制造费用预算数

＝实际固定制造费用－预算产量下标准固定制造费用

＝实际固定制造费用－预算产量下标准工时×标准分配率

＝实际固定制造费用－预算产量×工时标准×标准分配率

固定制造费用能量差异＝固定制造费用预算数－实际产量下标准固定制造费用

＝预算产量下标准固定制造费用－

实际产量下标准固定制造费用

＝预算产量×工时标准×标准分配率－

实际产量×工时标准×标准分配率

＝（预算产量下标准工时－实际产量下标准工时）×

标准分配率

2. 三差异分析法

三差异分析法是指将两差异分析法下的能量差异进一步分解为产量差异和效率差异，

即将固定制造费用成本差异分为耗费差异、产量差异和效率差异三个部分。其中耗费差异的概念和计算与两差异分析法下的一致。有关计算公式为

耗费差异＝实际固定制造费用－预算产量下标准固定制造费用

＝实际固定制造费用－预算产量标准工时×标准分配率

＝实际固定制造费用－预算产量下标准工时×标准分配率

产量差异＝（预算产量下标准工时－实际产量下实际工时）×标准分配率

效率差异＝（实际产量下实际工时－实际产量下标准工时）×标准分配率

（五）分析结果的反馈

标准成本差异分析是企业规划与控制的重要手段。在成本差异的分析过程中,企业应关注各项成本差异的规模、趋势及其可控性。对于反复发生的大额差异,企业应进行重点分析与处理。通过差异分析,企业管理人员可以进一步揭示实际执行结果与标准不同的深层次原因。企业可将生成的成本差异信息汇总,定期形成标准成本差异分析报告并针对性地提供成本改进措施。为保证标准成本的科学性、合理性与可行性,企业应定期或不定期对标准成本进行修订与改进。一般情况下,标准成本的修订工作由标准成本的制定机构负责。企业应至少每年对标准成本进行一次定期测试,通过编制成本差异分析报表,确认是否存在因标准成本不准确而形成的成本差异。当该类差异较大时,企业应按照标准成本的制定程序,对标准成本进行修订。除定期测试外,当组织机构、外部市场、产品品种、生产工艺等内外部环境发生较大变化时,企业也应该及时对标准成本进行修订与补充。

任务实施

一、制定标准成本

东方服装公司风衣生产车间现使用标准成本法对风衣进行产品成本管理,需要制定风衣的标准成本卡片。生产车间、采购部、人事部以及财务部等部门就风衣的标准成本制定展开工作。

（1）生产风衣需要耗用棉布和涤纶两种直接材料,其中风衣直接材料标准成本如表 6-2 所示。

表 6-2　风衣直接材料标准成本

项　　目	标　　准	
	棉布	涤纶
标准单价①	90 元/千克	80 元/千克
标准用量②	1 千克/件	0.75 千克/件
标准成本③＝①×②	90 元/件	60 元/件
单位产品直接材料标准成本④＝∑③	150 元/件	

（2）风衣直接人工标准成本如表 6-3 所示。

表 6-3 风衣直接人工标准成本

项　目	标　准
月标准总工时①	20 000 小时
月标准工资②	600 000 元
小时标准工资率③＝②÷①	30 元/小时
单位产品工时用量标准④	3 小时/件
直接人工标准成本⑤＝④×③	90 元/件

（3）风衣制造费用标准成本如表 6-4 所示。

表 6-4 风衣制造费用标准成本

项　目		标　准
工时	月标准总工时①	20 000 小时
	单位产品工时标准②	3 小时/件
变动制造费用	标准变动制造费用总额③	40 000 元
	标准变动制造费用分配率④＝③÷①	2 元/小时
	变动制造费用标准成本⑤＝②×④	6 元/件
固定制造费用	标准固定制造费用总额⑥	200 000 元
	标准固定制造费用分配率⑦＝⑥÷①	10 元/小时
	固定制造费用标准成本⑧＝②×⑦	30 元/件
单位产品制造费用标准成本⑨＝⑤＋⑧		36 元/件

二、成本差异计算分析

（一）直接材料成本差异的计算分析

东方服装公司风衣使用棉布的标准单价为 90 元/千克，标准用量为 1 千克/件。企业本月投产风衣 8 000 件，领用甲材料 8 200 千克，其实际价格为 85 元/千克。其直接材料成本差异计算为

直接材料成本差异＝8 200×85－8 000×1×90＝－23 000（元）（节约）

其中，

材料耗用量差异＝（8 200－8 000×1）×90＝18 000（元）（超支）

材料价格差异＝8 200×（85－90）＝－41 000（元）（节约）

通过以上计算可以看出，东方服装公司风衣产品耗用棉布发生 23 000 元节约差异。生产部门耗用材料超过标准，导致超支 18 000 元，应该查明材料耗用量超标的具体原因，以便改进工作，节约材料。从材料价格而言，材料价格降低节约了 41 000 元，从而抵消了部分由于材料超标耗用而形成的成本超支。这是材料采购部门的工作成绩，应查明原因，巩固和发扬成绩。

（二）直接人工成本差异的计算分析

东方服装公司生产风衣，产品标准工资率为 30 元/小时，标准工时为 3 小时/件，工资标准为 90 元/件。企业本月实际生产风衣 8 000 件，用工 21 600 小时，实计应付直接人工工资 669 600 元。其直接人工差异计算为

直接人工成本差异＝669 600－8 000×3×30＝－50 400（元）（节约）

其中，

直接人工效率差异＝(21 600－8 000×3)×30＝－72 000（元）（节约）

直接人工工资率差异＝21 600×(669 600÷21 600－30)＝21 600（元）（超支）

通过以上计算可以看出，东方服装公司风衣的直接人工成本总体上节约 50 400 元。其中，人工效率差异节约 72 000 元，但工资率差异超支 21 600 元。工资率超过标准，可能是为了提高产品质量，调用了一部分技术等级和工资级别较高的工人，使小时工资率增加了 1 元。但同时提高了工人工作效率，使工时耗用量降低，从而实现了最终成本节约。可见生产部门在生产组织上的成绩是值得肯定的。

（三）变动制造费用差异的计算分析

东方服装公司生产风衣，产品标准变动制造费用 2 元/小时，标准工时为 3 小时/件，企业本月实际生产风衣 8 000 件，用工 21 600 小时，实际发生变动制造费用 45 360 元。其变动制造费用差异计算为

变动制造费用成本差异＝45 360－8 000×3×2＝－2 640（元）（节约）

其中，

直接人工效率差异＝(21 600－8 000×3)×2＝－4 800（元）（节约）

直接人工工资率差异＝21 600×(45 360÷21 600－2)＝2 160（元）（超支）

通过以上计算可以看出，风衣变动制造费用节约 2 640 元，这是由于工作效率提高，也是工时由 24 000 小时降为 21 600 小时的结果。由于费用分配率由 2 元提高到 2.1 元，变动制造费用发生超支，从而抵消了部分变动制造费用的节约额。应该查明费用分配率提高的具体原因。

（四）固定制造费用成本差异的计算分析

东方服装公司生产风衣，产品风衣固定制造费用标准分配率为 10 元/小时，标准工时为 3 小时/件。东方服装公司预算产量为 8 400 件，实际生产风衣 8 000 件，用工 21 600 小时，实际发生固定制造费用 260 000 元。其固定制造费用的成本差异计算为

固定制造费用成本差异＝260 000－8 000×3×10＝20 000（元）（超支）

耗费差异＝260 000－8 400×3×10＝8 000（元）（超支）

能量差异＝(8 400×3－8 000×3)×10＝12 000（元）（超支）

通过以上计算可以看出，东方服装公司风衣产品固定制造费用超支 20 000 元，主要是由生产能力利用不足、实际产量小于预算产量所致。

采用三差异分析法，则

固定制造费用成本差异＝260 000－8 000×3×10＝20 000（元）（超支）

其中，

耗费差异＝260 000－8 400×3×10＝8 000(元)(超支)

产量差异＝(8 400×3－21 600)×10＝36 000(元)(超支)

效率差异＝(21 600－8 000×3)×10＝－24 000(元)(节约)

通过以上计算可以看出,采用三差异分析法,能够更好地说明生产能力利用程度和生产效率高低所导致的成本差异情况,便于分清责任。

任 务 巩 固

甲公司生产某产品,预算产量为 10 000 件,单位标准工时为 1.2 小时/件,固定制造费用预算总额为 36 000 元。该产品实际产量为 9 500 件,实际总工时为 15 000 小时,实际发生固定制造费用 38 000 元。公司采用标准成本法,将固定制造费用成本差异分解为三差异进行计算与分析。

要求:

(1) 计算固定制造费用耗费差异。

(2) 计算固定制造费用产量差异。

(3) 计算固定制造费用效率差异。

(4) 计算固定制造费用成本差异,并指出该差异属于有利还是不利差异。

实 训 项 目

1. 实训目的

通过训练,掌握标准成本法下成本差异的计算,掌握成本控制的常用方法,学会标准成本计算方法在实际工作中的应用。

2. 实训内容

(1) 背景资料。滨海公司运用标准成本系统计算甲产品成本,有关资料如下。

资料一:本期单位产品直接材料的标准用量为 5 千克,单位材料的标准价格为 2 元,单位产品的标准工时为 4 小时,预计标准总工时为 2 000 小时,标准工资总额为 6 000 元,标准制造费用总额为 7 200 元(其中变动制造费用为 5 000 元,固定制造费用为 2 200 元)。

资料二:本期产品的实际产量为 490 件,耗用直接人工 2 100 小时,支付工资 6 620 元,支付制造费用 7 300 元(其中变动制造费用 5 400 元,固定制造费用 1 900 元),采购原材料的价格为 2.1 元/千克,本期领用原材料 2 050 千克。

(2) 以小组为单位,编制甲产品标准成本卡,计算直接材料、直接人工、制造费用的成本差异,并根据计算结果,编制甲产品成本差异分析报告。

3. 实训要求

(1) 编制甲产品标准成本卡。

(2) 计算直接材料价格差异和直接材料用量差异。

(3) 计算直接人工效率差异和直接人工工资率差异。

(4) 计算变动制造费用效率差异、变动制造费用耗费差异。

(5) 计算固定制造费用耗费差异、能量差异、产量差异和效率差异。

(6) 编制成本差异分析报告,每组选派一名代表讲解和展示本组的工作成果。

4. 实训考核

（1）评价方式：采取小组自评、小组互评、教师评价三维评价方式，以教师评价为主，小组自评和小组互评为辅，其中教师评分比例占总分数的 60％，小组自评占 20％，小组互评占 20％，总评成绩＝小组自评×20％＋小组互评×20％＋教师评价×60％。

（2）评价指标：从专业能力、方法能力、社会能力、工作成果展现四个方面进行评价。

| 项目六任务工作单 | 项目六任务实施单 | 项目六任务检查单 | 项目六任务评价单 |

前 沿 视 角

碳成本管理

碳成本管理是一种用于衡量和管理企业、组织或个人对环境产生的碳排放的方法。随着全球气候变化的加剧以及社会对环境保护的高度关注，越来越多的组织开始意识到碳排放对环境和经济的影响。碳成本管理是在这个背景下被引入并逐渐得到广泛应用的。

碳成本管理的核心目标是通过减少碳排放来降低碳成本。首先，企业或组织需要对其碳排放进行测量和估算。常用的方法是通过收集和分析相关数据，包括能源使用、运输、废弃物处理等方面的数据结合碳排放因子，计算出每个活动产生的碳排放量。

其次，一旦企业或组织了解了自身碳排放的现状，就可以制定相应的碳减排策略。这些策略可以包括改进能源效率、采用清洁能源、降低运输碳排放等措施。在执行这些策略的过程中，需要对其效果进行监控和评估，以便随时调整和改进策略。

碳成本管理不仅是为了保护环境，它也可以为企业或组织带来经济利益。首先，通过减少碳排放，企业或组织可以降低能源消耗和运输成本，从而降低运营成本。其次，碳成本管理还可以通过应对温室气体减排的政策和法规，避免相关的罚款和贸易壁垒，从而降低相关的风险和不确定性。

碳成本管理需要全面的参与和支持。在企业层面，需要高层领导的决策和承诺，以及员工的积极参与和行动力。在政府层面，需要政府出台相关的政策和法规，并提供必要的支持和激励措施。在社会层面，需要对公众加强对碳成本管理的宣传和教育，提高公众对环境保护的意识和参与度。

在实施碳成本管理的过程中，还面临一些挑战和困难。首先，测量和估算碳排放需要准确和可靠的数据，这对于一些组织来说可能是一个挑战。其次，采取减排措施可能需要一定的投资，对于一些小型企业或组织来说可能存在经济负担。此外，碳成本管理还需要建立相应的监测和报告机制，以确保数据的准确性和透明度。

总之，碳成本管理是一种有效的方法，可以帮助企业、组织和个人降低碳排放，减少对环境的负面影响。尽管在实施过程中面临一些挑战和困难，但通过社会全面的参与和支持，可以实现环境保护和经济发展的双赢。希望未来能有更多的组织和企业意识到碳成本管理的重要性,并积极采取行动。

趣 味 故 事

《红楼梦》中的成本管理

《红楼梦》书中记载的开源节流、降低耗损等理财方法,不仅对一般读者具有一定的借鉴意义,而且对财务人员搞好企事业单位的财务管理、提高理财水平,也具有一定的参考价值。

《红楼梦》第五十五回中写道,王熙凤生病以后,探春由王夫人临时指定代理"财政大臣"。探春一接手,首先就对财政开支上的宿弊开刀,从"节流"的角度对贾府的生活开支进行管理。

探春改革支出宿弊第一刀,是取消自己舅舅不合理的丧葬补贴。第五十五回中,赵姨娘的兄弟赵国基,也就是探春的亲舅舅去世了。按照惯例,贾府是应该给抚恤金的,但到底是给二十两还是四十两却是个问题。吴新登家的成心为难贾探春这位新管家,不说以前的惯例,等着看探春怎么处理,也顺便试探探春的处事是严格公正还是敷衍了事。探春立即让吴新登家的拿旧账来,查点了原来的记录,一查按照旧例应给二十两,就决定给二十两。既回击了别人的故意刁难,又不怕与生母发生当面冲突,鲜明地表现了探春的坦荡胸怀。

探春改革支出宿弊第二刀,是取消贾府中的重复开支。探春提出取消宝玉、贾环、贾兰三人上学的点心、纸笔一年各八两银子的费用,因为这一项开支其实是以他们上学为名津贴给袭人、赵姨娘、李纨的,而她们三人本来就各有月银,不必再重复开支。宝玉等三人的"生活补助"是一年八两,此项节省的应是每年总共二十四两。

探春改革支出宿弊第三刀,是取消贾府小姐们化妆品公费福利。探春发现姑娘丫头们所用的头油脂粉本由买办统买,但由于经办此事的人"不是脱了空,就是买的不是正经货",结果弄得半数人又用自己的月钱去托人采买。探春在查清原因后决定"把买办的这一项每月蠲了为是"。根据书中的提示,大概可知在每月一到二两。一年下来大约是一百两银子。

通过以上措施,探春理家过程中为贾府取消了重复开支,节约了府中生活成本。放眼现代企业,成本管理是企业管理中非常重要的一环,对企业的发展和长期生存至关重要。通过成本管理能够帮助企业降低生产成本,提高生产效率,提升产品或服务质量。这将增强企业的竞争力,使企业能够在市场上更好地与竞争对手进行竞争。

项目七

作业成本计算与管理

★ 项目描述

东方服装公司采用传统成本核算方法计算西装和衬衣的成本,发现在传统的成本计算方法下,制造费用通常按直接人工等产量基础分配。实际上,有许多制造费用项目不是产量的函数,而与生产批次等其他变量存在因果关系。全部按产量基础分配制造费用,会产生误导决策的成本信息,为此公司采用作业成本法进行产品成本计算与管理。

📖 学习目标

知识目标

1. 理解作业的含义并列举制造企业、商贸企业等企业的作业活动。

2. 确定作业中心。

3. 分析作业动因及类型并列举每种类型中的具体动因。

4. 掌握作业成本法核算产品成本的程序并应用该程序计算产品成本。

能力目标

1. 能依据描述的产品、产品耗费的资源、作业中心及作业动因,正确归集分配产品耗费的资源。

2. 能根据给定的作业中心、作业动因,准确分配制造费用,正确计算产品成本。

素养目标

1. 通过正确计算产品成本,培养严谨细致的工作态度。

2. 通过任务实施,培养团队协作的工作意识。

3. 通过作业成本法的选用,领悟现代成本管理的企业价值。

✒ 业务案例

深化改革、降本增效,山东能源这样部署

思维导图

```
                          ┌──────────────────→ 作业的含义
          作业的确认与分类 ┤
      ┌───────────────────┴──────────────→ 成本动因
      │
作业成本计算与管理 ┤
      │                   ┌──────────────→ 作业成本法的含义
      │                   │
      └───── 作业成本的计算 ┼──────────────→ 作业成本计算的具体应用
                          │
                          └──────────────→ 作业成本法的应用环境及优缺点
```

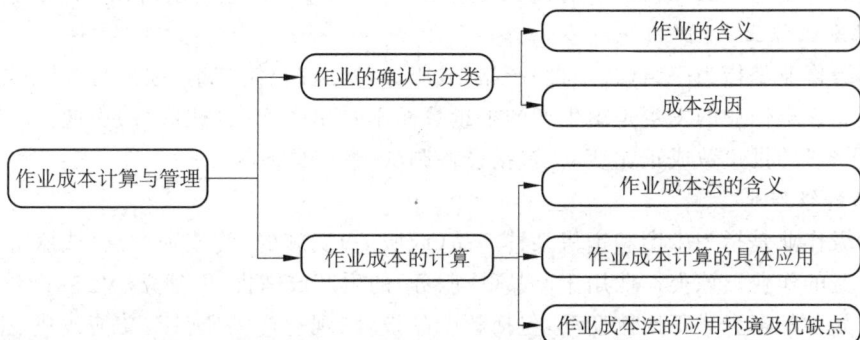

任务一　作业的确认与分类

任务情境

东方服装公司拟采用作业成本法计算产品成本,现需要识别间接费用形成的各种作业,确认每一项作业完成的工作以及执行该作业所耗费的资源费用,并据以编制作业清单,确认作业中心。

重难点分析

(1) 作业及作业中心的确定。

(2) 作业动因的选择。

知识准备

一、作业的含义

作业是指企业基于特定目的重复执行的任务或活动,是连接资源和成本对象的桥梁。一项作业既可以是一项非常具体的任务或活动,也可以泛指一类任务或活动。例如,签订材料采购合同、将材料运达仓库、对材料进行质量检验、办理入库手续、登记材料明细账等。每一项作业,是针对加工或服务对象重复执行特定或标准化的活动。例如,轴承工厂的车工作业,无论加工何种规格型号的轴承外套,都须经过将加工对象(工件)的毛坯固定在车床的卡盘上,开动机器进行切削,然后将加工完毕的工件从卡盘上取下等相同的特定动作和程序。

企业可按照受益对象、层次和重要性,将作业分为以下五类,并分别设计相应的作业中心。

微课:认知
作业成本法

1. 产量级作业

产量级作业是指明确地为个别产品(或服务)实施的、使单个产品(或服务)受益的作业。该类作业的数量与产品(或服务)的数量成正比例变动,包括产品加工、检验等。

2. 批别级作业

批别级作业是指为一组(或一批)产品(或服务)实施的、使该组(或批)产品(或服务)受益的作业。该类作业的发生是由生产的批量数而不是单个产品(或服务)引起的,其数量与产品(或服务)的批量数成正比变动,包括设备调试、生产准备等。

3. 品种级作业

品种级作业是指为生产和销售某种产品(或服务)实施的、使该种产品(或服务)的每个单位都受益的作业。该类作业用于产品(或服务)的生产或销售,但独立于实际产量或批量,其数量与品种的多少成正比例变动,包括新产品设计、现有产品质量与功能改进、生产流程监控、工艺变换需要的流程设计、产品广告等。

4. 客户级作业

客户级作业是指为服务特定客户所实施的作业。该类作业保证企业将产品(或服务)销售给个别客户,但作业本身与产品(或服务)数量独立,包括向个别客户提供的技术支持活动、咨询活动、独特包装等。

5. 设施级作业

设施级作业是指为提供生产产品(或服务)的基本能力而实施的作业。该类作业是开展业务的基本条件,其使所有产品(或服务)都受益,但与产量或销量无关,包括管理作业、针对企业整体的广告活动等。

二、成本动因

成本动因是指导致成本变动的原因。例如,产量增加时,直接材料成本就增加,产量是直接材料成本的动因。再如,检验成本随着检验次数的增加而增加,检验次数就是检验成本的驱动因素,即是检验成本的成本动因。在作业成本法中,成本动因分为资源成本动因和作业成本动因两类。

1. 资源成本动因

资源成本动因是用来衡量一项作业的资源消耗量。依据资源成本动因可以将资源成本分配给各有关作业。例如,产品质量检验工作(作业)需要有检验人员、专用的设备,并耗用一定的资源(电力)等。检验作业作为成本对象(又称成本库),耗用的各项资源构成了检验作业的成本。其中,检验人员的工资、专用设备的折旧费等成本,一般可以直接归属于检验作业,而资源成本往往不能直接计入,需要根据设备额定功率(或根据历史资料统计的每小时平均耗电数量)和设备开动时间来分配。这里"设备的额定功率乘以开动时间"就是资源成本的动因,设备开动导致资源成本发生,设备的功率乘以开动时间的数值(即动因数量)越大,耗用的资源越多,按"设备的额定功率乘以开动时间"这一动因作为资源成本的分配基础,可以将检验专用设备耗用的资源成本分配到检验作业当中。

2. 作业成本动因

作业成本动因是衡量一个成本对象(产品、服务或顾客)需要的作业量,是产品成本增加的驱动因素。作业成本动因计量各成本对象耗用作业的情况,并被用来作为作业成本的分配基础。例如,每批产品完工后都需进行质量检验,如果对任何产品的每一批次进行质量检验所发生的成本相同,则检验的"次数"就是检验作业的成本动因,它是引起产品检验成本增加的驱动因素。某一会计期间发生的检验作业总成本(包括检验人工成本、设备折旧、能源成本等)除以检验的次数,即为每次检验所发生的成本。某种产品应承担的检验作业成本等于该种产品的批次乘以每次检验发生的成本。产品完成的批次越多,需要进行检验的次数越多,应承担的检验作业成本越多;反之,则应承担的检验作业成本越少。

任 务 实 施

东方服装公司生产西装和衬衣两种产品,本月生产西装 5 000 件,衬衣 10 000 件,车间间接成本为 700 000 元,要用作业成本法计算西装和衬衣的成本,要求如下。

【素养园地】作业成本法奠基人

(1)梳理产品制作过程涉及的作业。

(2)确定作业中心及作业动因,将资源耗费归集分配到各作业中心的成本库中。

任务处理如下。

(1)分析梳理公司产品生产涉及的作业。西装和衬衣的生产工艺流程要经过下列过程:第一步,制造样板,也就是打样;第二步,进行生产前的准备,即领料、整理材料、裁剪布料;第三步,进行流水线缝纫,即衣身缝合、衣领缝合、衣袖缝合;第四步,进行手工钉扣锁眼;第五步,进行产品质量检验。车间为保障生产的有序进行安排了相关人员进行管理。

(2)确定作业中心。经过对该公司作业清单中各项作业的分析,确定作业中心有样板制作作业、生产准备作业(包括领用材料、生产准备、裁剪布料)、机器缝纫作业(包括前后片、机器上领、机器上袖)、手工钉扣锁眼作业、检验作业、车间管理作业。

(3)确定作业动因。将资源耗费归集分配到各作业中心的成本库中,作业动因按如下两个标准选择。①作业动因与资源消耗及(或)支持业务之间必须具有合理的因果关系。②有关作业动因的数据必须是可获得的。作业中心、作业动因分析及成本追溯如表 7-1 所示。

表 7-1 作业中心、作业动因分析及成本追溯 1

作业中心	可追溯成本/元	作业动因	作业动因作业量	
			西装/件	衬衣/件
样板制作作业	160 000	产品型号数量	6	2
生产准备作业	40 000	准备次数	7	3
机器缝纫作业	350 000	机器缝纫工时	3 500	1 000
手工钉扣锁眼作业	85 000	人工钉扣锁眼工时	550	300
检验作业	45 000	检验工时	350	100
车间管理作业	20 000	实际产量	5 000	10 000
合计	700 000			

任务巩固

红星服装厂现有定编员工 50 人,按缝纫、平整两个中心组织生产。缝纫中心每月可提供 4 000 机时,平整中心每月可提供 2 000 机时。

该厂生产规划作业资料如表 7-2~表 7-5 所示。

【素养园地】
构建高效的
作业中心

表 7-2 本月生产规划作业

产品批别	名称	件数/件	单位材料(主要)定额/元	需用工时定额/小时		完工状况
				缝纫	平整	
001	衬衣	4 000	40	1	0.5	本月完工 3 000 件
002	纯毛大衣	10	500	6		本月完工

表 7-3 本月资源耗费计算表

项目	材料		工资费	动力费	折旧费	办公费	合计
	主料	辅料					
金额/元	170 000	10 000	40 000	7 000	50 000	18 000	295 000

表 7-4 主要参数及专属费用表

参数或费用	订单	生产规划	采购	剪裁	缝纫	平整	生产协调	厂部	编外	合计
人员定编/人	4	6	3	2	10	8	7	8	2	50
耗电度数/度	400	1 000	100	1 000	2 500	3 000	500	1 500		10 000
001 批未完工状态/件					200	800				1 000
未完工产品本作业完工/%					0	0				
折旧费/元	2 000	5 000	1 000	5 000	14 000	10 000	6 000	7 000		50 000
办公费/元	3 000	3 000	2 000	1 000	500	500	2 500	5 000		18 000
材料费	本月实耗主料 170 000 元;实耗辅料 10 000 元,其中,专属 001 批 9 500 元,专属 002 批 500 元									

表 7-5 作业衡量参数表(作业动因量化表)

作业名称	量化单(作业动因)	衡量参数			
		总量	001 批	002 批	其他批
订单	订单份数	40	1	1	38
生产规划	规划次数	30	1	1	28
采购	采购次数	82	80	2	0
剪裁	剪裁次数	82	80	2	0
缝纫	缝纫工时(定额)	3 860	3 800	60	0
平整	平整工时(定额)	1 530	1 500	30	0
生产协调	协调次数	50	30	20	0
厂部	价值				

要求:

(1) 将本月资源耗费分别计入各资源户,即将本月所耗各类资源(材料费 180 000 元,动力费 7 000 元,工资费 40 000 元,折旧费 50 000 元,办公费 18 000 元)分别计入各资源户,如表 7-6 所示。

注:由于材料直接用于特定产品,因而将各产品定额耗费价值计入各产品成本户,材料费超定额差异计入期间费用。

表 7-6　材料费分配计算表　　　　　　　　　　　　　　　　单位:元

项　目	材　料　费	
	主　料	辅　料
生产成本——001 批		
——002 批		
期间费用		
合　计		

(2) 将各资源户归集的价值按资源动因分配计入各作业户,如表 7-7 所示。

其他费用按资源动因分配计入各作业户,其中,动力费按各单位耗电度数分配计算,工资费按各作业人员数分配计算,折旧费、办公费按前述表中所列专属费用计算。

表 7-7　其他费用分配计算表

项目	总耗费额	分配率	订单	生产规划	采购	剪裁	缝纫	平整	生产协调	厂部	期间费用
工资费											
动力费											
折旧费											
办公费											
合计											

任务二　作业成本的计算

任务情境

东方服装公司采用作业成本法计算产品成本,现已识别出间接费用形成的各种作业,确认了每一项作业完成的工作以及执行该作业所耗费的资源费用,并确认了作业中心和作业动因,要求采用作业成本法计算产品成本。

重难点分析

(1) 作业成本的计算流程。

(2) 按照作业动因分配资源费用。

知识准备

一、作业成本法的含义

作业成本法是指以"产出消耗作业、作业消耗资源"为原则,按照资源动因将资源费用追溯或分配至各项作业,计算出作业成本,再根据作业动因,将作业成本追溯或分配至各成本对象,最终完成成本计算的成本管理方法。

实际上,作业成本法是将间接成本和辅助费用更准确地分配到产品和服务的一种成本计算方法。

在作业成本法下,直接成本可以直接计入有关产品,与传统的成本计算方法并无差异,只是直接成本的范围比传统成本计算的要大。凡是便于追溯到产品的材料、人工和其他成本都可以直接归属于特定产品,尽量减少不准确的分配。不能追溯到产品的成本,则先追溯到有关作业或分配到有关作业,计算作业成本,然后再将作业成本分配到有关产品。

二、作业成本计算的具体应用

企业应用作业成本法,一般按照资源识别及资源费用的确认与计量、成本对象选择、作业认定、作业中心设计、资源动因选择与计量、作业成本汇集、作业成本分配、作业成本信息报告等程序进行。

1. 资源识别及资源费用的确认与计量

识别出由企业拥有或控制的所有资源,遵循国家统一的会计制度,合理选择会计政策,确认和计量全部资源费用,编制资源费用清单,为资源费用的追溯或分配奠定基础。

资源识别及资源费用的确认与计量应由企业的财务部门负责,在基础设施管理、人力资源管理、研究与开发、采购、生产、技术、营销、服务、信息等部门的配合下完成。

2. 成本对象选择

在作业成本法下,企业应将当期所有的资源费用,遵循因果关系和受益原则,根据资源动因和作业动因,分项目经由作业追溯分配至相关的成本对象,确定成本对象的成本。

企业应根据国家统一的会计制度,结合预算控制、成本管理、营运管理、业绩评价及经济决策等方面的要求确定成本对象。一般可以按照产品品种、批别或步骤作为成本对象。

3. 作业认定

作业认定是指企业识别由间接或辅助资源执行的作业集,确认每一项作业完成的工作以及执行该作业所耗费的资源费用,并据以编制作业清单的过程。

作业认定的内容主要包括对企业每项消耗资源的作业进行识别、定义和划分,确定每项作业在生产经营活动中的作用、同其他作业的区别以及每项作业与耗用资源之间的关系。

4. 作业中心设计

作业中心设计是指企业将认定的所有作业按照一定的标准进行分类,形成不同的作业中心,作为资源费用追溯或分配对象的过程。

作业中心可以是某一项具体的作业,也可以是由若干个相互联系的能够实现某种特定功能的作业的集合。

5. 资源动因选择与计量

资源动因是引起资源耗用的成本动因,它反映了资源耗用与作业量之间的因果关系。资源动因选择与计量为将各项资源费用归集到作业中心提供了依据。企业应识别当期发生的每一项资源消耗,分析资源耗用与作业中心作业量之间的因果关系,选择并计量资源动因。企业一般应选择那些与资源费用总额成正比例关系变动的资源动因作为资源费用分配的依据。

6. 作业成本汇集

作业成本汇集是指企业根据资源耗用与作业之间的因果关系,将所有的资源成本直接追溯或按资源动因分配至各作业中心,计算各作业总成本的过程。

7. 作业成本分配

作业成本分配是指企业将各作业中心的作业成本按作业动因分配至产品等成本对象,并结合直接追溯的资源费用,计算出各成本对象的总成本和单位成本的过程。

8. 作业成本信息报告

作业成本信息报告的目的,是通过设计、编制和报送具有特定内容和格式要求的作业成本报表,向企业内部各有关部门和人员提供其所需要的作业成本及其他相关信息。

作业成本报表的内容和格式应根据企业内部管理需要确定。作业成本报表提供的信息一般应包括以下内容。

（1）企业拥有的资源及其分布,以及当期发生的资源费用总额及其具体构成的信息。

（2）每一成本对象总成本、单位成本及其消耗的作业类型、数量和单位作业成本的信息,以及产品盈利性分析的信息。

（3）每一作业或作业中心的资源消耗及其数量、成本,以及作业总成本与单位成本的信息。

（4）与资源成本分配所依据的资源动因,以及作业成本分配所依据的作业动因相关的信息。

（5）资源费用、作业成本,以及成本对象成本预算完成情况及其原因分析的信息。

（6）有助于作业、流程、作业链（或价值链）持续优化的作业效率、时间和质量等方面的非财务信息。

（7）有助于促进客户价值创造的有关增值作业与非增值作业的成本信息及其他信息。

（8）有助于业绩评价与考核的作业成本信息及其他相关信息。

三、作业成本法的应用环境及优缺点

企业应用作业成本法应基于作业观,即企业作为一个为最终满足客户需要而设计的一系列作业的集合体,进行业务组织和管理。

外部环境一般应具备以下特点之一。一是客户个性化需求较高,市场竞争激烈;二是产品的需求弹性较大,价格敏感度高。

内部环境一般应具备以下三个特点。一是企业应成立由生产、技术、销售、财务、信息等部门的相关人员构成的设计和实施小组,负责作业成本系统的开发设计与组织实施工作;二是企业应能够清晰地识别作业、作业链、资源动因和成本动因,为资源费用以及作业成本的追溯或分配提供合理的依据;三是企业应拥有先进的计算机及网络技术,配备完善的信息系统,能够及时、准确提供各项资源、作业、成本动因等方面的信息。

作业成本法的主要优点有以下三点。一是能够提供更加准确的各维度成本信息,有助于企业提高产品定价、作业与流程改进、客户服务等决策的准确性;二是改善和强化成本控制,促进绩效管理的改进和完善;三是推进作业基础预算,提高作业、流程、作业链(或价值链)管理的能力。

作业成本法的主要缺点有以下内容。部分作业的识别、划分、合并与认定,成本动因的选择以及成本动因计量方法的选择等均存在较大的主观性,操作较为复杂,开发和维护费用较高。

【素养园地】作业
成本法产生的
历史条件

微课:作业
成本法应用

任 务 实 施

东方服装公司生产西装和衬衣两种产品,本月生产西装 5 000 件,衬衣 10 000 件;直接材料的消耗为西装 600 000 元,衬衣 800 000 元;直接人工的消耗为西装 400 000 元,衬衣 600 000 元;车间间接成本为 700 000 元,过去该公司按制造成本法计算产品成本,制造费用按直接人工工时(西装的人工工时为 2 320 小时,衬衣的人工工时为 3 480 小时)进行分配。经过核算,西装、衬衣两种产品均实现盈利。但管理者认为,这种粗放式计算分配制造费用的方法不合理,往往掩盖了成本管理的实质问题。为此,公司采用作业成本法进行成本核算。有关历史资料如表 7-8 所示。

表 7-8　作业中心、作业动因分析及成本追溯 2

作业中心	可追溯成本/元	作业动因	作业动因作业量	
			西装	衬衣
样板制作作业	160 000	产品型号数量	6	2
生产准备作业	40 000	准备次数	7	3
机器缝纫作业	350 000	机器缝纫工时	3 500	1 000
手工钉扣锁眼作业	85 000	人工钉锁眼工时	550	300
检验作业	45 000	检验工时	350	100
车间管理作业	20 000	实际产量	5 000	10 000
合计	700 000			

要求:采用全部成本法和作业成本法分别计算产品成本,并加以分析。

任务处理如下。

(1) 按全部成本法计算确定产品成本如表 7-9 所示。

表 7-9　全部成本法成本计算表

项　目	西装	衬衣	合计
直接材料总成本/元	600 000	800 000	1 400 000
直接人工总成本/元	400 000	600 000	1 000 000
应分配的制造费用/元	280 000	420 000	700 000
合计/元	1 280 000	1 820 000	3 100 000
产量/件	5 000	10 000	—
单位成本/元	256	182	—

（2）按作业成本法进行作业动因分析及成本追溯如表 7-10 所示。

表 7-10 作业动因分析及成本追溯

作 业	作业动因	作业库	制造费用/元
样板制作作业	产品型号数量	样板制作作业	160 000
生产准备作业	准备次数	生产准备作业	40 000
机器缝纫作业	机器缝纫工时	机器缝纫作业	350 000
手工钉扣锁眼作业	人工钉扣锁眼工时	手工钉扣锁眼作业	85 000
检验作业	检验工时	检验作业	45 000
车间管理作业	实际产量	车间管理作业	20 000
	制造费用合计		700 000

（3）按作业成本法的动因确定分配率如表 7-11 所示。

表 7-11 制造费用分配率计算表

作业库	制造费用/元	作业动因	分 配 率
样板制作作业	160 000	西装:6 种型号 衬衣:2 种型号 合计:8 种型号	160 000÷8＝20 000(元/型号)
生产准备作业	40 000	西装:7 次 衬衣:3 次 合计:10 次	40 000÷10＝4 000(元/次)
机器缝纫作业	350 000	西装:3 500 机器工时 衬衣:1 000 机器工时 合计:4 500 机器工时	350 000÷4 500≈77.78(元/机器工时)
手工钉扣锁眼作业	85 000	西装:550 人工工时 衬衣:300 人工工时 合计:850 人工工时	85 000÷850＝100(元/人工工时)
检验作业	45 000	西装:350 人工工时 衬衣:100 人工工时 合计:450 人工工时	45 000÷450＝100(元/人工工时)
车间管理作业	20 000	西装:5 000 件 衬衣:10 000 件 合计:15 000 件	20 000÷15 000≈1.33(元/机器工时)

（4）按作业成本法的动因分解制造费用如表 7-12 所示。

表 7-12　制造费用分配表

成本库	制造费用/元	分配率	西　装		衬　衣	
			消耗动因	分配成本/元	消耗动因	分配成本/元
样板制作作业	160 000	20 000 元/型号	6 种	120 000	2 种	40 000
生产准备作业	40 000	4 000 元/次	7 次	28 000	3 次	12 000
机器缝纫作业	350 000	77.78 元/机器工时	3 500 机器工时	272 220	1 000 机器工时	77 780
手工钉扣锁眼作业	85 000	100 元/人工工时	550 人工工时	55 000	300 人工工时	30 000
检验作业	45 000	100 元/人工工时	350 人工工时	35 000	100 人工工时	10 000
车间管理作业	20 000	1.33 元/件	5 000 件	6 650	10 000 件	13 350
合计	700 000	—		516 870		183 130

（5）按作业成本法重新计算产品成本如表 7-13 所示。

表 7-13　产品成本计算表 1

成本项目	西装（5 000 件）		衬衣（10 000 件）	
	单位成本/元	总成本/元	单位成本/元	总成本/元
直接材料成本	120	600 000	80	800 000
直接人工成本	4×20＝80	400 000	4×20＝60	600 000
制造费用	516 870÷5 000≈103.37	516 870	183 130÷10 000≈18.31	183 130
合计	303.37	1 516 870	158.31	1 583 130

（6）不同成本计算方法结果比较如表 7-14 所示。

表 7-14　产品成本计算表 2

成本项目	全部成本法			作业成本法		
	西装产品	衬衣产品	合计	西装产品	衬衣产品	合计
直接材料成本/元	600 000	800 000	1 400 000	600 000	800 000	1 400 000
直接人工成本/元	400 000	600 000	1 000 000	400 000	600 000	1 000 000
制造费用/元	280 000	420 000	700 000	516 870	183 130	700 000
合计/元	1 280 000	1 820 000	3 100 000	1 516 870	1 583 130	3 100 000
产量/件	5 000	10 000	—	5 000	10 000	—
单位成本/元	256	182		303.37	158.31	
销售单价/元	270	175		270	175	
毛利（亏）/元	14	—7	—	—33.37	16.69	—

从表 7-14 可以看出，传统成本管理方法下，西装产品实现盈利 14 元，衬衣产品亏损 7 元。但是，在作业成本法下，计算结果就完全不同了，西装产品发生亏损 33.37 元，而衬衣产品实现毛利 16.69 元。因此，传统方法扭曲了产品成本。

任 务 巩 固

某企业生产 A、B 两种产品。A 产品和 B 产品的生产加工工艺不同，A 产品工艺比 B 产品复杂。A 产品每月生产 100 件，B 产品每月生产 200 件。相关资料如表 7-15、表 7-16 所示。

表 7-15　A 产品和 B 产品的直接材料和直接人工资料

项　　目	产品名称	
	A 产品	B 产品
产品产量/件	100	200
直接材料/元	10 000	12 000
直接人工/元	2 000	3 000

表 7-16　A 产品和 B 产品的间接费用　　　　　　　　　　单位:元

材料领出	包装	质量检验	设备维护	装卸搬运	合计
15 000	8 000	10 000	12 000	5 000	50 000

经研究，发现本企业间接费用的成本动因有五个，即材料领用数量、包装批次、质验检验小时、设备维护时数和装卸搬运次数。作业类别和相关作业量表如表 7-17 所示。

表 7-17　作业类别和相关作业量表

作业类别	成本动因	作业量		
		A 产品	B 产品	合计
材料领出	材料领用数量	8	7	15
包装	包装批次	5	3	8
质量检验	质量检验小时	15	10	25
设备维护	设备维护时数	8	4	12
装卸搬运	装卸搬运次数	6	4	10

要求：

（1）按作业成本法将间接费用在 A 产品和 B 产品之间进行分配，并填入表 7-18 中。

表 7-18　间接费用分配表

作业中心	间接费用	作业动因	分配率	A 产品		B 产品	
				作业量	分配成本	作业量	分配成本
材料领出		材料领用数量					
包装		包装批次					
质量检验		质量检验小时					
设备维护		设备维护时数					
检验作业		装卸搬运次数					
合计							

(2) 按作业成本法分别计算 A 产品和 B 产品的总成本和单位成本,并填入表 7-19 中。

表 7-19 产品成本计算表

成 本 项 目	A产品(100 件)		B产品(200 件)	
	单位成本	总成本	单位成本	总成本
直接材料成本				
直接人工成本				
间接费用				
合 计				

实 训 项 目

1. 实训目的

通过训练,了解和熟悉作业成本法与传统成本法的区别及对企业成本管控的影响。

2. 实训内容

(1) 背景资料。山东鲁塑材料有限公司专业生产各种塑料制品(包括改性塑料等新产品)。近年来,公司业务迅猛发展,逐渐成为业内知名企业。最近一年来,改性塑料等新产品在国家环保政策的激励下发展迅猛。

公司在调研中发现,其他公司生产的改性塑料制品产品价格比本公司低 20%,且与本公司的工艺系统相同,原材料消耗、人工工资、动力费等与本公司处于同一种水平。按竞争对手价格销售,本公司这款新产品毛利甚微。管理层意识到,可能是成本管理出了问题。再调查发现,公司的制造费用比例高达 60%,现有成本系统设计与作业流程没有多大关系,也没有进行资源动因分析。

公司两位副总经理认为,把制造费用按照一个标准分配,要么是人工工时,要么是设备工时,这样很难保证成本核算的准确性。新产品的成本可能被高估,普通塑料制品的成本被低估。财务经理提出了作业成本法,要基于对作业流程的理解,分析作业动因,打破原有核算体制。

(2) 以小组为单位,分析两位副总经理的说法是否有道理,财务经理提出的作业成本法能否解决问题。

3. 实训要求

(1) 了解传统成本法计算产品成本对制造费用分配的方法,并分析其对产品成本的影响。

(2) 了解作业成本法计算产品成本对制造费用分配的方法,并分析其对产品成本的影响。

(3) 根据分析结论判断两位副总经理的说法是否有道理,财务经理提出的作业成本法能否解决问题。

(4) 每组提交一份作业成本法与传统成本法比较分析报告。

(5) 每组选派一名代表讲解和展示本组的工作成果。

4. 实训考核

（1）评价方式：采取小组自评、小组互评、教师评价三维评价方式，以教师评价为主，小组自评和小组互评为辅，其中教师评分比例占总分数的 60％，小组自评占 20％，小组互评占20％，总评成绩＝小组自评×20％＋小组互评×20％＋教师评价×60％。

（2）评价指标：从专业能力、方法能力、社会能力、工作成果展现四个方面进行评价。

| 项目七任务工作单 | 项目七任务实施单 | 项目七任务检查单 | 项目七任务评价单 |

前 沿 视 角

作业成本法在企业中的应用

宝钢集团有限公司是我国最大的钢铁企业之一，也是较早引入作业成本法的企业之一。宝钢集团通过运用作业成本法，有效地提高了企业对于原料采购、生产流程和产品质量的控制。作业成本法的实施，使得宝钢集团能够更好地分析每种产品的盈利状况，同时也为优化生产流程和降低成本提供了重要的参考依据。

中国电信是我国最大的通信运营商之一，其业务范围广泛，包括移动通信、宽带接入、卫星通信等多个领域。中国电信在 2010 年开始引入作业成本法，通过将间接费用按照资源动因和作业动因分配到各个产品和业务中，提高了产品成本的准确性和业务收益的精确性。作业成本法的实施，也为中国电信的客户服务和市场策划提供了更加精确的数据支持。

东风汽车是我国最大的汽车制造商之一，其产品线包括轿车、SUV、商用车等多个领域。东风汽车在 2013 年开始引入作业成本法，通过将间接费用按照资源动因和作业动因分配到各个车型中，提高了产品成本的准确性和车型收益的精确性。同时，东风汽车还利用作业成本法对研发成本进行了深入分析，找出了降低成本的潜在机会。这不仅有助于提高企业的竞争力，也有利于实现企业的可持续发展。

资料来源：有驾.https://www.docin.com/.

趣 味 故 事

出租车司机巧用作业成本法

臧勤作为一个出租车司机，没有接受过任何成本管理的培训，但是他却能在 2006 年达到每月 8 000 元的收入，是当时出租车司机平均收入的 3～4 倍。

臧勤为什么可以每个月赚 8 000 元？他虽然没有接触过成本管理，但是他会不由自主地运用以时间为驱动的作业成本法，将这一管理思路用在他个人事业的管理中。臧勤是这样计算他的成本的，每天要上交出租车公司 380 元，每天的油钱平均是 210 元，每天工作 17

小时。因此,他平均每小时要上交公司的钱就是 22.35 元,每小时要承担的油费是 12.35 元,从而他每小时的总成本是 34.7 元,平均每分钟的成本是 0.58 元。所以赚来的钱扣除成本后还想有利润的话,他每分钟的收入都必须超过 0.58 元。所以臧勤在他这个成本账里,就不由自主地引用了时间管理要素,计算出时间的单位成本。臧勤认为,搭乘一个短途乘客的起步价是 10 块,所需的时间大约是 17 分钟,其中有 10 分钟的车程和 7 分钟的空驶时间。而每小时的总成本是 34.7 元,意味着 17 分钟的成本是 9.83 元。如果搭乘一个短途乘客的起步价 10 块,基本没有利润,从而他的客户策略就是尽量避免搭载短途乘客。他时时刻刻提醒自己,要去寻找最有价值的目标客户。

他以这样的一个以时间管理为驱动的作业成本法来建立起他的管理基础,可以发现以时间为驱动的作业成本法,无论是对于修身齐家还是治国平天下,这个管理上的道路大有不同。

资料来源:有驾.https://www.yoojia.com/.

预算管理

项目描述

东方服装公司的管理层认为，企业的每一位员工都应该懂得全面控制思想，作为管理者和财务人员更应该掌握这一多功能的管理控制工具，为企业的发展提供高效且科学化的方法。

常言道，凡事预则立，不预则废。全面预算管理已经成为现代化企业不可或缺的重要管理模式。它通过业务、资金、信息、人才的整合，明确适度的分权授权，战略驱动的业绩评价等，来实现企业资源的合理配置并真实地反映出企业的实际需要，进而对作业协同、战略贯彻、经营现状与价值增长等方面的最终决策提供支持。

基于此，东方服装公司管理层决定构建自己的全面预算管理体系。

学习目标

知识目标

1. 理解全面预算管理的含义和全面性。

2. 明确预算管理的组织体系和运转体系。

3. 掌握全面预算的内容。

4. 掌握全面预算的编制方法。

能力目标

1. 能依据企业设定的全面预算管理系统实施目标，恰当构建企业全面预算的组织体系。

2. 能根据企业全面预算管理总体思路，建立企业全面预算管理的运转体系。

3. 能根据企业给定的销售量，运用合理的预算编制方法编制企业的全面预算。

素养目标

1. 通过正确编制全面预算，培养严谨细致的工作态度。

2. 通过各小组配合编制全面预算，培养团队协作的工作意识。

3. 通过企业实施全面预算管理，领悟全面预算管理的企业价值。

业务案例

学习《决定》每日问答

思维导图

预算管理 ┬ 全面预算管理体系的构建 ┬ 全面预算管理的含义
          │   ├ 全面预算管理的全面性
          │   ├ 预算管理的组织体系
          │   └ 预算管理的运转体系
          └ 预算编制 ┬ 预算编制内容
                      ├ 预算编制方法
                      └ 全面预算管理模式

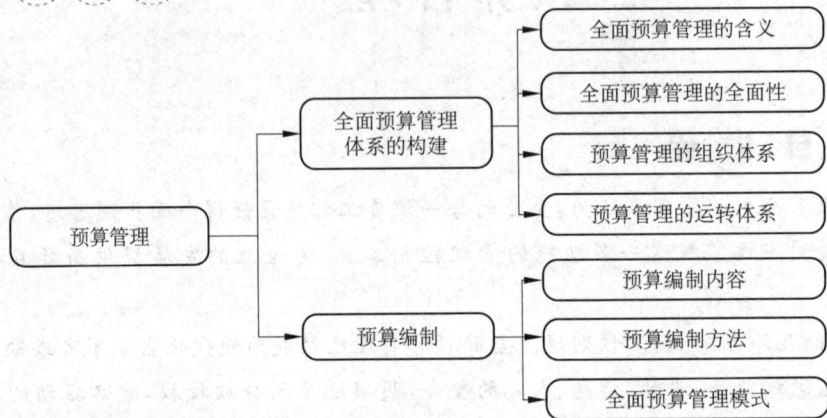

任务一　全面预算管理体系的构建

任务情境

东方服装公司作为一家大型服装公司,已经完成了整体转型,确立了竞争优势。公司计划未来五年通过引进战略投资者,实施股份制改革,加大产业结构调整力度,集中优势资源发展重点产业,适时退出不具备市场竞争力的产业,做到有所为,有所不为。

然而,随着市场竞争不断加剧和企业规模日益扩大,东方服装公司管理层认为,实现未来战略规划愿景和五年计划,提高公司管理水平,建立一套"量身定制"的全面预算管理体系已刻不容缓。

重难点分析

(1)全面预算管理中全面性的理解。
(2)预算管理组织体系的构建。
(3)预算管理运行体系的建立。

知识准备

微课:我来看
全面预算

一、全面预算管理的含义

全面预算管理是利用预算对企业内部各部门、各单位的各种财务及非财务资源进行分

配、考核、控制,以便有效地组织和协调企业的生产经营活动,完成既定的经营目标。

全面预算反映的是企业未来某一特定期间(一般不超过一年或一个经营周期)的全部生产、经营活动的财务计划,它以实现企业的目标利润(企业一定期间内利润的预计额,是企业奋斗的目标,根据目标利润制定作业指标,如销售量、生产量、成本、资金筹集额等)为目的,以销售预测为起点,进而对生产、成本及现金收支等进行预测,并编制预计损益表、预计现金流量表和预计资产负债表,反映企业在未来期间的财务状况和经营成果。

预算是一种系统的方法,用来分配企业的财务、实物及人力等资源,以实现企业既定的战略目标。企业可以通过预算来监控战略目标的实施进度,有助于控制开支,并预测企业的现金流量和利润。

二、全面预算管理的全面性

全面预算管理的全面性体现在以下三个方面。

(1) 全面预算管理的全面性体现在预算管理对象的全方位上,即预算编制全方位地覆盖企业的各项运营和管理活动,将企业的人、财、物等各类资源,以及供、产、销等各个环节均纳入预算管理范畴,而且通过预算的编制、分解、下达、执行、分析、调整、考核及奖惩,对企业各项经营活动进行事前、事中和事后的全过程管理。

【素养园地】马克思主义哲学理论——整体决定部分,部分影响整体

(2) 全面预算管理的全面性体现在预算管理对其他管理手段的全面运用上。作为一种管理控制方法,全面预算管理将企业计划、协调、控制、激励、评价等综合管理功能融合到一起,整合和优化配置企业资源,提升企业运行效率,帮助企业实现发展目标。

(3) 全面预算管理的全面性体现在预算管理主体的全员参与上。全面预算管理要求企业所有部门、单位的所有岗位都参与到预算的编制与实施过程中,共同进行管理,通过全员参与的方式促使企业的预算管理最大限度地吸收企业流程中的各项信息,保证预算编制的准确性和预算考核的合理性。

因此,全面预算管理是促进企业实现其发展战略和年度经营目标的有效管理方法,也是实现业务与财务融合的一个管理抓手。

三、预算管理的组织体系

为保证预算工作的有序进行和有效实施,在管理体制上,一般要求企业在内部设立预算管理委员会,专门负责预算的编制并监督实施。预算管理委员会通常由企业全面管理工作的总经理和分管生产、销售、财务等各主要职能部门的负责人组成。

预算管理的基本架构包括决策机构、工作机构和执行单位三个层次。

应当按照不相容职务相互分离的原则,划分各部门、各岗位在预算管理体系中的职责、分工与权限,明确预算编制、执行、分析、调整及考核等各环节的授权审批制度与工作程序。只有这样,才能做到分工明确、职责分明。通过层层分解将各项预算指标落实到每一个岗位和员工,相互制衡、层层考核,加强预算的执行力,以确保企业目标的实现。

四、预算管理的运转体系

预算管理的运转体系(即基本流程)一般包括预算的编制、执行和考核三个阶段。其中,预算编制在广义上涉及预算编制、审批与下达等环节;预算执行包括将预算层层分解、将责任落实到预算单位和个人、对预算的执行进行监控、对预算执行结果进行分析、根据环境等因素的变化调整预算等环节;预算考核则是对考核对象完成预算指标的情况进行决算,与企业事先制定的考核标准进行比对,然后按照企业的考核方案进行奖惩。

预算的编制、执行和考核三阶段及其中的各业务环节间环环相扣、相互关联,在企业运营过程中不断地循环运转,从而达到对企业的经营活动进行全面控制的目的。

▶ 任 务 实 施

东方服装公司经过对企业业务的全面分析和深入梳理,制定了以下全面预算管理体系。

【素养园地】预算的智慧知道下一步该做什么

一、设定全面预算管理系统的实施目标

(1) 完善公司治理结构。
(2) 促进财务集中管理,推动会计核算体系的统一和完善。
(3) 成为管理控制体系的重要组成部分。

二、明确全面预算管理的总体思路

全面预算管理的总体思路可概括为"突出战略重点、体现业务逻辑、实现业财联动、强化专业职能、规范管理口径"。同时,也进一步明确了全面预算管理系统的主要工作内容,具体为搭建组织体系、确定运转体系、梳理逻辑关系,之后进一步深入推进,逐步完善预算编制。

三、搭建全面预算管理的组织体系

实施全面预算管理的首要问题是搭建全面预算管理的组织体系。东方服装公司全面预算管理包括三类组织,具体是决策机构、工作机构和执行机构。其中,决策机构包括董事会和全面预算管理委员会;工作机构为财务部;执行机构为公司各职能部门和业务部门。

四、建立全面预算管理的运转体系

通过预算编制确定目标和计划,预算编制后必须严格执行,并通过定期分析预算执行的差异,找出背后的原因,实施改进措施,保证预算目标的完成,最后对预算执行的结果进行考核,以提高部门员工的积极性和责任感。通过全面预算管理做到事前计划、事中控制、事后考核,做到全过程管控,保障年度经营计划和战略目标的实现。

东方服装公司全面预算管理体系如图8-1所示。

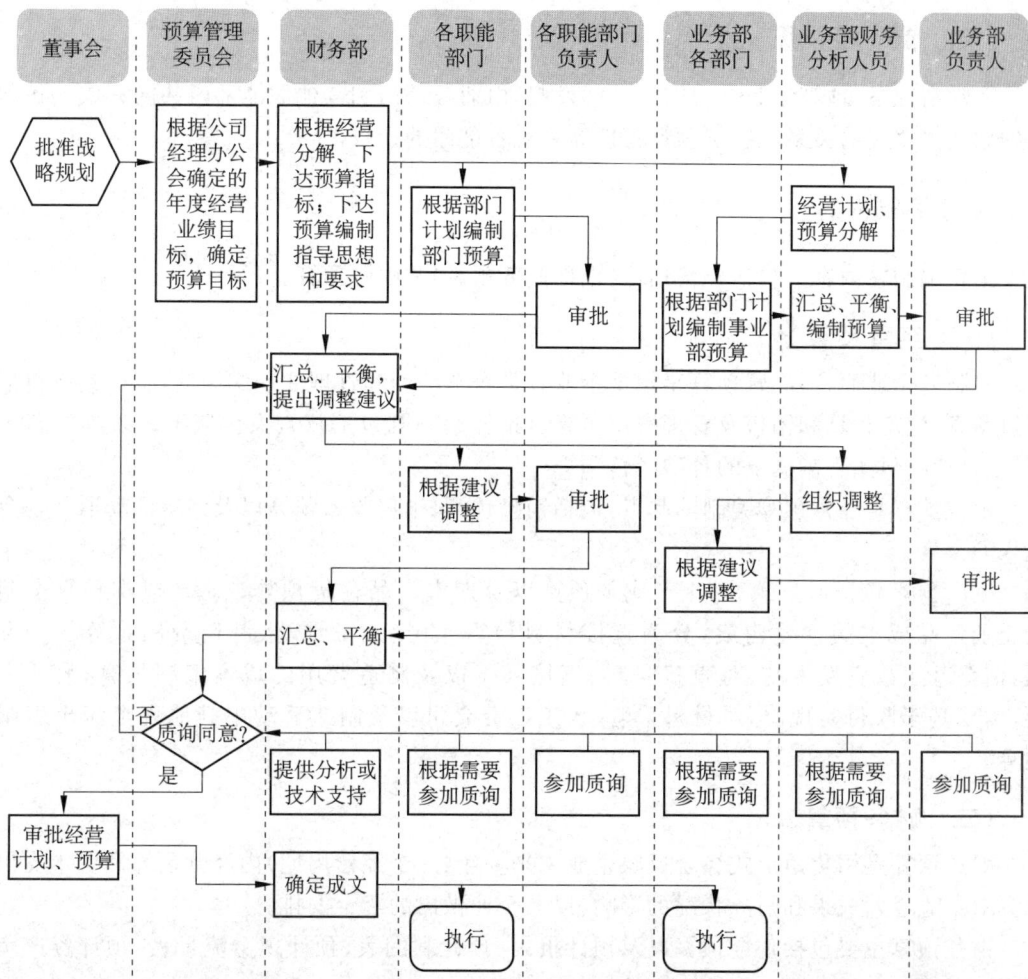

图 8-1　东方服装公司全面预算管理体系

任 务 巩 固

请为你身边熟悉的企业设计一个全面预算管理体系。

任务二　预 算 编 制

任 务 情 境

东方服装公司已经构建了全面预算管理体系,接下来是编制全面预算,本任务帮助东方服装公司选择编制预算的方法,并编制全面预算。

重 难 点 分 析

(1)销售预算及现金预算的编制。

(2)生产预算及现金预算的编制。

(3)财务预算的编制。

知 识 准 备

通常情况下,预算编制是由财务部门发起,由业务部门和其他职能部门共同完成。各预算编制主体之间的关系取决于预算管理体系对各部门的授权。

一、预算编制内容

预算编制在内容上包括经营预算(也称业务预算)和财务预算。

(一)经营预算

对制造企业而言,经营预算是根据企业日常经营活动和管理活动编制的预算,具体包括销售预算、生产预算和销售及管理费用预算。预算编制既包括权责发生制下的各项经营预算,也包括收付实现制度下的各项经营预算。

销售预算是经营预算编制的起点,包括销量预测、销售收入预算以及销售活动取得现金流入的预算。

生产预算包括产量预算、生产成本预算以及期末产品存货预算。生产成本预算按制造企业产品成本的主要构成,分为直接材料预算、直接人工预算、制造费用预算。一方面,需要基于权责发生制,对直接材料、直接人工以及制造费用的成本编制预算;另一方面,需要基于收付实现制,对材料采购、人工工资支付以及制造活动中其他现金流出编制预算。

(二)财务预算

财务预算是用货币形式综合反映企业未来一年(一个经营周期)内经营预算和资本支出预算对企业经营成果和财务状况的影响,以及企业做出的资金安排。

财务预算主要包括现金预算以及预计报表(预计利润表、预计现金流量表、预计资产负债表)。

(1)现金预算,包括预计经营活动现金流入流出、预计投资活动现金流入流出、预计筹资活动现金流入流出、预计利润分配相关的现金流出等。

(2)预计利润表,以财务会计的利润表及其编制原理为依据,各项经营收入、各项经营成本以及利润分配等。

(3)预计资产负债表,以财务会计的资产负债表及其编制原理为依据,预计各个资产负债项目。

【素养园地】预算要结合企业生命周期的"春夏秋冬"

二、预算编制方法

预算编制方法常见的有固定预算、弹性预算、零基预算、滚动预算等。

(一)固定预算

(1)固定预算的含义。固定预算是一种最基本的预算编制方法,所涉及的各项预定指标均为某一业务量(如产量、销售量、利润等)确定的预计数。

昌盛公司预计 2025 年销售 A 产品 7 750 件,第一至四季度分别销售

微课:预算编制的方法

A产品1 800件、1 850件、2 000件、2 100件。销售单价为450元。收款条件为当季现收的占销售额的70%，余款在后两个季度依次分别收回10%和20%。不考虑坏账影响，2024年第三、四季度的销售额分别为350 000元、450 000元。

微课：固定预算和
弹性预算与python

根据上述资料，编制昌盛公司2025年度销售预算，如表8-1所示。

表 8-1　昌盛公司 2025 年度销售预算

项　　目		第一季度	第二季度	第三季度	第四季度	全年
预计销售量/件		1 800	1 850	2 000	2 100	7 750
预计销售单价/(元/件)		450	450	450	450	450
预计销售收入/元		810 000	832 500	900 000	945 000	3 487 500
预计现金收入	期初应收账款/元	115 000	90 000			205 000
	第一季度销售收入/元	567 000	81 000	162 000		810 000
	第二季度销售收入/元		582 750	83 250	166 500	832 500
	第三季度销售收入/元			630 000	90 000	720 000
	第四季度销售收入/元				661 500	661 500
	现金收入合计/元	682 000	753 750	875 250	918 000	3 229 000

注：季度现金收入＝该季预计现金收入＋该季收回以前季度应收账款。

（2）固定预算的优缺点。固定预算是最传统、最基本的预算编制方法之一，其优点是简便易行，缺点是过于机械、可比性较差。一般来说，固定预算只适用于业务量水平较为稳定的企业或非营利组织。

（二）弹性预算

（1）弹性预算的含义。弹性预算又称动态预算，是依据业务量、成本和利润之间的依存关系，按照预算期可预见的一系列业务量水平编制的预算。

在企业实际经营过程中，由于市场环境等因素影响，预算期的各项指标，如销售量、售价以及随业务量变化的变动成本等，都可能存在变化。弹性预算充分考虑预算期各预定指标可能发生的变化，编制各预定指标变化情况下的预算组合，从而保持预算的动态性。

（2）弹性预算的特点。弹性预算比固定预算更便于区分和落实责任。企业需要结合业务量的各种水平编制相应的成本预算，这意味着弹性预算是建立在成本性态基础上的。

海隆公司预算期产品销售单价为200元，单位变动成本为80元，固定成本总额为46 600元。海隆公司充分考虑到预算期产品销售量发生变化的可能，编制出销售量分别为1 550件、1 650件、1 750件、1 850件和1 950件时，海隆公司弹性利润预算表如表8-2所示。

表 8-2　海隆公司弹性利润预算表

2025 年					单位：元
销售量/件	1 550	1 650	1 750	1 850	1 950
销售收入（单价200元）	310 000	330 000	350 000	370 000	390 000
减：变动成本（单位变动成本80元）	124 000	132 000	140 000	148 000	156 000

续表

边际贡献	186 000	198 000	210 000	222 000	234 000
减:固定成本总额	46 600	46 600	46 600	46 600	46 600
营业利润总额	139 400	151 400	163 400	175 400	187 400

（三）零基预算

（1）零基预算的含义。零基预算是以零为基础编制的计划和预算,其主要特点是各项费用的预算编制不受以往费用水平的影响,而是以零为起点,根据预算期企业实际经营情况,按照各项开支的重要程度来编制预算。

零基预算不同于传统的预算编制方法。传统的做法是在上期预算执行结果的基础上,结合预算期的情况,加以适当的调整。这种预算方法比较简便,但是它以过去的水平为基础,在预算编制中因循沿袭,容易承袭过去的不合理之处,或者是安于现状,造成预算浪费。

零基预算针对传统预算的不足进行改革,它要求对各个业务项目需要的人力、物力和财力逐个进行估算,并预计其经济效果,在此基础上,按项目的轻重缓急分配预算经费。

（2）零基预算的编制步骤。

① 确定预算期的生产经营目标,如利润目标、销售目标或生产目标等,以便各部门制定各项固定费用的支出方案。

② 对预算期各项费用的支出方案进行成本效益分析及综合评价,权衡轻重缓急,划分成不同等级并排出先后顺序。

③ 按照排出的等级和顺序,根据企业预算期可用于费用开支的资金数额分配资金,落实预算。

（3）零基预算的优缺点。零基预算与传统预算方法相比,不是以承认现实的基本合理性为出发点,而是以零为起点,从而避免了原来不合理的费用开支对预算期费用的影响,具有能够合理有效地配置资源、减少资金浪费的优点,特别适用于那些较难分辨其产出的服务性部门。但是,零基预算的方案评级和资源分配具有较大的主观性,容易引起部门间的矛盾。

（四）滚动预算

（1）滚动预算的含义。滚动预算又称为连续预算或永续预算,是指企业根据上一期预算执行情况和新的预测结果,按既定的预算编制周期和滚动频率,对原有的预算方案进行调整和补充,逐期滚动、持续推进的预算编制方法。

微课:滚动预算
与 python

滚动频率是指调整和补充预算的时间间隔,一般以月度、季度、年度作为滚动频率。

预算编制周期是指每次预算编制所涵盖的时间跨度,一般包括中期滚动预算和短期滚动预算。

中期滚动预算的编制周期通常为 3 年或 5 年,以年度作为预算滚动频率。短期滚动预算通常以 1 年为预算编制周期,以月度、季度作为预算编制频率。

（2）滚动预算的特点。它与一般预算的重要区别在于预算期不固定在某一期间（一般预算的预算期是 1 年，并且与会计年度保持一致），而是每执行完 1 个月的预算，就将这个月的经营成果与预算对比，从中找出差异及原因，并据此对剩余 11 个月的预算进行调整，同时自动增加 1 个月的预算，使新的预算期仍旧保持为一年。滚动预算示意图如图 8-2 所示。

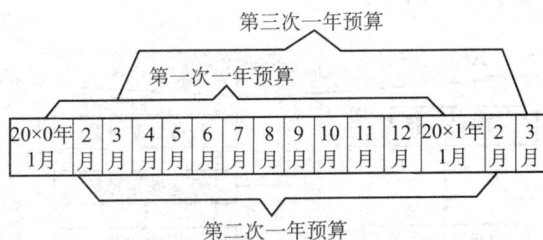

图 8-2　滚动预算示意图

滚动预算基本是按其他的预算方法进行编制的，它对近 3 个月内的预算比较详细具体，对后 9 个月的预算则较为笼统，因为远期的市场较难预测。

（3）滚动预算的优缺点。滚动预算在执行过程中，由于随时对预算进行调整，可以避免预算期过长导致预算脱离实际、无法指导实际工作。滚动预算保持一年的预算期，使管理者对企业的未来有一个较为稳定的视野，有利于保证企业的经营管理工作稳定有序地进行。但是，滚动预算的延续工作会耗费大量的人力、物力，代价较大。

三、全面预算管理模式

从企业所处行业特点和发展阶段出发，针对不同的管理重点设计相应的全面预算管理模式。管理重点与全面预算管理模式的关系如图 8-3 所示。

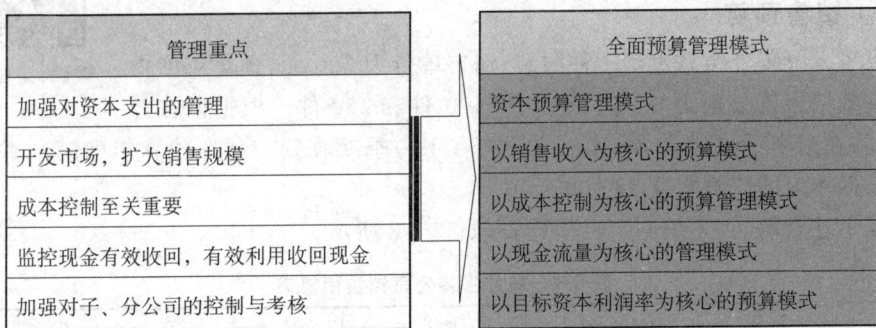

管理重点	全面预算管理模式
加强对资本支出的管理	资本预算管理模式
开发市场，扩大销售规模	以销售收入为核心的预算模式
成本控制至关重要	以成本控制为核心的预算管理模式
监控现金有效收回，有效利用收回现金	以现金流量为核心的管理模式
加强对子、分公司的控制与考核	以目标资本利润率为核心的预算模式

图 8-3　管理重点与全面预算管理模式的关系

实际工作中，全面预算管理的分类并非绝对，通常各种预算管理模式相互交织，共同构成公司的全面预算管理体系。

在以销售收入为中心的预算管理模式指导下，进行公司整体预算的编制以销售收入为起点，重点在于预测公司整体的销售收入，其他业务预算或专项预算以销售收入预算为指导进行编制。

任 务 实 施

东方服装公司目前采取的发展策略还是进一步开发市场,提高市场占有率,扩大销售规模,在编制全面预算时选择采用"以销售收入为核心的全面预算管理模式",即以"以销定产"为原则,从销售收入出发,以编制生产、成本、费用等各职能预算为基础,编制综合财务预算,其预算编制的逻辑关系如图 8-4 所示。

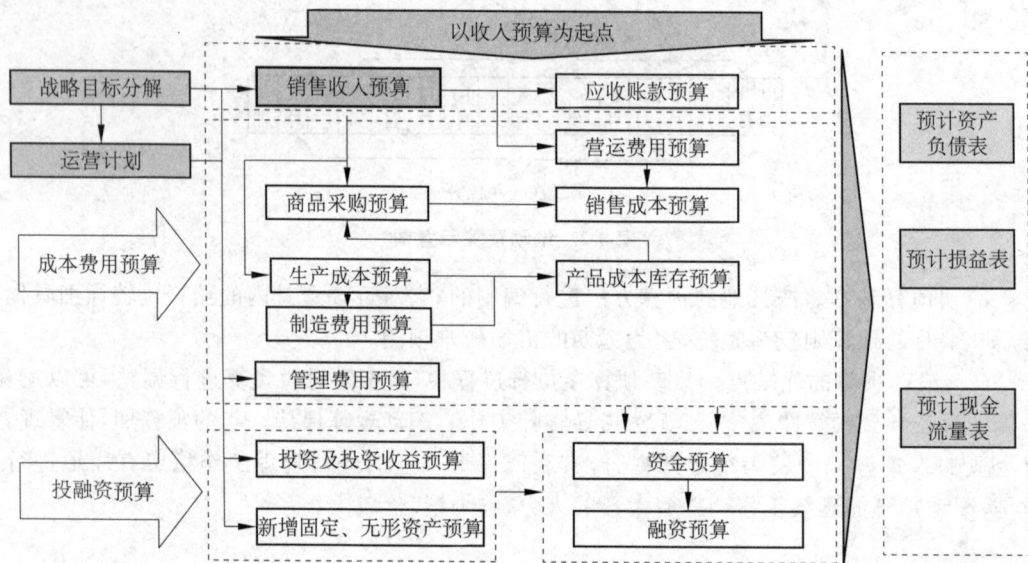

图 8-4　预算编制的逻辑关系

一、经营预算的编制

(一)销售预算

假设东方服装公司只生产一种服装,销售单价为 200 元,预算年度内四个季度的销售量分别为 300 件、600 件、400 件和 450 件。根据以往经验,销货款在当季可收到 70%,其余部分将在下一季度收到。预计预算年度第一季度可收回上年第四季度的应收账款 18 000 元。

微课:销售预算

根据上述资料,首先编制销售预算表,如表 8-3 所示。

表 8-3　东方服装公司销售预算表

项　　目	序　号	第一季度	第二季度	第三季度	第四季度	全年
预计销售量/件	①	300	600	400	450	1 750
销售单价/(元/件)	②	200	200	200	200	200
预计销售额/元	③=①×②	60 000	120 000	80 000	90 000	350 000

根据销售预算、前期应收账款的收回及预计收到当期销货款的情况,能够编制出预计现金收入计算表,如表 8-4 所示。销售预算表是编制现金预算的依据。

表 8-4　东方服装公司销售活动预计现金收入计算表

2025 年　　　　　　　　　　　　　　　　　　　　　　　　单位:元

项　　目	序　　号	第一季度	第二季度	第三季度	第四季度	全年
预计销售额	①	60 000	120 000	80 000	90 000	350 000
收到上季应收销货款	②=上季①×30%	18 000	18 000	36 000	24 000	96 000
收到本季销货款	③=①×70%	42 000	84 000	56 000	63 000	245 000
现金收入合计	④=②+③	60 000	102 000	92 000	87 000	341 000

（二）生产预算

假设东方服装公司期末存货量为下一季度销售量的 10%,预算年度第一季度期初存货量为 50 件,预算年度期末存货量为 40 件。

根据销售预算的预计销售量和上述有关数据,可编制预算年度的生产预算如表 8-5 所示。

表 8-5　东方服装公司生产预算

2025 年　　　　　　　　　　　　　　　　　　　　　　　　单位:件

项　　目	序　　号	第一季度	第二季度	第三季度	第四季度	全年
预计销售量	①	300	600	400	450	1 750
加:预计期末存货量	②=下季①×10%	60	40	45	40	40
减:期初存货量	③=上季②	50	60	40	45	50
预计生产量	④=①+②-③	310	580	405	445	1 740

注:生产预算的数据通常以实物计量,在多品种的情况下也可以采用货币单位来计量。

（三）直接材料预算

东方服装公司生产的产品只需要一种原材料,单位产品消耗原材料定额为 4 千克,每千克成本为 12 元,每季度末的材料存量为下一季度生产用量的 30%,每季度的购料款当季支付 60%,其余款项在下一季度支付。预算年度第一季度应付上年第四季度赊购材料款 6 000 元,估计预算年度期初材料存量为 510 千克,期末材料存量为 500 千克。

微课:生产预算
和直接材料预算

生产预算确定后,就可以根据预计的生产量和上述单位产品的材料消耗定额,以及期初、期末的材料存量,编制材料采购预算表,如表 8-6 所示。

表 8-6　东方服装公司材料采购预算表

2025 年

项　　目	序　　号	第一季度	第二季度	第三季度	第四季度	全年
预计生产量/件	①	310	580	405	445	1 740
单位产品材料消耗定额/(千克/件)	②	4	4	4	4	4
生产需要量/千克	③=①×②	1 240	2 320	1 620	1 780	6 960
加:期末存量/千克	④=下季③×30%	696	486	534	500	500
减:期初存量/千克	⑤=上季④	510	696	486	534	510
材料采购量/千克	⑥=③+④-⑤	1 426	2 110	1 668	1 746	6 950

编制采购预算后,还要根据材料采购预算的预计材料采购量、单位成本和材料采购款的支付情况,编制材料采购现金支出计算表,如表 8-7 所示。

表 8-7 东方服装公司材料采购现金支出计算表

2025 年

项　目	序　号	第一季度	第二季度	第三季度	第四季度	全年
材料采购量/千克	①	1 426	2 110	1 668	1 746	6 950
材料单位成本/(元/千克)	②	12	12	12	12	12
预计材料采购额/元	③=①×②	17 112	25 320	20 016	20 952	83 400
应付上季赊购款/元	④=上季③×40%	6 000	6 844.8	10 128	8 006.4	30 979.2
应付本季赊购款/元	⑤=③×60%	10 267.2	15 192	12 009.6	12 571.2	50 040
现金支出/元	⑥=④+⑤	16 267.2	22 036.8	22 137.6	20 577.6	81 019.2

(四)直接人工预算

东方服装公司在预算期内直接人工工资率均为 5 元,单位产品的定额工时为 3 小时,公司以现金支付的直接人工工资均于当期付款。

根据所给的直接人工工资率、单位产品的定额工时和产品的预计生产量,可以编制直接人工预算表,如表 8-8 所示。

表 8-8 东方服装公司直接人工预算表

2025 年

项　目	序　号	第一季度	第二季度	第三季度	第四季度	全年
预计生产量/件	①	310	580	405	445	1 740
单位产品工时定额/(小时/件)	②	3	3	3	3	3
总工时用量/小时	③=①×②	930	1 740	1 215	1 335	5 220
单位工时工资率/(元/小时)	④	5	5	5	5	5
预计直接人工成本/元	⑤=③×④	4 650	8 700	6 075	6 675	26 100

(五)制造费用预算

预测东方服装公司在预算期间的变动间接制造费用为 31 320 元(其中间接人工 10 000 元,间接材料 8 000 元,水电费 12 000 元,维修费 1 320元),固定间接制造费用 46 980 元(其中管理人员工资 12 000 元,维护费 4 980元,保险费 10 000 元,设备折旧费 20 000 元),其他条件同前例。东方服装公司的变动间接制造费用分配率按产量计算,以现金支付的各项间接制造费用均于当期付款。根据所给条件,可求出变动间接制造费用分配率为

微课:直接人工和制造费用预算

$$变动间接制造费用分配率 = \frac{变动间接制造费用}{预算期生产总量} = \frac{31\ 320}{1\ 740} = 18$$

根据所求出的变动间接制造费用分配率可编制间接制造费用预计现金支出计算表,如表 8-9 所示。

表 8-9 东方服装公司间接制造费用预计现金支出计算表

2025 年

项　目	序　号	第一季度	第二季度	第三季度	第四季度	全年
预计生产量/件	①	310	580	405	445	1 740
变动间接制造费用现金支出/元	②=①×18	5 580	10 440	7 290	8 010	31 320
固定间接制造费用/元	③=46 980/4	11 745	11 745	11 745	11 745	46 980
减:折旧	④=20 000/4	5 000	5 000	5 000	5 000	20 000
间接制造费用现金支出合计/元	⑤=②+③−④	12 325	17 185	14 035	14 755	58 300

（六）产品单位成本及期末存货成本预算

根据表 8-3~表 8-9 的内容,可编制产品单位成本及期末存货成本预算表如表 8-10 所示。

表 8-10 东方服装公司产品单位成本及期末存货成本预算表

2025 年

成本项目	序　号	价格标准	用量定额	合计金额
直接材料	①	12 元/千克	4 千克	48
直接人工	②	5 元/工时	3 工时	15
制造费用/元	③=(31 320+46 980)/1 740			45
产品单位成本/元	④=①+②+③			108
期末存货量/件	⑤			40
期末存货成本/元	⑥=④×⑤			4 320

（七）销售及管理费用预算

预测东方服装公司在预算期间的变动销售及管理费用总计 3 500 元,按销售量计算分配率。固定销售及管理费用为 13 600 元。

根据上述条件及前例的资料,可编制销售及管理费用预算表,如表 8-11 所示。

微课:产品成本和销售管理费用预算

表 8-11 东方服装公司销售及管理费用预算表

2025 年

项　目	序　号	第一季度	第二季度	第三季度	第四季度	全年
预计销售量/件	①	300	600	400	450	1 750
变动销售及管理费用分配率/(元/件)	②=3 500/1 750	2	2	2	2	2
变动销售及管理费用现金支出/元	③=②×①	600	1 200	800	900	3 500
固定销售及管理费用现金支出/元	④=13 600/4	3 400	3 400	3 400	3 400	13 600
现金支出总额/元	③+④	4 000	4 600	4 200	4 300	17 100

二、财务预算的编制

（一）现金预算

东方服装公司预计在第一季度购置设备花费 94 000 元。期末现金

微课:财务预算

余额不得少于 20 000 元,否则将向银行借款,借款年利率为 10％。预计预算期期初现金余额为 45 000 元。预算期按季度编制现金预算表。

根据上述资料和前例中各项预算的数据资料,可编制现金预算表,如表 8-12 所示。

表 8-12　东方服装公司现金预算表

2025 年　　　　　　　　　　　　　　　　　　　　　　　单位:元

项　　目	第一季度	第二季度	第三季度	第四季度	全年
期初现金余额	45 000	26 257.8	58 236	86 288.4	45 000
加:现金收入(表 8-4 收回赊销款和现销收入)	60 000	10 000	92 000	87 000	341 000
可动用现金合计	105 000	128 257.8	150 236	173 288.4	386 000
减:现金支出					
直接材料(表 8-7)	16 267.2	22 036.8	22 137.6	20 577.6	81 019.2
直接人工(表 8-8)	4 650	8 700	6 075	6 675	26 100
间接制造费用(表 8-9)	12 325	17 185	14 035	14 755	58 300
销售费用(表 8-11)	4 000	4 600	4 200	4 300	17 100
购置设备	94 000				94 000
支付所得税	17 500	17 500	17 500	17 500	70 000
现金支出合计	148 742.2	70 021.8	63 947.6	63 807.6	346 519.2
现金结余或不足	(43 742.2)	58 236	86 288.4	109 480.8	39 480.8
筹措资金					
向银行借款	70 000				70 000
归还借款				70 000	70 000
支付利息				7 000	7 000
期末现金余额	26 257.8	58 236	86 288.4	32 480.0	32 480.8

(二) 预计利润表和预计资产负债表

假设东方服装公司预算期期初资产负债表如表 8-13 所示。

表 8-13　东方服装公司预算期期初资产负债表

2025 年 1 月 1 日　　　　　　　　　　　　　　　　　　　单位:元

流动资产		流动负债	
现金	45 000	应付账款	6 000
应收账款	18 000	长期负债	
原材料存货	6 120	负债合计	6 000
产成品存货	5 400		
合计	74 520		
固定资产		所有者权益	
土地	60 000	实收资本	200 000
房屋及设备	240 000	盈余公积	128 520
减:折旧	40 000	所有者权益合计	328 520
合计	260 000		
资产总计	334 520	负债及所有者权益总计	334 520

根据表 8-13 和前面所有各例的资料,可编制预计利润表和预计资产负债表,如表 8-14、表 8-15 所示。

表 8-14　东方服装公司预计利润表

2024 年　　　　　　　　　　　　　　　　　　　单位:元

销售收入	①	表 8-3	350 000
减:销售产品成本费用	②＝1 750×108	表 8-5、表 8-10	189 000
销售毛利	③＝①－②		161 000
减:销售及管理费用	④	表 8-11	17 100
营业净利润	⑤＝③－④		143 900
减:利息费用	⑥	表 8-12	7 000
税前利润	⑦＝⑤－⑥		136 900
减:所得税	⑧	表 8-12	70 000
净利润	⑨＝⑦－⑧		66 900

表 8-15　东方服装公司预计资产负债表

2024 年 12 月 31 日　　　　　　　　　　　　　　单位:元

流动资产			
现金	①	表 8-12	32 480.8
应收账款	②＝90 000×30%	表 8-4	27 000
原材料存货	③＝500×12	表 8-6、表 8-7	6 000
产成品存货	④	表 8-10	4 320
合计	⑤＝①＋②＋③＋④		69 800.8
固定资产			
土地	⑥＝60 000	表 8-13	60 000
房屋及设备	⑦＝240 000＋94 000	表 8-13、表 8-12	334 000
减:折旧	⑧＝40 000＋20 000	表 8-13、表 8-9	60 000
合计	⑨＝⑥＋⑦－⑧		334 000
资产总计	⑩＝⑤＋⑨		403 800.8
流动负债			
应付账款	⑪＝20 952×40%	表 8-7	8 380.8
长期负债			
负债合计	⑫＝⑪		8 380.8
所有者权益			
实收资本	⑬	表 8-13	200 000
盈余公积	⑭＝128 520＋66 900	表 8-13、表 8-14	195 420
所有者权益合计	⑮＝⑬＋⑭		395 420
负债及所有者权益总计	⑯＝⑫＋⑮		403 800.8

注:不考虑利润分配和未分配利润项目。

任 务 巩 固

(1) A 公司 2025 年 1—6 月的预计销售量表如表 8-16 所示。

表 8-16　2025 年 1—6 月的预计销售量表　　　　　单位:千克

月份	1	2	3	4	5	6
预计销售量	3 000	3 600	3 800	5 000	3 800	4 000

该公司只生产一种产品,单位产品材料用量为 4 千克。此外,该公司采取下列政策:期末存货水平为随后两个月预计销售量的 50%,月末原材料存货量保持在次月预计生产需用量的 150%。2024 年 12 月 31 日的所有存货也反映了这种政策。

要求:

① 编制 2025 年 1—4 月的生产预算,填入表 8-17 中。

表 8-17　2025 年 1—4 月的生产预算表　　　　　单位:千克

月　份	1	2	3	4
预计销售量				
加:预计期末存货量				
减:预计期初存货量	3 300 *			
预计生产量				

注: * 表示(1 月末预计销售量＋2 月末预计销售量)×50%。

② 编制 2025 年 1—3 月的直接材料预算,填入表 8-18 中。

表 8-18　2025 年 1—3 月的直接材料预算表　　　　　单位:千克

月　份	1	2	3	4
预计生产量				
材料单耗				
预计生产需用量				
加:期末材料存量				
减:期初材料存量	20 400 *			
预计材料采购量				

注: * 表示 1 月预计生产需用量×150%。

(2) 某公司 1、2 月销售额均为 20 万元,自 3 月起月销售额增长至 30 万元。公司当月收款 30%,次月收款 70%。公司在销售前一个月购买材料,并且在购买后的下一个月支付货款,原材料成本占销售额的 60%,其他费用表如表 8-19 所示。

表 8-19　其他费用表　　　　　单位:元

月份	工资	租金	其他费用	税金
3	30 000	12 000	3 000	
4	30 000	12 000	4 000	90 000

若该公司 2 月底的现金余额为 50 000 元,且每月现金余额不少于 50 000 元。

要求:根据以上资料编制 3、4 月的现金预算(把表格中的数据填写完整,并列出计算过程),填入表 8-20 中。

表 8-20 3、4 月的现金预算表 单位:元

项 目	3 月	4 月
期初现金余额	50 000	( )
加:销售现金收入	( )	( )
减:现金支出	180 000	180 000
购原材料	30 000	30 000
工资	12 000	12 000
租金	3 000	4 000
其他费用	—	90 000
税金	( )	( )
支出合计	( )	( )
现金多余或不足	—	
从银行借款	( )	( )
期末现金余额		

(3) 已知 B 公司生产经营甲产品,在预算年度(2025 年)内预计各季度销售量分别为 1 900 件、2 400 件、2 600 件和 2 900 件,其销售单价均为 50 元。假定该公司在当季收到货款 60%,其余部分在下季收清,年初的应收账款余额为 42 000 元。适用的增值税税率为 17%。

要求:编制销售预算和预计现金收入计算表,填入表 8-21 中。

表 8-21 2025 年 B 公司的销售预算和预计现金收入计算表 单位:元

项 目	第一季度	第二季度	第三季度	第四季度	全年
预计销售量/件					
销售单价					
预计不含税销售收入					
增值税销项税额					
预计含税销售收入					
期初应收账款					
第一季度经营现金收入					
第二季度经营现金收入					
第三季度经营现金收入					
第四季度经营现金收入					
经营现金收入合计					

实 训 项 目

1. 实训目的

通过训练，了解和熟悉全面预算编制模式以及每种模式的优缺点和适用条件。

2. 实训内容

(1) 背景资料。甲公司主要从事水利电力工程及基础设施工程承包业务。组织架构为"公司总部—分公司—项目部"，拥有 6 家分公司、100 余个项目部。编制预算时，甲公司要求各分公司对每个项目部均单独编制项目收入、成本费用、利润等预算，再逐级汇总至公司总部。

(2) 以小组为单位，分析甲公司采用了哪种预算编制模式，并说明该种模式的特点、优缺点和主要适用场景。

3. 实训要求

(1) 了解全面预算编制模式的种类。

(2) 了解每一种全面预算编制模式的特点、优缺点和主要适用场景。

(3) 根据已学知识分析判断甲公司采用了哪种预算编制模式，并说明甲企业采用这种模式的特点、优缺点和主要适用场景。

(4) 每组提交一份全面预算编制模式的对比分析报告。

(5) 每组选派一名代表讲解和展示本组的工作成果。

4. 实训考核

(1) 评价方式：采取小组自评、小组互评、教师评价三维评价方式，以教师评价为主，小组自评和小组互评为辅，其中教师评分比例占总分数的 60%，小组自评占 20%，小组互评占 20%，总评成绩＝小组自评×20%＋小组互评×20%＋教师评价×60%。

(2) 评价指标：从专业能力、方法能力、社会能力、工作成果展现四个方面进行评价。

项目八任务工作单　　项目八任务实施单　　项目八任务检查单　　项目八任务评价单

前 沿 视 角

做好"预算"管理，积极稳妥推进"双碳"

随着我国构建完成碳达峰碳中和"1＋N"政策体系，"双碳"工作已经由顶层设计阶段步入了实质性推进阶段，有必要加紧研究部署具体的制度落实举措。碳预算制度是落实中共中央部署的推进能耗"双控"向碳排放总量强度"双控"转变的必要创新性制度，碳预算管理是预算制度在碳排放管理上的应用。制定碳排放年度目标和碳预算方案，有助于实现对地区和重点领域碳排放的灵活管控和高效调控，有助于更好地统筹短期与中长期、发展与减排的关系，为积极稳妥推进碳达峰碳中和目标提供有力支撑。

近年来,我国"双碳"政策体系、碳排放核算、碳市场建设、项目碳评价等工作持续推进,总体上已具备建立碳预算机制的基础和条件,但仍面临诸多挑战。

我国亟须建立健全涵盖目标总量设定、预算分解、实施步骤、跟踪评估、动态调整、监督管理在内的全过程碳预算管理机制顶层框架。由国家层面统筹各责任部门,明确分工落实,建立多方共同发力的碳预算管理工作执行的组织保障体系。

资料来源:中国经济网. https://baijiahao.baidu.com/s? id=17927394250790709068&wfr=spider&for=pc.

趣 味 故 事

曲 突 徙 薪

有位客人到别人家里做客,看见主人家的灶上烟囱是直的,旁边又有很多木材。

客人告诉主人说,烟囱要改曲,木材须移去,否则将来可能会有火灾,主人听了没有做任何表示。

不久主人家里果然失火,四周的邻居赶紧跑来救火,最后火被扑灭了,于是主人烹羊宰牛,宴请四邻,以酬谢他们救火的功劳,但是并没有请当初建议他将木材移走、烟囱改曲的人。

有人对主人说:"如果当初听了那位先生的话,今天也不用准备宴席,而且没有火灾的损失,现在论功行赏,原先给你建议的人没有被感恩,而救火的人却是座上客,真是很奇怪的事呢!"

主人顿时省悟,赶紧去邀请当初给予建议的那个客人来吃酒。

一般企业的财务管理还是停留在"头痛医头、脚痛医脚"的事后控制阶段,缺乏财务规划意识,导致的结果就是管理人员成天扮演"救火员"的角色,到处扑火,而一旦碰到特大火灾,公司的所有财产就会灰飞烟灭。可见,事后诸葛亮于事无补,防患于未然才能从根本上解决问题。正确的管理思路应该是先从企业的战略层面出发,规划好企业的财务战略,建立健全财务制度、预算管理制度和内部控制制度,再按胜任力模型选择合适的财务人员,加强财务知识的培训普及工作,做到事前有规划、事中有控制、事后有分析,才能把财务风险消灭于萌芽,为企业的健康发展保驾护航。

资料来源:中税经联. http://www.360doc.com/content/18/0815/20/32901809_778542428.shtml.

项目九

业绩考核

★ 项 目 描 述

东方服装公司经过一年努力,实现了公司业绩稳定快速增长,已顺利完成上年度制定的各项生产经营指标,为更好地评价企业过去一年的经营情况,全面评估企业面临的问题和未来发展潜力,公司决定采用经济增加值、平衡计分卡等业绩考核方法对企业进行全面考核。

学 习 目 标

知识目标

1. 理解企业绩效考核的特点和作用。

2. 掌握企业绩效管理手段(经济增加值法、平衡计分卡)的基本原理及应用方法。

能力目标

1. 能根据不同企业的经营情况和考核要求,合理选择有效的业绩考核方法。

2. 能对业绩考核的应用效果进行合理评估。

素养目标

1. 培养公正客观的职业行为习惯和责任意识。

2. 培养抓住关键影响因素、解决实际问题的能力。

3. 树立以人为本的企业管理思维,培养创新能力。

业 务 案 例

激发国有企业活力,业界聚焦量化考核

思维导图

```
                              ┌─ 以企业为主体的业绩考核内容
        以企业为主体的业绩考核 ──┼─ 综合业绩考核指标
                              └─ 企业综合绩效评价工作程序

                              ┌─ 关键绩效指标法的内涵
        基于关键绩效指标的业绩考核 ─┼─ 关键绩效指标法的应用
                              └─ 评价关键绩效指标法
业绩考核
                              ┌─ 经济增加值
        基于经济增加值的业绩考核 ──┼─ 基本的经济增加值
                              └─ 披露的经济增加值

                              ┌─ 平衡计分卡框架
                              ├─ 平衡计分卡与企业战略管理
        基于平衡计分卡的业绩考核 ──┼─ 平衡计分卡与传统业绩评价系统的区别
                              └─ 平衡计分卡的优点和缺点
```

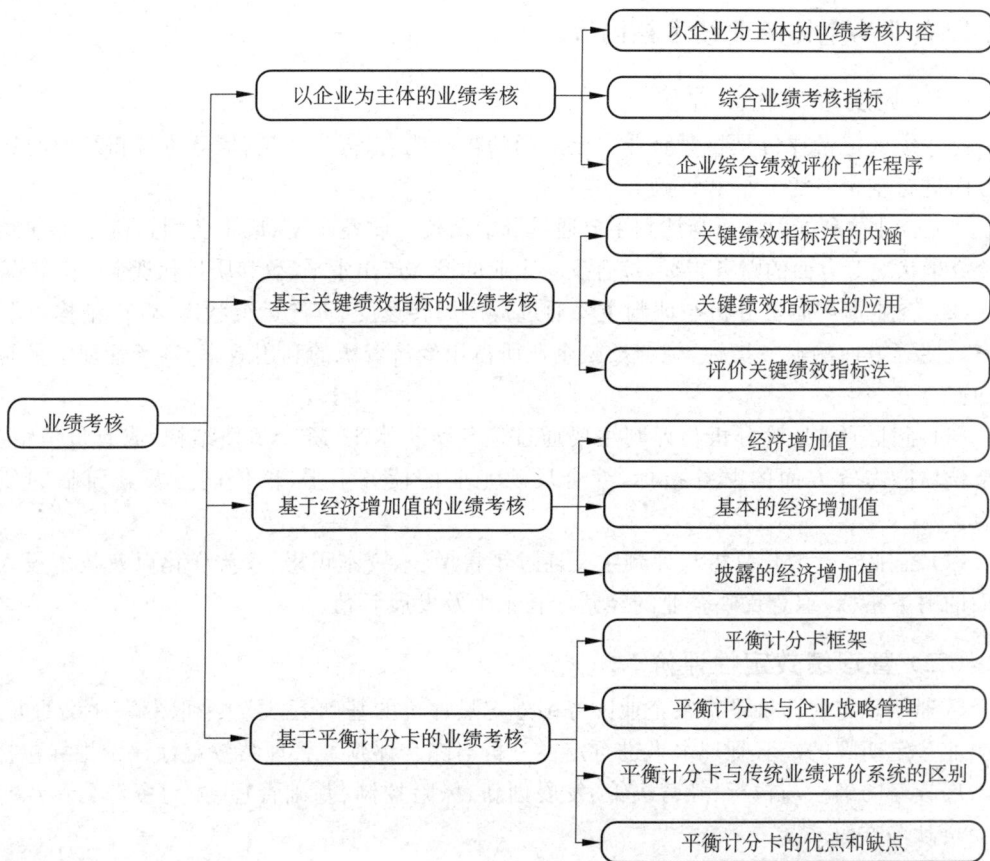

任务一　以企业为主体的业绩考核

任务情境

东方服装公司采用以企业为主体的业绩考核方法对企业业绩进行考核，该考核办法通过建立综合评价指标体系，对照相应的评价标准，采用定量分析与定性分析相结合的评价方法，对公司一定经营期间的盈利能力、资产质量、债务风险以及经营业绩等各方面进行综合评判。科学地评价企业绩效可以为东方服装公司出资人选择经营者提供重要依据，从而有效地加强对公司经营者的监管和约束。

重难点分析

（1）以企业为主体的业绩考核程序。

（2）以企业为主体的业绩考核指标。

微课：绩效
管理认知

知识准备

一、以企业为主体的业绩考核内容

（一）财务绩效定量评价

财务绩效定量评价是指对企业一定期间的盈利能力、资产质量、债务风险和经营增长四个方面进行定量对比分析和评判。

（1）企业盈利能力分析与评判主要通过资本及资产收益水平、成本费用控制水平和经营现金流量状况等方面的财务指标，综合反映企业的投入产出水平、盈利质量和现金保障状况。

（2）企业资产质量分析与评判主要通过资产周转速度、资产运行状态、资产结构以及资产有效性等方面的财务指标，综合反映企业所占用经济资源的利用效率、资产管理水平与资产的安全性。

（3）企业债务风险分析与评判主要通过债务负担水平、资产负债结构，或有负债情况、现金偿债能力等方面的财务指标，综合反映企业的债务水平、偿债能力及其面临的债务风险。

（4）企业经营增长分析与评判主要通过销售增长、资本积累、效益变化以及技术投入等方面的财务指标，综合反映企业的经营增长水平及发展后劲。

（二）管理绩效定性评价

管理绩效定性评价是指在企业财务绩效定量评价的基础上，通过采取专家评议的方式，对企业一定期间的经营管理水平进行定性分析与综合评判。管理绩效定性评价指标包括企业发展战略的确立与执行、经营决策、发展创新、风险控制、基础管理、人力资源、行业影响、社会贡献等方面。

二、综合业绩考核指标

企业综合业绩考核指标由 22 个财务绩效定量评价指标和 8 个管理绩效定性评价指标组成。

【传统文化进课堂】
红楼梦中的"包干责任制"

（一）财务绩效定量评价指标

财务绩效定量评价指标由反映企业盈利能力状况、资产质量状况、债务风险状况和经营增长状况四个方面的基本指标和修正指标构成。其中，基本指标反映企业一定期间财务绩效的主要方面，并得出财务绩效定量评价的基本结果。修正指标是根据财务指标的差异性和互补性，对基本指标的评价结果作进一步的补充和矫正。

（1）企业盈利能力状况以净资产收益率、总资产收益率两个基本指标和销售（营业）利润率、利润现金保障倍数、成本费用利润率、资本收益率四个修正指标进行评价，主要反映企业一定经营期间的投入产出水平和盈利质量。

（2）企业资产质量状况以总资产周转率、应收账款周转率两个基本指标和不良资产比率、流动资产周转率、资产现金回收率三个修正指标进行评价，主要反映企业所占用经济资源的利用效率、资产管理水平与资产的安全性。

（3）债务风险状况以资产负债率、已获利息倍数两个基本指标和速动比率、现金流动负

债比率、带息负债比率,或有负债比率四个修正指标进行评价,主要反映企业的债务负担水平、偿债能力及其面临的债务风险。

(4)企业经营增长状况以销售(营业)增长率、资本保值增值率两个基本指标和销售(营业)利润增长率、总资产增长率、技术投入比率三个修正指标为依据进行评价,主要反映企业的经营增长水平、资本增值状况及发展后劲。

(二)管理绩效定性评价指标

企业管理绩效定性评价指标包括战略管理、发展创新、经营决策、风险控制、基础管理、人力资源、行业影响、社会贡献八个方面的指标,主要反映企业在一定经营期间所采取的各项管理措施及其管理成效。

(1)战略管理评价主要反映企业所制定战略规划的科学性、战略规划是否符合企业实际、员工对战略规划的认知程度、战略规划的保障措施及其执行力、战略规划的实施效果等方面的情况。

(2)发展创新评价主要反映企业在经营管理创新、工艺革新、技术改造、新产品开发、品牌培育、市场拓展、专利申请及核心技术研发等方面的措施及成效。

(3)经营决策评价主要反映企业在决策管理、决策程序、决策方法、决策执行、决策监督、责任追究等方面采取的措施及实施效果,重点反映企业是否存在重大经营决策失误。

(4)风险控制评价主要反映企业在财务风险、市场风险、技术风险、管理风险、信用风险和道德风险等方面的管理与控制措施及效果,包括风险控制标准、风险评估程序、风险防范与化解措施等。

(5)基础管理评价主要反映企业在制度建设、内部控制、重大事项管理、信息化建设、标准化管理等方面的情况,包括财务管理、对外投资、采购与销售、存货管理、质量管理、安全管理、法律事务等。

(6)人力资源评价主要反映企业人才结构、人才培养、人才引进、人才储备、人事调配、员工绩效管理、分配与激励、企业文化建设、员工工作热情等方面的情况。

(7)行业影响评价主要反映企业主营业务的市场占有率、对国民经济及区域经济的影响与带动力、主要产品的市场认可程度、是否具有核心竞争能力以及产业引导能力等方面的情况。

(8)社会贡献评价主要反映企业在资源节约、环境保护、吸纳就业、工资福利、安全生产、上缴税收、商业诚信、和谐社会建设等方面的贡献程度和社会责任的履行情况。

三、企业综合绩效评价工作程序

(一)财务绩效评价工作程序

财务绩效定量评价工作具体包括提取评价基础数据、基础数据调整、评价计分、形成评价结果等内容。

【传统文化进课堂】
红楼梦中的绩效管理

(1)提取评价基础数据。以经社会中介机构或内部审计机构审计并经评价组织机构核实确认的企业年度财务会计报表为基础提取评价基础数据。

(2)基础数据调整。为客观、公正地评价企业经营绩效,对评价基础数据进行调整。

(3)评价计分。根据调整后的评价基础数据,对照相关年度的行业评价标准值,利用绩效评价软件或手工评价计分。

（4）形成评价结果。对任期财务绩效评价需要计算任期内平均财务绩效评价分数，并计算绩效改进度；此外，还需要对定量评价得分深入分析，诊断企业经营管理存在的薄弱环节，并在财务决算批复中提示有关问题，同时进行所监管企业的分类排序分析，在一定范围内发布评价结果。

（二）管理绩效评价工作程序

管理绩效定性评价工作具体包括收集整理管理绩效评价资料、聘请咨询专家、召开专家评议会、形成定性评价结论等内容。

（1）收集整理管理绩效评价资料。为了深入了解被评价企业的管理绩效状况，应当通过问卷调查、访谈等方式，充分收集并认真整理管理绩效评价的有关资料。

（2）聘请咨询专家。根据所评价企业的行业情况，聘请不少于 7 名的管理绩效评价咨询专家，组成专家咨询组，并将被评价企业的有关资料提前送达咨询专家。

（3）召开专家评议会。组织咨询专家对企业的管理绩效指标进行评议打分。

（4）形成定性评价结论。汇总管理绩效定性评价指标得分，形成定性评价结论。

任务实施

东方服装公司通过前期准备，结合企业实际生产经营情况，制定了本企业综合业绩考核评价指标和权重。

微课：贵州茅台捐资13.9 亿做公益是否侵害了股东权益？

根据以上考核评价指标体系和权重，东方服装公司制定了业绩评价标准图，如表 9-1 所示。

表 9-1　东方服装公司业绩评价标准

评价内容与权重		财务指标(70%)		管理绩效(30%)
		基本指标及权重	修正指标	评议指标及权重
盈利能力状况	34	净资产收益率(20) 总资产收益率(14)	销售(营业)利润率(10) 利润现金保障倍数(9) 成本费用利润率(8) 资本收益率(7)	战略管理(18) 发展创新(15) 经营决策(16) 风险控制(13)
资产质量状况	22	总资产周转率(10) 应收账款周转率(12)	不良资产比率(9) 流动资产周转率(7) 资产现金回收率(6)	
债务风险状况	22	资产负债率(12) 已获利息倍数(10)	速动比率(6) 现金流动负债比率(6) 带息负债比率(5) 或有负债比率(5)	基础管理(14) 人力资源(8) 行业影响(8) 社会贡献(8)
经济增长状况	22	销售(营业)增长率(12) 资本保值增值率(10)	销售(营业)利润增长率(10) 总资产增值率(7) 技术投入比率(5)	

一、财务绩效定量评价标准

财务绩效定量评价标准包括国内行业标准和国际行业标准。国内行业标准根据国内企业年度财务和经营管理统计数据,运用数理统计方法,分年度、分行业、分规模统一测算。国际行业标准根据居于行业国际领先地位的大型企业相关财务指标实际值,或者根据同类型企业相关财务指标的先进值,在剔除会计核算差异后统一测算。其中,财务绩效定量评价标准的行业分类,按照国家统一颁布的国民经济行业分类标准结合企业实际情况进行划分。

财务绩效定量评价标准按照不同行业、不同规模及指标类别,划分为优秀(A)、良好(B)、平均(C)、较低(D)、较差(E)五个档次,对应五档评价的标准系数分别为 1.0、0.8、0.6、0.4、0.2,较差(E)以下为 0。

二、管理绩效定性评价标准

管理绩效定性评价标准分为优(A)、良(B)、中(C)、低(D)、差(E)五个档次。对应五档评价的标准系数分别为 1.0、0.8、0.6、0.4、0.2,较差(E)以下为 0。

【素养园地】阿米巴——乌卡经营环境下 L 公司企业绩效管理体系的变革创新

任 务 巩 固

思考:对于定性评价标准没有列示,但对被评价企业经营绩效产生重要影响的因素,在评价时该如何处理?

任务二　基于关键绩效指标的业绩考核

任 务 情 境

东方服装公司为将企业的战略目标分解为可量化的指标,以评估和监控组织及其员工的表现。决定选择关键绩效指标法(KPI)进行绩效评价。关键绩效指标法(KPI)不仅有助于企业实现其战略目标,还能提高管理效率和员工的工作动力,是一种广泛应用于企业绩效管理的工具。

重 难 点 分 析

(1) 关键绩效指标法体系的应用程序。
(2) 构建关键绩效指标体系的三个层次。

知 识 准 备

一、关键绩效指标法的内涵

微课:关键绩效指标法

关键绩效指标法是指基于企业战略目标,通过建立关键绩效指标体系,将价值创造活动与战略规划目标有效联系,并据此进行绩效管理的方法。关键绩效指标,是对企业绩效产生关键影响力的指标,是通过对企业战略目标、关键成果领域的绩效特征分析,识别和提炼出的最能有效驱动企业价值创造的指标。关键绩效指标法的应用对象可以是企业,也可以是企业所属的单位(部门)和员工。

二、关键绩效指标法的应用

企业应用关键绩效指标法，一般包括如下程序。制订以关键绩效指标为核心的绩效计划、制订激励计划、执行绩效计划与激励计划、实施绩效评价与激励、编制绩效评价报告与激励管理报告等。其中，与其他业绩评价方法的关键不同是制定和实施以关键绩效指标为核心的绩效计划。

制订绩效计划包括构建关键绩效指标体系、分配指标权重、确定绩效目标值等。

（一）构建关键绩效指标体系

对于一个企业，可以分三个层次来制定关键绩效指标体系。第一，企业级关键绩效指标。企业应根据战略目标，结合价值创造模式，综合考虑企业内外部经营环境等因素，设定企业级关键绩效指标。第二，所属单位(部门)级关键绩效指标。根据企业级关键绩效指标，结合所属单位(部门)关键业务流程，按照上下结合、分级编写、逐级分解的程序，在沟通反馈的基础上，设定所属单位(部门)级关键绩效指标。第三，岗位(员工)级关键绩效指标。根据所属单位(部门)级关键绩效指标，结合员工岗位职责和关键工作价值贡献，设定岗位(员工)级关键绩效指标。企业的关键绩效指标一般可分为结果类和动因类两类指标。结果类指标是反映企业绩效的价值指标，主要包括投资报酬率、权益净利率、经济增加值、息税前利润、自由现金流量等综合指标；动因类指标是反映企业价值关键驱动因素的指标，主要包括资本性支出、单位生产成本、产量、销量、客户满意度、员工满意度等。关键绩效指标应含义明确、可度量、与战略目标高度相关。指标的数量不宜过多，每一层级关键绩效指标一般不超过 10 个。

（二）设定关键绩效指标权重

关键绩效指标的权重分配应以企业战略目标为导向，反映被评价对象对企业价值贡献或支持的程度，以及各指标之间的重要性水平。单项关键绩效指标权重一般设定在 5% ～ 30%，对特别重要的指标可适当提高权重。对特别关键、影响企业整体价值的指标可设立"一票否决"制度，即如果某项关键绩效指标未完成，无论其他指标是否完成，均视为未完成绩效目标。

（三）设定关键绩效指标目标值

企业确定关键绩效指标目标值，一般参考如下标准：①参考国家有关部门或权威机构发布的行业标准或参考竞争对手标准，如国务院国资委考核分配局编制并每年更新出版的《企业绩效评价标准值》；②参照企业内部标准，包括企业战略目标、年度生产经营计划目标、年度预算目标、历年指标水平等；③如果不能按照前面两种方法确定的，可以根据企业历史经验值确定。

三、评价关键绩效指标法

关键绩效指标法的主要优点如下：①使企业业绩评价与企业战略目标密切相关，有利于企业战略目标的实现；②通过识别价值创造模式把握关键价值驱动因素，能够更有效地实现企业价值增值目标；③评价指标数量相对较少，易于理解和使用，实施成本相对较低，有利于推广实施。

关键绩效指标法的主要缺点如下。关键绩效指标的选取需要透彻理解企业价值、创造模式和战略目标,有效识别企业核心业务流程和关键价值驱动因素,指标体系设计不当将导致错误的价值导向和管理缺失。

任 务 实 施

东方服装公司结合自身实际情况,选取了以下指标作为业绩考核的关键绩效指标。

1. 结果类指标

结果类指标是反映企业绩效的价值指标,主要包括投资资本回报率、净资产收益率、经济增加值回报率、息税前利润、自由现金流量等综合指标。

投资资本回报率是指企业在一定会计期间取得的息前税后利润占其所使用的全部投资资本的比例,反映企业在会计期间有效利用投资资本创造回报的能力,其一般计算公式为

$$投资资本回报率=息前税后利润÷投资资本平均余额×100\%$$
$$=(净利润+利息支出)÷投资资本平均余额×100\%$$
$$=[税前利润×(1-所得税税率)+利息支出]÷$$
$$投资资本平均余额×100\%$$

$$投资资本平均余额=(期初投资资本+期末投资资本)÷2$$

$$投资资本=有息债务+所有者(股东)权益$$

净资产收益率是指企业在一定会计期间取得的净利润占其所使用的净资产平均数的比例,反映企业全部资产的获利能力,其一般计算公式为

$$净资产收益率=净利润/平均净资产×100\%$$

息税前利润是指企业当年实现税前利润与利息支出的合计数,其一般计算公式为

$$息税前利润=税前利润+利息支出$$

自由现金流量是指企业在一定会计期间经营活动产生的净现金流量超过付现资本性支出的金额,反映企业可动用的现金,其一般计算公式为

$$自由现金流量=经营活动净现金流量-付现资本性支出$$

2. 动因类指标

动因类指标是反映企业价值关键驱动因素的指标,主要包括资本性支出、单位生产成本、产量、销量、客户满意度、员工满意度。

(1) 资本性支出:企业发生的、其效益涉及两个或两个以上会计年度的各项支出。

(2) 单位生产成本:生产单位产品而平均耗费的成本。

(3) 产量:企业在一定时期内生产出来的产品的数量。

(4) 销量:企业在一定时期内销售商品的数量。

(5) 客户满意度:客户期望值与客户体验的匹配程度,即客户通过对某项产品或服务的实际感知与其期望值相比较后得出的指数。客户满意度收集渠道主要包括问卷调查、客户投诉、与客户的直接沟通、消费者组织的报告、各种媒体的报告和行业研究的结果等。

(6) 员工满意度:员工对企业的实际感知与其期望值相比较后得出的指数。其主要通过问卷调查、访谈调查等方式,从工作环境、工作关系、工作内容、薪酬福利、职业发展等方面进行衡量。

任务巩固

甲公司是一家重型设备加工企业,为了提高管理效率,保障公司内部所有员工都盯住战略目标,召开绩效评价专题讨论会,拟选择与战略推进密切相关的关键指标进行绩效评价。会议资料摘录如下。

(1) 要求科学地选择和设置关键绩效指标,关键绩效指标应该概念明确、可度量、与战略高度相关并能反映企业绩效结果,每一层的指标数量限定在5~8个。

(2) 关键绩效指标权重的设置,必须考虑该指标对企业价值的贡献程度。如果影响企业整体价值指标未完成,即使其他指标完成,也视为未完成绩效。

(3) 公司董事会决定,将净资产收益率和经济增加值回报率作为关键绩效指标,2024年净利润326亿元,经济增加值115亿元。平均资产总额2 560亿元,平均负债总额1 325亿元,平均带息负债和股东权益合计1 500亿元。

假设不考虑其他因素。

要求:

(1) 根据资料(1),指出如何制定企业级的关键绩效指标。

(2) 根据资料(1),指出关键绩效指标的设置是否有不妥之处,若有不妥之处,请说明理由。

(3) 根据资料(2),指出关键绩效指标权重的设置是否有不妥之处,若有不妥之处,请说明理由。

(4) 根据资料(3),计算净资产收益率和经济增加值回报率。

(5) 根据资料,指出关键绩效指标法的缺点。

任务三　基于经济增加值的业绩考核

任务情境

东方服装公司之前以净利润、剩余收益等指标来考核企业部门的业绩情况。现在为了全面评价经营者有效使用资本和为企业创造价值的情况,决定采用基于经济增加值的业绩考核方法,全面评价企业部门的业绩情况。

重难点分析

(1) 基本的经济增加值计算分析。

(2) 披露的经济增加值计算分析。

知识准备

微课:经济
增加值

一、经济增加值

经济增加值(EVA)是指税后净营业利润扣除全部投入资本成本后的剩余收益。由于传统绩效评价方法大多只是从反映某方面的会计指标来度量公司绩效,无法体现股东资本

的机会成本及股东财富的变化。而经济增加值是从股东角度评价企业经营者有效使用资本和为企业创造价值的业绩评价指标。它克服了传统绩效评价指标的缺陷,因此,能够真实地反映公司的经营业绩,是体现企业最终经营目标的绩效评价办法。

其具体作用表现在两个方面:①经济增加值提供了更好的业绩评估标准;②经济增加值可以使管理者作出更明智的决策,因为经济增加值要求考虑包括股本和债务在内所有资本的成本。这一资本费用的概念促使管理者更为勤勉,明智地利用资本以迎接挑战,创造竞争力,帮助企业实现了决策与股东财富一致。

经济增加值的计算公式为

经济增加值＝税后净营业利润－平均资本占用×加权平均资本成本

式中,税后净营业利润衡量的是企业的经营盈利情况;平均资本占用反映的是企业持续投资人的各种债务资本和股权资本;加权平均资本成本反映的是企业各种资本的平均成本率。

注:在计算经济增加值时,需进行相应的会计科目调整,如营业外收支、递延税金等都要从税后净营业利润中扣除,以消除财务报表中不能准确反映企业价值创造的部分。经济增加值为正,表明经营者在为企业创造价值;经济增加值为负,表明经营者在损毁企业价值。

经济增加值与剩余收益有两点不同:①在计算经济增加值时,需要对财务会计数据进行一系列调整,包括税后净营业利润和资本占用。②需要根据资本市场的机会成本计算资本成本,以实现经济增加值与资本市场的衔接;而剩余收益根据投资要求的报酬率计算,该投资报酬率可以根据管理的要求作出不同选择,带有一定主观性。

尽管经济增加值的定义很简单,但它的实际计算却较为复杂。为了计算经济增加值,需要解决经营利润、资本成本和所使用资本数额的计量问题。不同的解决办法,形成了不同的经济增加值。

二、基本的经济增加值

基本的经济增加值是根据未经调整的经营利润和总资产计算的经济增加值,其计算公式为

基本的经济增加值＝税后净营业利润－报表平均总资产×加权平均资本成本

基本的经济增加值的计算很容易。但由于"经营利润"和"总资产"是按照会计准则计算的,它们歪曲了公司的真实业绩。不过,对于会计利润来说是个进步,因为它承认了股权资金的资本成本。

三、披露的经济增加值

披露的经济增加值是利用公开会计数据进行调整计算出来的。这种调整是根据公布的财务报表及其附注中的数据进行的,它可以解释公司市场价值变动的50%。

典型的调整包括以下四点:①对于研究与开发费用,会计作为费用立即将其从利润中扣除,经济增加值要求将其作为投资并在一个合理的期限内摊销;②对于战略性投资,会计将投资的利息(或部分利息)计入当期财务费用,经济增加值要求将其在一个专门账户中资本化并在开始生产时逐步摊销;③对于为建立品牌、进入新市场或扩大市场份额发生的费用,会计作为费用立即从利润中扣除,经济增加值要求把争取客户的营销费用资本化并在适当

的期限内摊销；④对于折旧费用，会计大多使用直线折旧法处理，经济增加值要求对某些大量使用长期设备的公司，按照更接近经济现实的"沉淀资金折旧法"处理。这是一种类似租赁资产的费用分摊方法，在前几年折旧较少，而后几年由于技术老化和物理损耗同时发挥作用，需提取较多折旧。

任 务 实 施

东方服装公司甲、乙两部门相关数据如表 9-2 所示，假设加权平均税前资本成本为 10%，并假设没有需要调整的项目，所得税税率 25%。

表 9-2　东方服装公司甲、乙两部门相关数据　　　　　　　　单位：元

项　　目	甲部门	乙部门
部门税前经营利润	162 000	135 000
所得税	40 500	33 750
部门税后经营净利润	121 500	101 250
部门平均经营资产	1 350 000	900 000
部门平均经营负债	75 000	60 000
部门平均净经营资产（部门平均净投资成本）	1 275 000	840 000

（1）计算甲、乙两部门的经济增加值。

甲部门经济增加值=121 500-1 275 000×10%×(1-25%)=25 875(元)

乙部门经济增加值=101 250-840 000×10%×(1-25%)=38 250(元)

（2）乙部门经理如果采纳新的投资机会（投资额 100 000 元，每年税前获利 13 000 元，税前投资报酬率为 13%），计算乙部门经济增加值。

乙部门采纳投资方案后经济增加值=(101 250+13 000)×(1-25%)-

(840 000+100 000)×10%×(1-25%)

=15 187.5(元)

由于经济增加值降低，乙部门经理不会接受新的投资项目。

经济增加值和剩余收益都与投资报酬率相联系。剩余收益业绩评价旨在设定部门投资的最低报酬率，防止部门利益伤害整体利益，而经济增加值旨在使经理人员赚取超过资本成本的报酬，促进股东财富最大化。经济增加值与剩余收益有区别。部门剩余收益通常使用部门税前经营利润和要求的税前投资报酬率计算，而部门经济增加值使用部门税后净营业利润和税后加权平均资本成本计算。当税金是重要因素时，经济增加值比剩余收益可以更好地反映部门盈利能力。如果税金与部门业绩无关时，经济增加值与剩余收益的计算效果相同，只是计算过程更复杂。

由于经济增加值与公司的实际资本成本相联系，所以基于资本市场的计算方法，资本市场上权益资本成本和债务资本成本变动时，公司要随之调整加权平均资本成本，计算剩余收益。

任 务 巩 固

某企业现有 A、B 两个部门，其 2024 年度基本财务数据如表 9-3 所示。假设没有需要调整的项目，计算 A、B 两部门的经济增加值。

表 9-3　基本财务数据

部门	税后经营利润/万元	资产总额/万元	加权平均资本成本/%
A	1 400	8 000	9
B	1 580	8 400	11

任务四　基于平衡计分卡的业绩考核

任务情境

2025 年年初,东方服装公司召开总经理办公会,提出要进一步提升从战略规划到绩效评价的全过程的管理水平。会议听取了关于采用"平衡计分卡"改进绩效评价体系的报告。会议指出,公司近年来单纯采用财务指标进行绩效评价存在较大局限性,同意从 2025 年起采用"平衡计分卡"对绩效评价体系进行改进,同时要求加快推进此项工作,以更好地促进公司战略目标的实现。

重难点分析

(1) 利用平衡计分卡的四个维度考核企业业绩。

(2) 平衡计分卡与传统业绩评价系统的区别。

知识准备

一、平衡计分卡框架

平衡计分卡通过将财务指标与非财务指标相结合,将企业的业绩评价同企业发展战略联系起来,设计出了一套能使企业高管迅速且全面了解企业经营状况的指标体系,用来表达企业发展战略所必须达到的目标,把任务和决策转化成目标和指标。平衡计分卡的目标和指标来源于企业的愿景和战略,这些目标和指标从四个维度来考察企业的业绩,即财务、顾客、内部业务流程、学习与成长,这四个维度组成了平衡计分卡的框架(图 9-1 为平衡计分卡)。

微课:平衡计分卡

(一)财务维度

目标是解决"股东如何看待我们"的问题。表明企业的努力是否最终对企业的经济收益产生了积极的作用。众所周知,现代企业财务管理目标是企业价值最大化,而对企业价值目标的计量离不开相关财务指标。财务维度指标通常包括投资报酬率、权益净利率、经济增加值、息税前利润、自由现金流量、资产负债率、总资产周转率等。

(二)顾客维度

这一维度回答"顾客如何看待我们"的问题。顾客是企业之本,是现代企业的利润来源。顾客感受理应成为企业关注的焦点,应当从时间、质量、服务效率及成本等方面了解市

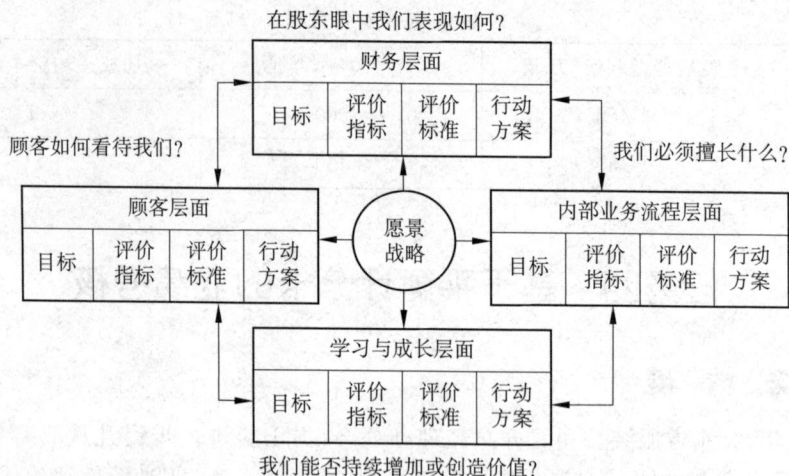

图 9-1 平衡计分卡

场份额、顾客需求和顾客满意程度。常用的顾客维度指标有市场份额、客户满意度、客户获得率、客户保持率、客户获利率、战略客户数量等。

（三）内部业务流程维度

着眼于企业的核心竞争力，解决"我们的优势是什么"的问题。企业要想按时向顾客交货，满足现在和未来顾客的需要，就必须以合理流畅的内部业务流程为前提。因此，企业应当明确自身的核心竞争力，遴选出那些对顾客满意度有最大影响的业务流程，并把它们转化成具体的测评指标。反映内部业务流程维度的常用指标有交货及时率、生产负荷率、产品合格率等。

（四）学习与成长维度

其目标是解决"我们是否能继续提高并创造价值"的问题。只有持续不断地开发新产品，为客户创造更多价值并提高经营效率，企业才能打入新市场，才能赢得顾客的满意，从而增加股东价值。企业的学习与成长来自于员工、信息系统和企业程序等。根据经营环境和利润增长点的差异，企业可以确定不同的产品创新、过程创新和生产水平提高指标，如新产品开发周期、员工满意度、员工保持率、员工生产率、培训计划完成率等。

传统的业绩评价系统仅将指标提供给管理者，无论财务的还是非财务的，而很少看到彼此间的关联以及对企业最终目标的影响。平衡计分卡则不同，它的各个组成部分是以一种集成的方式来设计的，企业现在的努力与未来的前景之间存在着一种"因果"关系，在企业目标与业绩指标之间存在着一条"因果关系链"。从平衡计分卡中，管理者能够看到并分析影响企业整体目标的各种关键因素，而不单单是短期的财务结果。它有助于管理者对整个业务活动的发展过程始终保持关注，并确保现在的实际经营业绩与企业的长期战略保持一致。

根据这四个不同的角度，平衡计分卡中的"平衡"包括外部评价指标（如股东和客户对企业的评价）和内部评价指标（如内部经营过程、新技术学习等）的平衡；成果评价指标（如利润、市场占有率等）和导致成果出现的驱动因素评价指标（如新产品投资开发等）的平衡；财务评价指标（如利润等）和非财务评价指标（如员工忠诚度、客户满意程度等）的平衡；短期评价指标(如利润指标等)和长期评价指标(如员工培训成本、研发费用等)的平衡。

二、平衡计分卡与企业战略管理

战略管理是企业管理的高级阶段,立足于企业的长远发展,根据外部环境及自身特点,围绕战略目标,采取独特的竞争战略,以求取得竞争优势。平衡计分卡则是突破了传统业绩评价系统的局限性,在战略高度评价企业的经营业绩,把一整套财务与非财务指标同企业的战略联系在一起,是进行战略管理的基础。建立平衡计分卡,明确企业的愿景目标,就能协助管理人员建立一个得到大家广泛认同的愿景和战略,并将这些愿景和战略转化为一系列相互联系的衡量指标,确保企业各个层面了解长期战略,驱使各级部门采取有利于实现愿景和战略的行动,将部门、个人目标同长期战略相联系。

(一)平衡计分卡和战略管理的关系

一方面,战略规划中所制定的目标是平衡计分卡考核的一个基准;另一方面,平衡计分卡又是一个有效的战略执行系统,使得管理者能够把长期行为与短期行为联系在一起。具体的程序包括以下四点。

(1)阐述并解释愿景与战略。所谓愿景,可以简单理解为企业所要达到的远期目标。有效地说明愿景,可以使其成为企业所有成员的共同理想和目标,从而有助于管理人员就企业的使命和战略达成共识。

(2)沟通与联系。它使得管理人员在企业中对战略上下沟通,并将它与部门及个人目标联系起来。

(3)计划与制定目标值。它使企业能够实现业务计划和财务计划一体化。

(4)战略反馈与学习。它使得企业以一个组织的形式获得战略性学习与改进的能力。

(二)平衡计分卡的要求

为了使平衡计分卡同企业战略更好地结合,必须做到以下三点。

(1)平衡计分卡的四个方面互为因果,最终目的是实现企业战略。一个有效的平衡计分卡,绝对不仅仅是业绩衡量指标的结合,而更应该是各个指标互相联系、互相补充。围绕企业战略所建立的因果关系链,应当贯穿于平衡计分卡的四个方面。

(2)平衡计分卡中不能只有具体的业绩衡量指标,还应包括这些具体衡量指标的驱动因素。否则无法说明怎样行动才能实现这些目标,也不能及时显示战略是否顺利实施。一套出色的平衡计分卡应该是把企业的战略结果同驱动因素结合起来。

(3)平衡计分卡应该最终和财务指标联系起来,因为企业的最终目标是实现良好的经济利润。平衡计分卡必须强调经营成果,这关系到企业未来的生存与发展。

三、平衡计分卡与传统业绩评价系统的区别

(1)从"制定目标—执行目标—实际业绩与目标值差异的计算与分析—采取纠正措施"的目标管理系统来看,传统的业绩考核注重对员工执行过程的控制,平衡计分卡则强调目标制定的环节。平衡计分卡认为,目标制定的前提应当是员工有能力为达成目标而采取必要的行动方案,因此设定业绩评价指标的目的不在于控制员工的行为,而在于使员工能够理解

企业的战略使命并为之付出努力。

（2）传统的业绩评价与企业的战略执行脱节。平衡计分卡把企业战略和业绩管理系统联系起来，是企业战略执行的基础架构。

（3）平衡计分卡在财务、客户、内部业务流程以及学习与成长四个方面建立企业的战略目标。用来表达企业在生产能力竞争和技术革新竞争环境中所必须达到的、多样的、相互联系的目标。

（4）平衡计分卡帮助企业及时考评战略执行的情况，根据需要（每月或每季度）适时调整战略、目标和考核指标。

（5）平衡计分卡能够帮助企业有效地建立跨部门团队合作，促进内部管理过程的顺利进行。

四、平衡计分卡的优点和缺点

（一）平衡计分卡的优点

（1）战略目标逐层分解并转化为评价对象的绩效指标和行动方案，使整个组织行动协调一致。

（2）从财务、客户、内部业务流程、学习与成长四个维度确定绩效指标，使绩效评价更为全面、完整。

（3）将学习与成长作为一个维度，注重员工的发展要求和组织资本、信息资本等无形资产的开发利用，有利于增强企业可持续发展的动力。

（二）平衡计分卡的缺点

（1）专业技术要求高，工作量比较大，操作难度也较大，需要持续的沟通和反馈，实施比较复杂，实施成本高。

（2）各指标权重在不同层级及各层级不同指标之间的分配比较困难，且部分财务指标的量化工作难以落实。

（3）系统性强、涉及面广，需要专业人员的指导、企业全员的参与和长期持续的修正完善，对信息系统、管理能力的要求较高。

▶ 任 务 实 施

东方服装公司为了提高企业的运营效率和效果，拟采用平衡计分卡进行业绩考核评价。企业召开了业绩考核会议，在会议上相关部门就业绩考核进行如下建议。

（1）企业运营部指出，平衡计分卡指标体系构建时，应将客户满意度、客户投诉率等指标放在更加突出的位置，建立以非财务维度为核心的业绩考核体系，其他维度的指标都与核心维度的一个或多个指标相联系。

（2）企业财务部指出，平衡计分卡每个维度的指标通常有 4～7 个，总数量一般不超过 25 个，其中财务维度常用指标包括经济增加值、息税前利润、自由现金流量、存货周转率、单位生产成本等。

（3）经理办公室指出，平衡计分卡指标权重分配应以战略目标为导向，反映被评价对象对企业战略目标的贡献程度，对于特别关键指标，可以设立"一票否决"制度。

通过对平衡计分卡知识的学习,东方服装公司就各部门对采用平衡计分卡进行业绩考核评价的发言进行了总结。

(1)企业运营部提出的建立以非财务维度为核心的业绩考核体系不妥,平衡计分卡应该以财务维度为核心。

(2)企业财务部提出的存货周转率、单位生产成本属于内部业务流程维度指标,不是财务指标。

(3)经理办公室提出的特别关键指标,可以设立"一票否决"制度,符合平衡计分卡的理念。

会议最后指出,平衡计分卡不仅是一个财务和非财务业绩指标的收集过程,还是一个战略业务单元的使命和战略所驱动的自上而下的过程,要体现出企业的体现战略目标,致力于发展东方服装公司未来的核心竞争力。

任 务 巩 固

A 公司是国内具有一定知名度的大型企业集团,近年来一直致力于品牌推广和规模扩张,每年资产规模保持 20% 以上的增幅。为了对各控股子公司进行有效的绩效评价,A 公司采用了关键绩效指标法与平衡计分卡相结合的评价方法,对各控股子公司财务绩效进行定量评价。A 公司下属的 M 控股子公司 2024 年的相关财务资料如表 9-4 所示。

表 9-4 M 控股子公司 2024 年的相关财务资料

项　　目	金额/亿元
营业收入	7.48
利息支出	0.12
利润总额	0.35
净利润	0.26
有息负债总额(平均)	3.06
所有者权益(平均)	3.8

要求:

(1)分别计算 M 公司 2024 年投资资本回报率、净资产收益率、息税前利润。

(2)简述平衡计分卡的含义及平衡计分卡中"平衡"的含义。

实 训 项 目

1.实训目的

通过训练,理解实施责任会计的基础、条件和原则,掌握责任会计制度在企业中的应用。

2.实训内容

(1)背景资料。畅捷公司打算按照分权管理的要求建立责任会计制度,设立内部责任中心。该企业是一个规模较大的机器制造企业,主要有五个生产制造车间和三个辅助性部门,三个辅助性部门分别是维修部门、供电供暖部门和行政管理部门。以上各部门都具有较大的独立性。该公司在建立责任会计制度的过程中,业务经理提出以下设想。

设想1:董事长主持讨论责任会计制度的建立方案,责成总经理具体实施。

设想2:建立责任会计制度的宗旨是把它看作企业全面质量管理的有效途径。

设想3:该企业内部各机构、部门都可以被确认成为一个责任中心,指定专人承担相应的经济责任。

设想4:根据分权的原则,企业只要求在执行预算过程中将信息迅速地反馈给各责任中心,而无须再向上级报告。

设想5:内部转移价格属于短期决策中的价格决策内容,可由企业的业务部门具体操作,与责任中心无关。

设想6:在确保原有组织机构的基础上,可以根据责任会计的要求对企业机构进行适当调整。

设想7:各成本中心为有效地管理该中心而发生的成本应被确定为责任成本。

设想8:在未来五年的长远计划中,该公司准备再设立三个分部,并将它们设计成利润中心和投资中心,以加大管理力度。

设想9:对于利润中心的考核,可以采用投资报酬率和剩余收益两种指标来衡量,但要注意前一指标可能导致职能失调的行为。

设想10:要求责任中心进行系统的记录和计算,并定期编制业绩报告。

(2) 要求。根据建立责任会计制度和责任中心的原则,指出以上的设想在实际中是否可操作? 哪些设想有明显的错误?

(3) 以小组为单位,根据建立责任会计制度和责任中心的原则,分析畅捷公司业务经理就公司内部责任中心的建立提出的设想是否合理,若存在不合理的地方,应如何修改。

3. 实训要求

(1) 根据建立责任会计制度和责任中心的原则,指出以上的设想在实际中是否可操作?

(2) 指出哪些设想有明显的错误,并进行修改和完善。

(3) 每组编制并提交一份畅捷公司内部责任中心的实施方案。

(4) 每组选派一名代表讲解和展示本组的工作成果。

4. 实训考核

(1) 评价方式:采取小组自评、小组互评、教师评价三维评价方式,以教师评价为主,小组自评和小组互评为辅,其中教师评分比例占总分数的60%,小组自评占20%,小组互评占20%,总评成绩=小组自评×20%+小组互评×20%+教师评价×60%。

(2) 评价指标:从专业能力、方法能力、社会能力、工作成果展现四个方面进行评价。

项目九任务工作单　　项目九任务实施单　　项目九任务检查单　　项目九任务评价单

前 沿 视 角

低碳经济助推对企业业绩评价改革

企业需要对自身的业绩进行评价,政府也会对所管辖的各个企业进行业绩评价。以前的业绩评价多关注企业的经济发展情况,而在发展低碳经济的当今社会,业绩评价还要更多地关注企业的社会责任,例如企业为社会提供了多少就业机会和企业的慈善行为等。此外,业绩评价还必须关注企业的生态责任,如企业的生产经营过程是否环保,是否致力于研发"绿色产品"等。

在低碳经济下,我国政府制定了一些指标限制"三废"的排放,促使企业的产品及其生产过程"绿色化",同时制定了一些政策奖励低碳减排的企业。

因此,对企业来说,其业绩评价体系必须随之完善,要努力创建一个包含环保指标和社会指标,能够促进企业长远发展的综合型业绩评价体系。新的企业业绩评价体系应呈现以下特点。

有科学的环保指标

相关部门需要建立一些能够反映企业对环境的影响和环境对企业影响的开发、检测和控制指标,这些指标的含义应非常明确,能真实、客观又比较灵活地反映出企业的环保状况,创建这些指标的时候要有科学根据,使用的方法要合情合理,计算的方法要严谨规范。

有层次性

低碳经济下的企业业绩评价体系可分成三个层次。第一层是企业的战略目标和低碳目标,要不断寻找短期利益与长期利益之间的平衡点,低碳利于企业以及整个社会的长远发展,是长期利益,但是对企业来说可能意味着成本的增加,企业需要兼顾战略目标和低碳目标。第二层是根据这些目标制定各种准则,这些准则要准确且规范。第三层是根据这些准则细化各种指标,这些指标要尽量全面、具体,而且一定要关注非财务指标,在低碳经济下,"三高三低"是基础,需要非财务指标来衡量。此外,还要考虑到企业的社会责任,如给社会提供的就业机会等。

有专业团队的指导

在低碳经济下,创建一个企业的业绩评价体系时,需要由人力资源管理、财务、企业管理、环保等各方面的专家共同组建一个专业团队,需要管理层和普通员工的共同参与,还要聘请环保方面的专家,这样才能从不同的角度出发,比较全面地评价企业的业绩,综合地了解企业在财务、环保、社会责任等诸多方面的现状,更好地促进企业发展。

有可操作性

在创建各个具体指标的时候,要考虑企业的现状,尤其是中小型企业,员工文化程度可能不是很高并且缺乏财务、环保、管理等方面的专业知识,因此要有可操作性。要求获取的数据不能太多,选择有代表性的即可。获取的数据要便于处理,并且具有可比性和可靠性。

有投入和产出的全面性

考虑到低碳环保,在企业投入这一方面,企业业绩评价体系的指标必须包含对自然资源和社会资源的投入。创建企业产出方面的指标时,要考虑不同的产出,如对环境无害的企业产品或者服务的产出,对环境或者社会有害的企业产品或者服务的产出,给企业自身带来损失的企业产品或者服务的产出。

低碳经济是我国经济发展的必然选择,给我国企业带来了极大的影响,对我国企业造成冲击的同时,也带来了机遇,促使企业承担起环保责任和社会责任。在低碳经济下,企业必须采取措施,改变自身的经营方式,改变产品的投入和产出方式,改变自身的业绩评价体系,以谋求企业的长远发展,进而促进整个社会的发展。

趣味故事

《红楼梦》中的绩效管理

绩效管理包括设定绩效目标、进行过程的绩效沟通、对员工进行辅导与评价、绩效结果应用等环节。古典名著《红楼梦》中也不乏绩效管理的经典案例。

设定目标

设定目标是绩效管理的开始,通过层层分解,将组织目标分解到每位员工,这个过程也是主管传递公司战略,与员工就目标达成一致的过程。在《红楼梦》中设定绩效目标的经典莫过于王熙凤协理宁国府的案例。当时,秦可卿初丧,贾珍请王熙凤协理宁国府。因宁国府素来没什么规矩,下人根本没有"目标"的概念,做事没有规矩和原则。王熙凤刚一到任,便明确人员分工,有人负责收杯碟,有人负责收茶器,有人负责收祭礼……并提出了绩效要求。从王熙凤的要求,可以看出目标具体、可衡量、与组织目标一致,且这些目标没有超过下人工作能力的范围。除此之外,王熙凤对时限的要求更为严格,何时点卯、何时用餐,都有明确的规定。在今天看来,这是管理者的一种时间管理。

过程管理

主管与员工需要就绩效的达成状况进行过程辅导与沟通,即过程管理。过程辅导可以帮助员工更清晰地认识目标要求,主管对绩效执行状况进行过程控制,避免偏差。过程管理包含两层含义:一是对员工的过程辅导,二是过程监控。

同样以王熙凤协管宁国府为例。王熙凤以来升家的作为"主管",对下人的执行情况进行监督,而王熙凤本人作为高级管理人员,对主管的工作进行抽查。以上就是过程监控。

绩效考核

绩效考核是绩效管理中的重要一环,是对绩效目标的达成情况的回顾与评价。考评主体一般是员工的直属上级,在《红楼梦》中对绩效考核最直接的故事当属贾元春省亲时要求贾宝玉对怡红院等四处进行题词咏句的考核。贾元春的评价是"果然进益了",这是对宝玉自身作诗水平的纵比,又指"杏帘"一首说"此为前三首之冠",这是对当下四首诗作的比较。

绩效结果的应用

绩效结果的应用是绩效管理的价值体现。在《红楼梦》中关于绩效结果应用做得最为突出有效的就是探春持家中描述的那一段。探春提出将大观园交与老妈妈们打理,每人再揽一宗事儿作为目标,剩下富余,贴补自家。通过这样的结果应用,一来园子有人收拾,又省去花匠之工钱;二来老妈妈们有收益,必然尽心竭力,可以说是双赢。

管理会计报告

✦ 项 目 描 述

东方服装公司为增强产业整体的市场抗风险能力,充分应用管理会计的内部管理报告工具,重点从产品、产业、人员、资产、资金、费用等方面进行数据梳理和匹配分析,揭示管理短板、资源现状及其配置效率、价值创造能力等问题,并查找原因、制定措施、形成报告,力求从财务、业务等多方面为公司明确战略方向、落实规划措施提供有力的量化支撑。

✦ 学 习 目 标

知识目标

1. 理解管理会计报告的含义和特征。

2. 掌握管理会计报告的分类。

3. 掌握内部责任中心业绩报告和质量成本报告的编制方法。

能力目标

1. 能进行管理会计报告的编制。

2. 能结合企业实际编制内部责任中心业绩报告和质量成本报告。

素养目标

1. 准确编制企业管理会计报告,具备信息处理和自主学习能力。

2. 协调企业内外部门沟通管理会计报告信息,具备团队协作能力。

3. 具备良好的职业道德,诚实守信、廉洁自律,遵守职业道德规范。

✦ 业 务 案 例

为建设世界一流企业贡献财务力量

思维导图

```
                          ┌─────────────────────────────────┐
                    ┌─────│      管理会计报告的概念和特征      │
                    │     └─────────────────────────────────┘
          ┌──────────────┐  ┌─────────────────────────────────┐
      ┌───│ 管理会计报告认知 │──│        管理会计报告的分类        │
      │   └──────────────┘  └─────────────────────────────────┘
┌──────────┐                ┌─────────────────────────────────┐
│ 管理会计报告 │───┐       └──│    战略管理层下的管理会计报告体系    │
└──────────┘   │              └─────────────────────────────────┘
              │   ┌──────────────┐  ┌─────────────────────────────┐
              └───│ 管理会计报告的编制 │──│    企业内部责任中心业绩报告    │
                  └──────────────┘  └─────────────────────────────┘
                                    ┌─────────────────────────────┐
                                 └──│         质量成本报告          │
                                    └─────────────────────────────┘
```

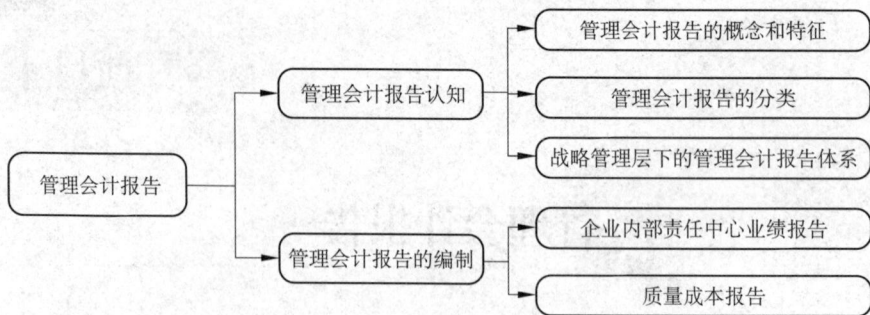

任务一　管理会计报告认知

任务情境

东方公司经过了前期的创业积累,逐渐走向正轨。在长短期经营决策和预算等方面结合管理会计的理论知识,有了很好的发展。随着公司经营渐入佳境,东方公司准备按照企业管理会计报告使用者所处的管理层级不同,编制相应的管理会计报告。

重难点分析

(1)管理会计报告的特征。
(2)管理会计报告的分类。

知识准备

一、管理会计报告的概念和特征

企业管理会计报告是指企业运用管理会计方法,根据财务和业务的基础信息加工整理形成的,满足企业价值管理和决策支持需要的内部报告。

管理会计报告具有以下特征。

(一)内部管理导向

管理会计报告主要服务于企业内部管理层,旨在帮助他们做出决策、规划和控制企业的日常经营活动。其目标是为管理者提供信息支持,以改善组织决策。管理会计报告不受严格的会计准则限制,可以根据企业的具体需求自定义会计方法和报告方式。这种灵活性使得管理会计报告能够更好地满足特定决策者或经理的需求。

(二)未来导向性

管理会计报告侧重于未来的规划和预测,帮助管理层制定战略、预算和投资决策。它不仅反映当前的经营状况,还提供对未来表现的预期。

（三）报告周期灵活

管理会计报告的编制周期可以根据需要灵活安排，可以是不定期的，也可以根据特定需求生成特殊报告。

（四）包含非财务信息

管理会计报告不仅包含财务信息，还可能包含大量的非财务信息，如员工绩效、成本控制情况、技术创新能力等。

（五）与财务会计报告相关联

管理会计报告与财务会计报告之间存在相互作用和关联价值。两者在资产负债表、利润表等方面存在相连性，并引导财务会计报表与外部投资者之间的关系。

通过上述特征可以看出，管理会计报告在企业内部管理和决策过程中发挥着至关重要的作用，其灵活性和未来导向性使其成为企业管理的重要工具。

二、管理会计报告的分类

（一）按照企业管理会计报告使用者所处的管理层级分类

按照企业管理会计报告使用者所处的管理层级分类可以分为战略层管理会计报告、经营层管理会计报告和业务层管理会计报告。

（二）企业管理会计报告体系其他分类

（1）按照企业管理会计报告内容不同可以分为综合企业管理会计报告和专项企业管理会计报告。

（2）按照管理会计功能可以分为管理规划报告、管理决策报告、管理控制报告和管理评价报告。

（3）按照责任中心可以分为投资中心报告、利润中心报告和成本中心报告。

（4）按照报告主体整体性程度可以分为整体报告和分部报告。

三、战略管理层下的管理会计报告体系

（一）战略层管理会计报告

战略层管理会计报告是为满足战略层进行战略规划、战略制定、战略执行、战略评价以及其他方面的管理活动提供相关信息的对内报告，包括但不仅限于战略管理报告、综合业绩报告、价值创造报告、经营分析报告、风险分析报告、重大事项报告、例外事项报告等。这些报告既可以独立提交，也可以根据不同需要整合后提交。战略层管理会计报告应精炼、简洁、易于理解，报告主要结果、主要原因，并提出具体的建议。

战略管理报告的内容应包括内外部环境分析、战略选择与目标设定、战略执行及其结果，以及战略评价等。

综合业绩报告的内容应包括关键绩效指标预算及其执行结果、差异分析，以及其他重大绩效事项等。

价值创造报告的内容应包括价值创造目标、价值驱动的财务因素与非财务因素、内部各

业务单元的资源占用与价值贡献,以及提升公司价值的措施等。

经营分析报告的内容应包括过去经营决策执行情况回顾、本期经营目标执行的差异及其原因、影响未来经营状况的内外部环境与主要风险分析、下一期的经营目标及管理措施等。

风险分析报告的内容应包括企业全面风险管理工作回顾、内外部风险因素分析、主要风险识别与评估和风险管理工作计划等。

重大事项报告是针对企业的重大投资项目、重大资本运营、重大融资、重大担保事项和关联交易等事项进行的报告。

例外事项报告是针对企业发生的自然灾害、管理层变更、股权变更和安全事故等偶发性事项进行的报告。

(二)经营层管理会计报告

经营层管理会计报告是指为经营层进行规划、决策、控制和评价等管理活动提供相关信息的对内报告。经营层管理会计报告的报告对象是经营管理层,包括但不仅限于全面预算管理报告、投资分析与可行性报告、融资分析报告、盈利分析报告、业绩评价报告、资金管理报告、成本管理报告等。经营层管理会计报告应做到内容完整、分析深入。

全面预算管理报告的内容应包括预算目标制定与分解、预算执行差异分析,以及预算考评等内容。

投资分析报告的内容应包括投资对象、投资额度、投资结构、投资进度、投资效益、投资风险和投资管理建议等。

项目可行性报告的内容应包括项目概况、市场预测、产品方案与生产规模、厂址选择、工艺与组织方案设计、财务评价、项目风险分析,以及项目可行性研究结论与建议等。

融资分析报告的内容应包括融资需求测算、融资渠道与融资方式分析及选择、资本成本、融资程序、融资风险及其应对措施和融资管理建议等。

盈利分析报告的内容应包括盈利目标及其实现程度、利润的构成及其变动趋势、影响利润的主要因素及其变化情况,以及提高盈利能力的具体措施等。企业还应对收入和成本进行深入分析。盈利分析报告可基于企业集团、独立企业,也可基于责任中心、产品、区域、客户等进行。

资金管理报告的内容应包括资金管理目标、主要流动资金项目如现金、应收票据、应收账款、存货的管理状况、资金管理存在的问题及解决措施等。企业集团资金管理报告的内容还应包括资金管理模式(集中管理还是分散管理)、资金集中方式、资金集中程度、内部资金往来等。

成本管理报告的内容应包括成本预算、实际成本及其差异分析,成本差异形成的原因及改进措施等。

业绩评价报告的内容应包括绩效目标、关键绩效指标、实际执行结果、差异分析、考评结果,以及相关建议等。

(三)业务层管理会计报告

业务层管理会计报告是指为企业日常业务或作业活动提供相关信息的对内报告。业务层管理会计报告的报告对象是企业的职能部门、业务部门以及车间、班组等。业务层管理会计报告应根据内部价值链进行构造,包括但不仅限于研究开发报告、采购业务报告、生产业务报告、配送业务报告、销售业务报告、售后服务业务报告、人力资源报告等。业务层管理会计报告应做到内容具体、数据充分。

研究开发报告的内容应包括研发背景、主要研发内容、技术方案、研发进度和项目预算等。

采购业务报告的内容应包括采购业务预算、采购业务执行结果以及差异分析等。采购业务报告要重点反映采购质量、数量以及时间、价格等方面的内容。

生产业务报告的内容应包括生产业务预算、生产业务执行结果以及差异分析等。生产业务报告要重点反映生产成本、生产数量以及产品质量、生产时间等方面的内容。

配送业务报告的内容应包括配送业务预算、配送业务执行结果以及差异分析等。配送业务报告要重点反映配送的及时性、准确性以及配送损耗等方面的内容。

销售业务报告的内容应包括销售业务预算、销售业务执行结果以及差异分析等。销售业务报告要重点反映销售的数量结构和质量结构等方面的内容。

【素养园地】海尔的管理会计"赢"之道

售后服务业务报告的内容应包括售后服务业务预算、售后服务业务执行结果以及差异分析等。售后服务业务报告重点反映售后服务的客户满意度等方面的内容。

人力资源报告的内容应包括人力资源预算、人力资源执行结果以及差异分析等。人力资源报告重点反映人力资源使用及考核等方面的内容。

任务实施

微课:RPA 机器人编写管理会计报告 1　　　微课:RPA 机器人编写管理会计报告 2

东方服装公司根据企业管理会计报告使用者所处的管理层级分类,确定编制战略层管理会计报告、经营层管理会计报告和业务层管理会计报告。具体报告内容见表 10-1～表 10-3。

表 10-1　战略层管理会计报告的类型及内容

分　类	基 本 内 容
战略管理报告	包括内外部环境分析、战略选择与目标设定、战略执行及其结果,以及战略评价等
综合业绩报告	包括关键绩效指标预算及其执行结果、差异分析以及其他重大绩效事项等
价值创造报告	包括价值创造目标、价值驱动的财务因素与非财务因素、内部各业务单元的资源占用与价值贡献,以及提升公司价值的措施等
经营分析报告	包括过去经营决策执行情况回顾、本期经营目标执行的差异及其原因、影响未来经营状况的内外部环境与主要风险分析、下一期的经营目标及管理措施等

续表

分　类	基　本　内　容
风险分析报告	包括企业全面风险管理工作回顾、内外部风险因素分析、主要风险识别与评估、风险管理工作计划等
重大事项报告	针对企业的重大投资项目、重大资本运营、重大融资、重大担保事项、关联交易等事项进行的报告
例外事项报告	针对企业发生的自然灾害、管理层变更、股权变更、安全事故等偶发性事项进行的报告

表 10-2　经营层管理会计报告的类型及内容

分　类	基　本　内　容
全面预算管理报告	包括预算目标制定与分解、预算执行差异分析以及预算考评等内容
投资分析与可行性报告	包括投资对象、投资额度、投资结构、投资进度、投资效益、投资风险和投资管理建议等
融资分析报告	包括融资需求测算、融资渠道与融资方式分析及选择、资本成本、融资程序、融资风险及应对措施和融资管理建议等
盈利分析报告	包括盈利目标及其实现程度、利润的构成及其变动趋势、影响利润的主要因素及其变化情况，以及提高盈利能力的具体措施等。 企业还应对收入和成本进行深入分析。盈利分析报告可基于企业集团、独立企业，也可基于责任中心、产品、区域、客户等进行
业绩评价报告	包括绩效目标、关键绩效指标、实际执行结果、差异分析、考评结果，以及相关建议等
资金管理报告	包括资金管理目标、主要流动资金项目如现金、应收票据、应收账款、存货的管理状况、资金管理存在的问题以及解决措施等。企业集团资金管理报告的内容还应包括资金管理模式（集中管理还是分散管理）、资金集中方式、资金集中程度、内部资金往来等
成本管理报告	包括成本预算、实际成本及其差异分析，成本差异形成的原因以及改进措施等

表 10-3　业务层管理会计报告的类型及内容

分　类	基　本　内　容
研究开发报告	包括研发背景、主要研发内容、技术方案、研发进度、项目预算等
采购业务报告	包括采购业务预算、采购业务执行结果以及差异分析等。采购业务报告要重点反映采购质量、数量以及时间、价格等方面的内容
生产业务报告	包括生产业务预算、生产业务执行结果以及差异分析等。生产业务报告要重点反映生产成本、生产数量以及产品质量、生产时间等方面的内容
配送业务报告	包括配送业务预算、配送业务执行结果以及差异分析等。配送业务报告要重点反映配送的及时性、准确性以及配送损耗等方面的内容
销售业务报告	包括销售业务预算、销售业务执行结果以及差异分析等。销售业务报告要重点反映销售的数量结构和质量结构等方面的内容
售后服务业务报告	包括售后服务业务预算、售后服务业务执行结果以及差异分析等。售后服务业务报告重点反映售后服务的客户满意度等方面的内容
人力资源报告	包括人力资源预算、人力资源执行结果以及差异分析等。人力资源报告重点反映人力资源使用及考核等方面的内容

任务巩固

管理会计报告体系的构建包括哪些内容?

任务二　管理会计报告的编制

任务情境

东方服装公司将管理会计报告作为信息支持系统,为组织提供了通用、客观、透明的价值驱动因素分析与决策的信息平台。这种信息平台不仅有助于管理者做出更加明智的决策,而且还能直接参与过程管理,从而实现公司战略的落实和组织价值的创造。

重难点分析

企业质量成本报告的编制。

知识准备

管理会计报告主要分为企业内部责任中心业绩报告和质量成本报告。

微课:管理会计
报告的编制

一、企业内部责任中心业绩报告

企业内部责任中心,可以划分为成本中心、利润中心和投资中心。责任中心的业绩评价和考核应该通过编制业绩报告来完成。揭示责任预算与实际结果之间差异的内部管理会计报告。它着重于对责任中心管理者的业绩评价,其本质是要得到一个结论,即与预期的目标相比较,责任中心管理者完成得怎么样。

业绩报告的主要目的在于将责任中心的实际业绩与其在特定环境下本应取得的业绩进行比较。业绩报告中应当传递出三种信息。

(1) 实际业绩的信息。

(2) 预期业绩的信息。

(3) 实际业绩与预期业绩之间差异的信息。

二、质量成本报告

质量、成本、时间是密切联系的三个要素。质量是企业生存和发展之本。质量包括两层含义:一是设计质量,即产品或劳务对顾客要求的满足程度;二是符合性质量。前者是设计是否满足了顾客要求;后者是做工是否达到了设计的要求。

(一)成本及其分类

产品和服务的质量提升需要付出相应成本,从市场调研,产品服务标准的制定执行到产品测试检验,以及不合格产品的淘汰都需要企业付出相应的经济资源来保障执行。企业要想在市场竞争中占据有利地位,必须拥有比竞争对手更高的效率,质量管理的过程同样要强调其经济效益。质量成本,是指企业为了保证产品达到一定质量标准而发生的成本,包括预防成本、鉴定成本、内部失败成本、外部失败成本。

(二)质量成本报告的编制

质量成本报告是指企业组织完善质量成本控制的必要措施。通过质量成本报告,企业组织的经理人可以全面地评价企业组织当前的质量成本情况。质量成本报告按质量成本的分类详细列示实际质量成本,并向企业组织的经理人提供两个方面的重要信息。一方面显示各类质量成本的支出情况以及财务影响;另一方面显示各类质量成本的分布情况,以便企业组织的经理人判断各类质量成本的重要性。

(三)质量绩效报告

为了反映企业在质量管理方面所取得的进展及其绩效,企业还需要编制质量绩效报告。企业质量绩效报告包括中期报告、长期报告和多期质量趋势报告。

(四)多期质量趋势报告

多期质量趋势报告列示了企业实施质量管理以来所取得的成效。多期质量趋势报告的编制必须以多个期间企业组织的质量成本相关数据为基础,并绘出质量趋势图。

▶ 任 务 实 施

东方公司为增强产业整体的市场抗风险能力,充分应用管理会计的内部管理报告工具,重点从产品、产业、人员、资产、资金、费用等方面进行数据梳理和匹配分析,揭示管理短板、资源现状及其配置效率、价值创造能力等问题,并查找原因、制定措施、形成报告,力求从财务、业务等多方面为公司明确战略方向、落实规划措施提供有力的量化支撑。

东方公司应用内部管理报告实践的三个步骤如下。

(1)编制 13 张管理会计报表,这些报表以资产、利润、人员、成本、产品等为对象,主要分析人、财、物资源的分布状况,明确资源在产品、产业中的配置效率,并梳理经营性损益和非经营性损益。

(2)通过将相关数据计入相关的管理会计报表,分析并优化产业战略及日常经营规划。

(3)通过第二步的综合分析,提出盈亏平衡的路径和方向,消除低效、无效资源带来的亏损,提高存量资源的产出效益,并加快新兴业务增量增利步伐,开源的同时实现节流收益。

【素养园地】上海电气:多主题、多场景、多内容的管理会计报告与数智财务体系构建

任 务 巩 固

企业编制质量成本报告的步骤和作用是什么?

实 训 项 目

1. 实训目的

通过训练,熟悉企业管理会计的编制要求,掌握管理会计报告中企业财务状况、成本控制、经营绩效评价及预算管理报告内容的编制。

2. 实训内容

(1) 背景资料。管理会计报告是企业内部管理决策的重要工具,通过对企业财务数据的收集整理和分析,为管理层提供决策依据和参考。诚益公司是一家制造业企业,主要生产和销售电子产品。为了更好地管理企业运营和发展,公司决定编制管理会计报告,以便及时了解企业的财务状况和经营情况,为管理层决策提供支持。

诚益公司通过综合分析企业经营过程中存在的问题,结合企业的自身实际情况,决定就以下内容编制企业管理会计报告。

① 财务状况。管理会计报告的第一部分是财务概况,主要包括企业的资产负债表、利润表和现金流量表。这些财务报表反映了企业的财务状况、经营成果和现金流量情况,为管理层提供了全面的财务信息。

② 成本分析。成本分析是管理会计报告的重要组成部分,通过对企业各项成本的分析和比较,帮助管理层了解产品成本构成和成本控制情况。在报告中,可以使用成本构成图、成本趋势图等形式,直观地展示各项成本的变化和趋势。

③ 经营绩效评估。经营绩效评估是管理会计报告的核心内容,通过对企业的关键绩效指标进行分析和评估,帮助管理层了解企业的经营状况和竞争力。在报告中,可以使用绩效指标表、绩效趋势图等形式,清晰地展示企业的经营绩效。

④ 预算管理。预算管理是管理会计报告的重要内容之一,通过对企业预算的编制和执行情况进行分析和评估,帮助管理层了解企业的预算控制情况和预算执行效果。在报告中,可以使用预算执行表、预算偏差图等形式,直观地展示企业的预算管理情况。

(2) 以小组为单位,选择企业管理会计报告的某一方面,通过搜集数据、计算指标、分析评估等工作,完成该部分管理会计报告内容。

3. 实训要求

(1) 计算企业财务指标,分析企业的财务状况、经营成果和现金流量情况。

(2) 绘制成本构成图、成本趋势图,分析产品成本构成和成本控制情况。

(3) 分析和评估企业的关键绩效指标。

(4) 分析和评估企业预算的编制和执行情况。

(5) 每组选派一名代表讲解和展示本组的工作成果。

4. 实训考核

(1) 评价方式:采取小组自评、小组互评、教师评价三维评价方式,以教师评价为主,小组自评和小组互评为辅,其中教师评分比例占总分数的60%,小组自评占20%,小组互评占20%,总评成绩=小组自评×20%+小组互评×20%+教师评价×60%。

(2) 评价指标:从专业能力、方法能力、社会能力、工作成果展现四个方面进行评价。

项目十任务工作单　项目十任务实施单　项目十任务检查单　项目十任务评价单

前 沿 视 角

新兴技术对管理会计信息化的影响

一、人工智能和机器学习在管理会计中的应用

人工智能和机器学习在管理会计领域的应用将继续发展，并为企业提供更好的决策支持和业务洞察，主要表现在以下方面。

（一）数据的收集和处理

管理会计中，数据的收集和处理是一项重要且繁琐的工作。利用人工智能中的自然语言处理和深度学习技术，可以将管理会计人员所需的企业内外部各种非结构化数据转换为结构化的数据，并通过自动提取和分析文本中的信息，不断学习和优化数据分析的过程，帮助管理会计人员更好地利用大量的文本数据进行知识管理和文本挖掘，提高数据分析的精准度和效率，为管理会计人员提供更准确、更快速的知识和信息检索服务。

（二）数据分析和智能预测

人工智能和机器学习在数据分析和智能预测方面的应用十分广泛，通过对历史数据的分析和挖掘，可以帮助管理会计人员更快速、更准确地了解企业的经营情况，为预测未来的趋势和风险提供更多的参考信息，从而更好地进行资源配置、决策制定、战略规划。随着技术的不断进步，预测模型的准确性和精确度也在不断提高。管理会计人员可以利用这些改进的模型来进行更准确地预测。

二、云计算对管理会计信息化的推动

在管理会计信息化建设中，云计算可以为企业提供强大的数据计算和数据分析能力，通过集中管理和存储数据的平台，可以将分散在不同时间、地点的管理会计数据进行集中式存储和管理，帮助企业灵活根据自身需求进行灵活的资源调配，使企业能够实时获取和分析管理会计数据。其对管理会计的推动作用主要表现在以下方面。

（一）成本降低

有了云计算，企业不再需要购买和维护昂贵的服务器和软件许可证，而是可以通过云服务以商业租赁的形式为企业提供所需的计算资源和应用程序，并根据需要进行灵活的扩展和缩减。因此，云计算可以避免传统IT基础设施的高额投资和维护成本。

（二）灵活性和可扩展性

云计算可以使企业能够根据需求快速调整其计算资源，因此可以根据业务需求快速部署和调整管理会计系统，为用户提供了更多的灵活性和可扩展性。

（三）数据安全和备份

通过为企业提供数据备份、安全认证等高级的安全性和可靠性保障措施，云计算可以为用户提供强大的数据安全和备份功能。云服务提供商通常采用多层次的安全措施来保护数据，并提供定期备份和灾难恢复功能，以确保数据的安全性和可用性，整体提升管理会计信息的安全性、完整性、可靠性。

（四）协作和共享

云计算使得多个用户可以同时访问和共享管理会计系统和数据，这种协作和共享的能力可以提高团队之间的沟通和协作效率，促进决策的制定和执行。

管理会计信息化未来的发展趋势将更加注重数据驱动决策、人工智能和机器学习的应用、云计算和大数据的应用、移动化和可视化的发展,这些趋势将为企业提供更强大的决策支持和管理能力。

资料来源:https://www.ygsoft.com/api/preview/81/89/30635.

趣 味 故 事

物勒工名——我国古代的质量保障制度

我国古代很早就有一项重要的质量保障制度——物勒工名。《吕氏春秋》曰:"物勒工名,以考其诚,工有不当,必行其罪,以穷其情。"把制造者名字刻在器物上,以便于检验产品质量,对合格者进行奖赏,对不合格者给予惩处。

生产者对质量负有最终责任,明确责任并保证对失责者能够追究,是保障质量安全的重要前提。春秋晚期已经出现物勒工名,齐国右伯君铜权周身铸六个大字:"右伯君,西里痘"。"右伯君"是主造官,"西里"是铸造的地点,"痘"是工匠的名字。战国中期之后,不仅将工匠的名字刻在产品上,而且铭刻铜器的制造机构、官职名、工长名。物勒工名制度最初主要在官营作坊中实施,尤其是官营的兵器在作坊中应用最广泛、监管最严格。随后私营作坊和其他器物上也开始实施物勒工名,不仅出现在青铜器上,而且在陶器、丝织物上相继使用。

从商鞅变法开始,秦国开始在兵器上实施物勒工名制度。汉朝,不仅物勒工名的范围扩大,而且更加规范。一枚铜鉴铭文:"上林铜鉴容五石,重百廿一斤,阳朔四年五月工左谭造,二百四十枚,第百六。"详细记录着各地工官和中央某些属官向中央"供进之器"详细信息,既包括名称、数量,也包括生产日期、生产工官、官名、工名、强度、编号等物勒工名要素,以便质量溯源。唐朝不仅对物勒工名做了更详细的规定,而且通过法律明文规定的形式规范下来,物勒工名法制化成为惯例,如《明令典》规定:"明有坚固者,照名究治不堪用者,照号问罪,责其赔偿"。也就是说,在产品上要铭刻工匠或工场的名、号,对不合格者要追究质量责任。清代泸定桥是一座百米左右的铁索桥,环扣数以万计,全靠手工锤打,而每节扣上都有铁工代号,如有断损,匠人将受责。唐代的一些瓷器上标有"卞家小口(小口即茶壶)天下有名""郑家小口天下第一"等字样,均带有广告色彩。广告的出现,一方面能激发制造者生产更加优质的产品;另一方面,有可能产生虚假信息。宋代民营手工业生产的铜镜和漆器上除了注明生产铺号外,还表明产品制作工艺出众、质地纯正、铜材优良、炼铜技术精良。

北宋时代产生了图文并茂的标识,山东济南一家专造功夫细针的刘家针铺,设计制作了一枚以白兔为商品标志的专门印刷商标的铜版。这枚白兔商标现存于中国历史博物馆,既有文字,又有图形,近于正方形,上方阴文横刻"济南刘家功夫针铺"店号,中间阳刻白兔儿图形,两侧竖刻阳文"认门前白兔儿为记",下方刻有较长阳文附记。这是我国目前发现最早的一枚完全意义上的商标,将物勒工名与广告、防伪结合起来,有利于品牌的产生。明代的"六必居"酱菜、"同仁堂"药品、"张小泉"剪刀等之所以能够流传至今,成为中华老字号,正是质量责任制度和品牌发展相得益彰的结果。

资料来源:上观新闻.https://www.jfdaily.com/staticsg/res/html/web/newsDetail.html?id=70559.

参 考 文 献

[1] 中华人民共和国财政部．管理会计应用指引[M]．上海:立信会计出版社,2018．

[2] 财政部会计财务评价中心．财务管理[M]．北京:经济科学出版社,2024．

[3] 中国注册会计师协会．财务成本管理[M]．北京:中国财政经济出版社,2024．

[4] 于蕾,肖炳峰．管理会计:活页式教材[M]．北京:北京理工大学出版社,2022．

[5] 张晓燕,王丹．管理会计[M]．5版．大连:大连理工大学出版社,2018．

[6] 范世森,周遊．管理会计[M]．2版．北京:高等教育出版社,2018．

[7] 周阅,丁增稳．管理会计实务[M]．2版．北京:高等教育出版社,2020．

[8] 张献英,国秀芹．管理会计实务[M]．北京:教育科学出版社,2013．

[9] 孙茂竹,支晓强,戴璐．管理会计学[M]．10版．北京:中国人民大学出版社,2024．

[10] 董京原．管理会计基础[M]．2版．北京:高等教育出版社,2021．

[11] 吴大军．管理会计[M]．6版．大连:东北财经大学出版社,2021．

[12] 钱自严．管理会计[M]．北京:机械工业出版社,2023．